Pâtissier編集部 編

お菓子の完成度を高める
香り・食感・デザイン

レシピから探るパティシエ36人の思考力と表現力
—— 嗅覚・触覚・視覚を考える

はじめに

　生地やクリーム、ムースやジュレなど多彩なパーツから構成されるお菓子。そのおいしさは、味、香り、テクスチャー、見た目などさまざまな要素が絡み合ってつくられます。五感に訴えるおいしさは、幸せな気持ちを呼び起こし、長く記憶に残る思い出になることもあるでしょう。

　本書では、五感のなかから嗅覚・触覚・視覚に着目。それぞれの分野で活躍する識者が、製菓における"香り""食感""見た目"の役割や効果などをわかりやすく解説するとともに、人気と実力を兼ね備えたパティシエ36人が、感覚に訴える印象的で味わい深い菓子づくりへの思いやこだわり、技術的な工夫を披露します。また、アントルメとプチガトー計37品の詳しいレシピを収録。「香り」「テクスチャー」「デザイン」の３つのテーマに分け、プロセス写真とポイントを満載にして、それぞれのお菓子の魅力に迫ります。

　実力シェフの熱い思いや具体的な手法には、味覚だけでなく、嗅覚・触覚・視覚を刺激する印象的でおいしいお菓子をつくるヒントが詰まっています。香り・食感・見た目の重要性を知って理解を深めることは、おいしさの表現の幅を広げ、独創性や完成度を高めることにもつながるのです。

contents

取材／笹木理恵　瀬戸理恵子
　　　宮脇灯子　諸隈のぞみ
　　　松野玲子　横澤寛子
　　　横山せつ子
撮影／天方晴子　上仲正寿
　　　海老原俊之　大山裕平
　　　勝村祐紀　川島英嗣
　　　合田昌弘　佐藤克秋
　　　日置武晴　間宮 博
　　　安河内 聡
イラスト／瀬川尚志(8頁)
図版／㈱オセロ　中多万貴
デザイン／角 知洋_sakana studio
編集／永井里果

chapter 2 テクスチャーで印象的に！

chapter 3 デザインで印象的に！

本書を使う前に

＊ 現在は販売していない商品も掲載しています。

＊ 商品名とパーツ名は、基本的に取材店の表記に準じています。

＊ 分量は、基本的に取材店の仕込み量です。ほかの商品に使うことを前提に仕込むケースもあり、大量にできる場合があります。

＊ 一部の材料には、その菓子の味に近づける参考として、メーカー名や製品名を記載しています。

＊ 型のサイズは各店で使用している型の原寸です。

＊ とくに記載がない場合、バターは無塩バターを使います。

＊ 小麦粉などの粉類（アーモンドパウダーやカカオパウダー、粉糖も含む）は、基本的に使う前にふるいます。

＊ 板ゼラチンは冷水でもどし、水けをしっかりと切ります。

＊ ミキサーで撹拌する際は、適宜止めてゴムベラやカードなどでボウルの内側やアタッチメントに付いた材料をはらい落とします。

＊ ミキサーの速度や撹拌時間、オーブンの温度や焼成時間などは、あくまでも目安です。機種や生地・クリームなどの状態に応じて適宜調整してください。

＊ 室温の目安は20〜25℃です。

＊ 人肌程度の温度の目安は35〜37℃です。

＊ 掲載店一覧に記載している各店の営業時間や定休日は変更になる場合があります。詳細は各店のホームページやSNSなどを確認してください。

＊ 本書は㈱柴田書店のMOOK「Pâtissier」vol.1（2018年8月）の"香り"の特集、vol.2（2020年12月）の"食感"の特集、vol.3（2022年10月）の"デザイン"の特集に掲載した記事を抜粋し、まとめたものです。内容は当時のものになります。

香りを生かして印象的に！

香りを知る

監修・東原和成

1966年東京都生まれ。東京大学農学部農芸化学科を卒業後、ニューヨーク州立大学で博士号取得。デューク大学医学部博士研究員、東京大学医学部助手などを経て、2009年より東京大学大学院農学生命科学研究科 応用生命化学専攻 生物化学研究室 教授。においや生物のフェロモンについての研究を専門とする。

においと記憶の仕組み

においを感じる経路は、鼻先から感じる「オルソネーザル」と、食べものや飲みものを飲み込む時に喉から鼻に上がる「レトロネーザル」の2つ。におい物質は嗅粘膜の粘液に溶け、嗅上皮の嗅神経細胞の嗅繊毛に接触すると、嗅覚受容体と結合し、電気信号が生じる。このにおいの電気信号は、脳の嗅球から嗅皮質を経て前頭野に伝わり、ここでにおいのイメージができる。また、視床下部や扁桃体に伝わって本能的な気持ちが左右され、ホルモンの分泌によって生理変化が起こるとともに、記憶を支える海馬にも信号が伝わる。においの信号は、五感のなかでも最短距離で脳の辺縁系に伝わるので情動や記憶に直接訴える。

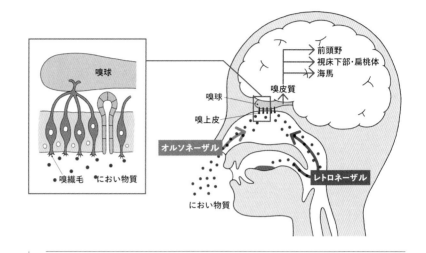

嗅球
嗅繊毛 におい物質

前頭野
視床下部・扁桃体
海馬
嗅皮質
嗅球
嗅上皮
オルソネーザル
レトロネーザル
におい物質

香りの正体は、浮遊する化学物質！

香りとは、目には見えない化学物質です。自然界には数十万種類のにおい物質があるといわれていて、香りはそのうち数百種類以上のにおい物質で構成された混合臭。常温で気化して、いくつかくっ付いたり、塵や水蒸気にくっ付いたりして空気中を飛んでいます。同じにおい物質で構成されていたとしても、それらの混合比によって香りに違いが生まれ、同じにおい物質でも、濃度によっていいにおいになることも、嫌なにおいになることもあります。そして、いい香りは必ずしもいいにおいだけででき上がるとは限らず、また、化学構造が異なる別々の物質でも同じ香りを放つことも。このように香りとは、非常に繊細で複雑なものといえます。

心をダイレクトに揺さぶる嗅覚のパワー

鼻腔に入ったにおい物質は鼻の奥にある嗅上皮へ到達し、そこにある嗅神経の表面に存在する、約400種類もの嗅覚受容体によってキャッチされます。それによって引き起こされる神経の電気的興奮が信号として脳に送られ、においが感じられるというわけです。この鼻でにおいをとらえる部分と、脳のなかでも記憶を支える海馬、そして情動をつかさどる扁桃体や視床下部との距離が短いのが、嗅覚の大きな特徴です。目から入った情報のほうが処理は速いものの、感情に働きかけるスピードは嗅覚のほうが上。嗅覚が五感のなかで唯一、情動や本能に直接訴えかける感覚たる所以がここにあります。紅茶に浸したマドレーヌの香りから、幼いころの記憶が呼び覚まされる小説の一節で有名な「プルースト効果」も、嗅覚のこうした特性が引き起こすものです。

香りを表現する言葉は、ごくわずか

日本語で香りを表現する言葉といったら、いくつ思い浮かびますか？　パッと挙がるのは、「くさい」「かぐわしい」「こうばしい」くらい。それ以外は「お茶の香り」「バナナの香り」というように、何かに例えることが多いのが香りの表現です。英語やフランス語をはじめ、世界の言語を見ても状況はほぼ変わらず、香りを表す言葉を多くもつのは東南アジアのごくわずかな原住民族だけ。つまり、香りは分類や定義づけが非常に難しく、ほかの人と共有しにくいものであるといえます。しかも人によって香りに対する意味づけが異なり、同じお茶の香りを嗅いだとしても、「新緑のにおい」という人もいれば、「畳の香り」と思う人もいて、感じ方も語り口も千差万別。そこに香りの面白さがあるのです。

香りに対する感度や好みは人それぞれ

一つひとつの嗅覚受容体遺伝子には個人差があり、におい物質に対応する感度も各々で違います。つまり、ある人には嗅ぎ分けられても、別の人には感知しにくい香りがあるということ。たとえば日本人の場合、6対4の割合で、スミレの香りがする「β－イオノン」というにおい物質を感知しにくい人のほうが多いことが分かっています。また、性別や年齢、時代、食文化、体調、遺伝子などでも香りの嗜好は影響されるので、香りの感じ方はまさに人それぞれ。国や民族が異なれば、好みに開きが出るのも納得です。ちなみに女性のほうが香りに敏感。また、お菓子における花の香りは、男性よりも女性のほうが、日本人よりも香水文化になれ親しんだフランス人のほうが、好む人が多い傾向がみられます。全般的に日本人は、主張が激しくなくて、頬張っているとじわじわ、ふわっと広がるような香りが好きですね。

おいしさを感じるのは、のど越しの香り

人が感じる香りには2つの種類があります。1つ目は、鼻の先から鼻腔へと入る、「たち香(オルソネーザル・オルファクション)」。もう1つは、口の中から喉を通り、鼻腔へと上がって感知される「あと香(レトロネーザル・オルファクション)」です。ワインや、温かい料理やデザート、焼きたての菓子とは異なり、冷たいケーキを口に入れる前にまず鼻を近づけて香りを嗅ぐことは、あまりありません。おいしさに直結するのは「あと香」。舌の上にのせるだけではなく、咀嚼してはじめて香りが広がります。おいしさといえば味覚と思われるかもしれませんが、鼻をつまんで食べると風味がよくわからなくなるというように、風味を感じるうえでまず重要なのは、香り。そこに味や食感が加わって、互いに影響し合って調和することで、風味がかたちづくられていくのです。

ケーキの香りは、時間差攻撃！

ケーキは、クリームや生地、フルーツなど、いくつものパーツから成る複合体です。食感がやわらかくて口溶けがよく、すぐに香りが立つものもあれば、硬くてかみくだかなければ香りが出てこないものもあります。よって、香りの出方は、飲みものやアイスクリームなど、単体のパーツで成り立つものに比べてより複雑。さらに香りには重さによる違いもあり、柑橘のように軽くてパッと香りが立ち上がるものもあれば、バターのように重くて余韻で強く感じるものもあります。こうした香りの立ち方が異なるものが層となって積み重なり、ケーキの部位によって異なる香りが放たれることで、走馬灯のように時間差でさまざまな香りが訪れ、折り重なるように感知されていく。それこそが、ケーキがもたらすおいしさの鍵といえるでしょう。

香料は、キーとなるにおい物質でつくられる

お菓子をつくる過程では、加熱や時間経過によって素材本来の香りがとんでしまったり、桜の香りのように表しづらい香りもあります。そんな時、香りを足すために役立つのが香料です。香料は、その香りを構成する数百種類以上のにおい物質のなかから、キーとなる数十種類を選出し、混ぜ合わせたもの。混ぜる種類を多くしたり、天然の香りを加えたりすれば、より本物の香りに近づきますが、そのぶんコストがかかります。香料はある程度荒削りな状態の香りであることを頭においたうえで、菓子づくりにバランスよく、効果的に活用してみてください。

嗅覚は、視覚や情報によって変わる!?

イチゴの香りは赤、バナナの香りは黄色というように、色と香りのイメージは連携して私たちの脳に記憶されています。ですから、イチゴの香りがするのに黄色いものを見せられたら違和感があるし、白ワインなのに赤い色素を加えられていたら、赤ワインだと思って飲んでしまう。また、香るよりも先に言葉による情報が与えられた場合、「桃のような香り」と言われればそう感じ、「カシスを使っています」と言われればカシスが香る気がしてしまうことも。このように嗅覚は、視覚や情報から影響を受け、それに左右されやすいものなのです。

嗅覚を磨くのは、記憶の積み重ね

香りを感じる感覚は、高齢になるまではそんなに衰えません。これは、嗅神経細胞が生涯にわたって新しく生まれ続けるから。知らない香りをとらえるのは難しいことですが、いろいろな香りを嗅ぎ、それを一つひとつ覚えていけば、経験と学習の積み重ねによって、さまざまな香りを感知できるようになります。多くの香りを知ることで、お菓子の風味もより豊かで、奥行のあるものに感じられていくはずです。

菓子から広がる
香りの科学

東原和成

1966年東京都生まれ。東京大学大学院農学生命科学研究科 応用生命化学専攻 生物化学研究室 教授。専門とする嗅覚の研究以外でも幅広く活躍し、ワインなどの食の香りに関する著書も多数出版。

寺井則彦

1965年神奈川県生まれ。「ルノートル」などを経て渡仏し、「ジャック」「ジャン・ミエ」「ル・トリアノン」などで経験を積む。帰国後、「オテル・ドゥ・ミクニ」のシェフパティシエを務め、2004年、東京・目白に「エーグルドゥース」を開業。

西野之朗

1958年大阪府生まれ。東京・尾山台の「オーボンヴュータン」を経て、パリの「アルチュール」「メゾン・ド・ロイ」で修業。帰国後、卸専門の「フランス菓子工房西野」を開き、90年、東京・西馬込に「メゾン・ド・プティ・フール」を開店。

香りをどう捉えるか

東原 パティシエの方々は、香りについてどんなことを学ぶのですか?

寺井 専門学校の授業や講習会などで座学として学ぶことは、まずないですね。ほとんどが現場で菓子をつくりながらの実体験と個人の感覚で知っていく、という感じです。ロジックに考えるのではなくて、これくらい火を入れたらこれくらいの香りになって、その香りがこれくらい保てるだろうって、すべて経験からくる感覚で捉えています。

西野 僕は生地でも何でも、かならず焼く前に生で食べま

す。そして、たとえばオレンジのゼストを生地に混ぜ込むのであれば、どのくらいの量を入れれば焼き上げた時にちょうどよい香りになるか確認します。そして、焼成後もこれくらい残るだろうって、すべて感覚でやっているかな。生菓子も同じです。

東原 そうすると、何かと何かを混ぜて香りをつくり上げるというよりは、何か軸があって、そこに手を加えて起きる変化のなかかから、ベストなものを選ぶという感じでしょうか?

寺井 混ぜて香りをつくり上げるという部分も、それはそれでもちろんあるけれど、菓子はやはり味覚が主体で、味

覚的な善し悪しの判断として香りが入ってくる感じなんですよね。

西野 そう、香りはやっぱり、味のなかで組み立てていくからね。だから、あまり香りだけを取り上げて深く考えてみる機会はなかったし、未知の部分は多いです。香りの組合せでも、考えもつかないようなところはあります。

東原 香りの組合せに方程式があるわけではないのですが、マリアージュの方法としてはいくつか挙げられます。まずは、調和。つまり、似たものどうしを合わせるという、もっともシンプルな方法です。そうすると、好ましい香りが引き立ったり、嫌な香りが抑えられたりして、うまくバランスがとれます。次に、足し算。香りを足すことでこんな香りになるだろうと推測して、香りを補填していく方法です。これはちょっと難しい。それから、複数の香りを合わせることによって、予期しない新たな香りを生み出すというもの。

菓子に関しては、足し算的なマリアージュが中心となるのではないかというイメージがあります。科学的に生まれる香りを予測することは、残念ながらなかなかできないのですが。

寺井 そういうイメージも、すべて感覚に頼っているところがあります。香りを組み合わせたり、つけたりすることも興味はありますが、僕としてはそれ以上に、よい香りをいかに残し、長く持続させるかということに興味がありますね。レストランではつくりたての香りをそのまま皿の上で表現できますが、菓子屋ではそうはいきません。時間が経てば香りが落ちていくのはわかりますが、それがどれくらいの期間は維持できて、どれくらいの期間で落ちるのか、知りたいと思っていました。

東原 "香りが落ちる"メカニズムを科学的に説明することはできます。1つは、香りがとんでしまうということ。1つの香りは数百種類以上のにおい物質で構成されていて、それぞれ香りのとびやすさに違いがあります。軽くてとびやすいにおい物質は最初にパッと広がり、重くてとびにくい物質はあとまで残る。におい物質がとべば、そのぶん香りも失われます。もう1つは、空気や光にさらされることで起こる酸化反応。とくに菓子は脂質が多いので、そういうものが酸化してにおいも変わっていきます。ただ、これは悪いことばかりではなく、ものによっては少し酸化が進んだほうがよいにおいになる場合もあります。

寺井 発酵バターとかね。

東原 そうですね。あとはナッツの香りの変化もわかりやすいです。

西野 ナッツは菓子屋がよく使う素材だよね。感覚のなかで、嫌な香りが出てきたりするのは何なんだろう、って思ったりはしていました。焼き菓子の場合は、2〜3日おいた

ほうがよい香りが立ってくることもありますね。焼いてすぐの香りと、時間が経ってからの香りって違っていて、よい方向に行く場合もあれば、悪い方向に行く場合もある。

東原 そうですね。時間経過ばかりでなく、菓子の温度によっても大きく変わってきます。

アーモンドの香りの変化

東原 今回、香りの変化を探る実験としてアーモンドを取り上げました。香りが出やすい状態にするために、寺井さんにペーストをつくっていただいて、研究室で日を追って分析しました。食品の香りの分析でよく使われるのが「におい嗅ぎガスクロマトグラフィー」。これは、たとえばアーモンドペーストに含まれるにおい物質を分離して、その分離された順番に人間の鼻で実際に嗅ぐこと（スニッフィング）ができる機器です。初日、つまりつくりたてと2ヵ月後にこの機器を用いて分析を実施しました。グラフ①（12頁）は化合物の量の変化を表していて、ピーク（高くなっている部分）は化合物の量が多いところを示しています。ただし、このピークの高さと実際に感じるにおいの強さは比例しないので、においを感じるタイミングとピークはかならずしも重なるわけではありません。

西野 なるほど。ピークが高ければ、においが強いのかと思いましたが、違うんですね。

東原 実際に感じられたにおいを見てみると、初日には20〜22分でナッツのにおい、26〜27分でポップコーンのようなこうばしいにおいが出ています。これらは、いわゆるよいにおい。ところが、2ヵ月後になると、ポップコーンのようなこうばしいにおいはぐんと減ってしまうんですね。そして逆に、13分ごろに青臭さ、17分ごろに土のにおいが出てくる。これらはどちらも脂質の分解物で、いわゆる酸化臭ということになります。

西野 すりつぶされているし、砂糖も何も入っていないペーストだから、空気にふれると酸化が進むのがはやそうですね。

東原 今度は表①（12頁）をご覧ください。これはアーモンドペーストの成分分析をして、初日、3日後、7日後、1ヵ月後、2ヵ月後のすべてに共通して検出された、におい物質の結果だけを抜き出したものです。これを見ると、増えているものが結構多いですよね。そのなかにはもちろん、酸化臭のような悪いにおいもありますが、いわゆるメイラード反応で生まれるちょっとこうばしいような、よいにおいもある。日を追うごとにいろいろな反応が起きて、香りが変化していくという感じですね。

寺井 日にちが経ってよい香りが増えているっていう感覚は、あんまりなかったですね。

実験①

アーモンドペーストの経時変化

スペイン産マルコナ種のアーモンドを使用。「エーグルドゥース」の170℃のコンベクションオーブンで15分焼成後、フードプロセッサーにかけてペースト状にした。これを小瓶に入れ、吸着剤を挿入してにおいを捕集。保管は、ふたをして4℃の冷蔵庫に静置する。製造の当日、3日後、7日後、1ヵ月後、2ヵ月後に、「ガスクロマトグラフィー質量分析計」を用いて、それぞれの時点のペーストから発せられる化合物を調べた。また、初日と2ヵ月後のペーストは、「におい嗅ぎガスクロマトグラフィー」を用いてスニッフィング*を実施。この機器に吸着剤を入れると、機器の中で50〜250℃の熱が徐々に加えられ、アーモンドペーストに含まれるにおい物質が分離される仕組みだ。
*においを実際に嗅ぐこと。

[表①]
アーモンドペーストに含まれるたくさんの香りを器械で分離

	保持時間	化合物*	初日	3日後	7日後	1ヵ月後	2ヵ月後
1	5.9	2,2-dimethyl-pentane	1.0	1.0	1.0	1.5	2.5
2	6.8	ethylacetate	1.0	1.3	7.4	2.2	1.7
3	6.9	methylalcohol	1.0	1.1	1.1	1.1	1.7
4	7.2	2-methylbutanal	1.0	1.0	0.7	1.4	0.9
5	7.3	3-methylbutanal	1.0	1.0	0.4	1.1	0.6
6	10.3	hexanal	1.0	0.8	1.1	3.7	1.8
7	11.5	1-methoxy-2-propanol	1.0	0.8	0.5	0.2	0.1
8	14.4	1-pentanol	1.0	1.0	1.2	3.0	2.3
9	15.1	2-butanone	1.0	1.1	1.4	4.0	2.6
10	15.2	methylpyrazine	1.0	1.0	1.3	3.4	2.3
11	16.2	1-hydroxy-2-propanone	1.0	0.6	1.0	1.8	1.6
12	16.7	2,5-dimethyl-pyrazine	1.0	1.0	1.7	4.9	4.3
13	16.8	2,6-dimethyl-pyrazine	1.0	1.1	1.8	5.6	4.7
14	17.1	1-hexanol	1.0	1.2	1.6	4.4	4.2
15	17.3	1-ethoxypropane	1.0	1.1	1.4	3.6	2.6
16	18.5	acetic acid, dichloro-, heptyl ester	1.0	0.5	0.6	1.1	1.2
17	20.1	acetic acid	1.0	1.6	2.2	2.9	3.8
18	21.8	pyrrole	1.0	0.6	0.7	0.8	0.9
19	22.2	benzaldehyde	1.0	1.0	1.7	4.1	4.1
20	22.2	propanoic acid	1.0	1.0	0.9	1.0	0.8
21	24.9	butyrolactone	1.0	0.8	1.4	3.4	4.1

*データベースで検索した結果

《グラフと表の見方》
「ガスクロマトグラフィー質量分析計」でアーモンドペーストから検出された約70個の化合物（揮発性物質）のうち、初日〜2ヵ月後のペーストに共通している21個の化合物をピックアップ。表①は、それら化合物の量の変動を示した。数値は、初日の化合物の量を1.0とした相対値。赤が濃くなるほど増加し、青が濃くなるほど減少していることを示す。グラフ①は、それをグラフで可視化したもの。横軸の時間経過とともに現れる化合物の量が見てとれる。グラフ①に示した番号は、表①の左の番号とリンクしている。グラフ②は、スニッフィングをして感じたにおいを書き添えたもの。「＋」は感じられたもの、「−」は感じられなかったものを示し、「＋」の数が多いほどにおいが強いということ。

[グラフ①]

※6分後半で検出された化合物（No.3）の量がとびぬけて多いため、10分の時点で区切り、それぞれ化合物の量に合わせて全体のサイズを変えた。

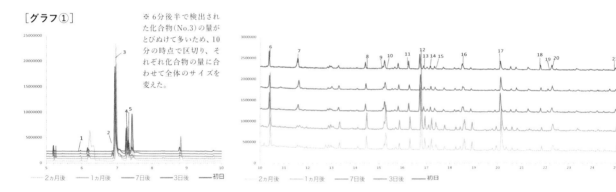

― 2ヵ月後 ― 1ヵ月後 ― 7日後 ― 3日後 ― 初日

東原 いろいろな反応が起きているので、きれいだったにおいがより複雑なにおいになっていくイメージではないかと思います。

マドレーヌの香りの変化

東原 実際にアーモンドを使ってつくるお菓子であるマドレーヌの香りの変化についても分析しました。こちらは先日、お二人にも研究室で初日のマドレーヌのスニッフィングを体験していただきましたね。

寺井 楽しい体験でした。においを分離して実際に嗅いでみて、こういうにおいの複合体がマドレーヌの香気なんだと知りました。

東原 研究室では初日、2日目、3日目、4日目、1週間後、1ヵ月後とスニッフィングしました。初日で言うと、グラフ②（13頁）のように、10分ごろの柑橘のにおいに続いて、15〜16分にナッツのにおいがします。これは、トウモロコシのスナック菓子や豆を思わせるにおいです。

西野 そうそう、焼きもろこしみたいなすごく強いにおいでした。

東原 それから焼きイモのような、それでいてちょっと草っぽいようなにおいも現れつつ、19分ごろにポップコーンのようなにおいがしたかと思います。

寺井 僕は、最後のこうばしいにおいがいちばんいいと感じました。

西野 さっきの焼きもろこしとは違って、穀類を焦がしたような、甘みがなくて、こうばしいようなにおいだった。

東原 同じにおいでも、感じ方や表現の仕方は人によって違ってきます。この結果を日を追って比較してみると、この最後のポップコーンのようなよいにおいが、4日目までにほとんどなくなってしまう。つまり、1週間くらいのうちにど

[グラフ②] アーモンドペーストのスニッフィング

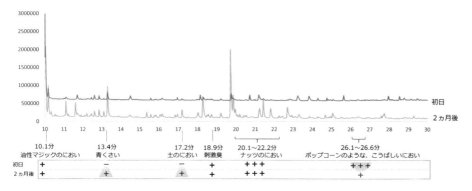

	10.1分 油性マジックのにおい	13.4分 青くさい	17.2分 土のにおい	18.9分 刺激臭	20.1～22.2分 ナッツのにおい	26.1～26.6分 ポップコーンのような、こうばしいにおい
初日	+	−	−	+	+++	+++
2ヵ月後	+		+	+	+++	+

んどんとんでいく香りもあれば、保たれる香りもあるというわけです。そのあとはこれらのにおいに大きな変化は見られないものの、アーモンドペーストと同じように、やはりいろいろな物質が出てきたりして、全体に変化していきます。大きな変化はやはり、1週間後までと言えそうですね。

西野　たしかに、焼き上げてから1週間くらいで香りが変わる実感はありますね。

寺井　当店では脱酸素剤を入れないので、"鮮度"を考えて賞味期限を冷蔵で1週間にしています。ただ、毎日においを嗅いでいるわけではないし、あくまで感覚的なもの。焼きたて直後のすごく強くてよい香りは別として、4日間で香りが大きく減っていく意識はありませんでした。

東原　分析の結果から見ると、ポップコーンの香りは4日目でなくなるものの、1週間くらいはできたての香りがある程度キープされている状況だと思います。消費者としても、基本的に初日のものを食べるなんて人はほとんどいないですから、基本的に数日から1週間後のものを食べているケースが多いのでしょうね。

寺井　焼きたてはたしかにすごく強くてよい香りがするけれど、卵くさいような雑味のある香りもします。焼きたてよりも、冷ましてそういった嫌な香りが落ち着いてから食べたほうがいいかな、と僕は思っています。

西野　そうだね。数日おいたほうがよい香りが出てくることもあるし、食感もしっとりとしてきていいってこともありますね。

東原　それもあると思います。消費者として僕が感じるのは、とくにナッツの菓子は、すぐに酸化して嫌な香りが出てきてしまうものと、きれいな香りのまま保たれているものがあるということ。何が違うのでしょうか？

寺井　まずは菓子をつくる時点でのナッツやナッツの加工品の鮮度じゃないですかね。たとえば同じアーモンドでも、市販品を使えばどうしたって、ナッツを加工してからお菓子として使うまでに大きなタイムラグがあります。それを今回のように、自家製でつくりたてのペーストやパウダーでつくったら、鮮度が格段に違う。

東原　なるほど。スタートの状況から違うわけですね。今回の分析でよい香りが長く保たれて、酸化臭のような悪い香りがさほど大きく出てこなかったのも、そもそも鮮度がよくて香りもきれいな素材を使ったから、ということですね。

西野　それは間違いなく違うと思いますね。

寺井　市販品は、1回に使うぶんだけ取り寄せることは難しいから、そこからまた自店で保管しなければいけません。鮮度は風味に直結するから、パウダーにしろ、ペーストにしろ、自分でナッツを加工してつくりたてのものを使うメリットは、すごく大きいと思います。よりよいものをつくろうとするならば、僕はそこを大切にしたいと考えています。

東原　そうですね、香りが全然違うと思います。

香りを保つ保管の工夫

西野　それから、そういう加工された材料もそうだし、焼き上げた生地や完成した菓子の管理の仕方も、香りを保つ意味ではすごく大切ですよね。当店では、モンブランにふたをして販売しているのですが、それには栗のやさしい香りを逃さずとじ込める、という意味合いもあります。そして、外のにおいも吸わないように。

東原　なるほど。ちなみに皆さんは、焼き菓子を入れるプラスチックバッグのような袋は、どういうものを使っていますか？

西野　当店では、酸素を通さないポリプロピレンの袋を使っています。これに脱酸素剤を入れて、機械で密閉します。

東原　酸素を通さないならばにおいも通らず、香りは保たれますね。脱酸素剤は嫌なにおいを出さないためには効果的ですが、たとえそれを入れたとしても、西野さんのように酸素を通さない袋で密閉しない限り、香りはとびます。

実験②

マドレーヌの経時変化

「エーグルドゥース」のマドレーヌを使用。焼成後に室温（約25℃）まで冷ましてにおいを捕集（方法はアーモンドペーストと同様）した。保管は、小瓶にふたをして室温に静置。焼成した当日、2日後、3日後、4日後、7日後、1ヵ月後に「におい嗅ぎガスクロマトグラフィー」でスニッフィングを実施。なお、7日後と1ヵ月後の結果は、4日後と比較して大きな変化が見られなかったため、グラフには記載していない。

「エーグルドゥース」の マドレーヌのレシピ

グラニュー糖…1209g
全卵…20個
バター*1…1008g
薄力粉…705g
強力粉…302g
アーモンドパウダー*2…302g
ベーキングパウダー…30g
オレンジの皮*3…2.5個分

*1 バターは焦がさずに使用。
*2 スペイン産マルコナ種の
  生のアーモンドを自家製粉。
*3 すりおろす。

[グラフ③]マドレーヌのスニッフィング

《グラフの見方》
アーモンドペーストのグラフ②と同様。

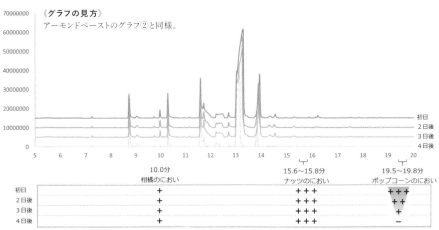

	10.0分 柑橘のにおい	15.6〜15.8分 ナッツのにおい	19.5〜19.8分 ポップコーンのにおい
初日	+	+++	+++
2日後	+	+++	+++
3日後	+	+++	+
4日後	+	+++	−

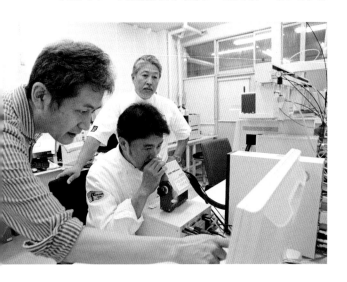

じゃあ、脱酸素剤を入れて密閉すれば、ずっと変わらないかといえばそうではない。酸化とは別でいろいろな反応が起きるので、やはり変わってきます。メイラード反応のように熟成のような反応も起きてきますね。

寺井 菓子のよい風味を1週間以上保たなければならない時は、そういう保存方法を考えることが大事になりますよ

ね。温度を低く保つことも大事だと思います。お菓子や材料を保管しておく温度が低ければ、香りもとびにくいですよね？ たとえばマイナス20℃くらいの冷凍庫とか。

東原 もちろん、温度が低ければ常温よりもにおいはとびにくい、とは言えます。でも、マイナス20℃くらいだったらにおいは自由に動いていますから、確実にとんでいきますよ。とぶだけでなく、冷蔵庫や冷凍庫にこもったにおいもつきますね。冷蔵庫や冷凍庫のにおいを取るなら、活性炭がいちばんかんたんで効果的です。

西野 プレハブ冷凍庫のにおいも気になるなぁ。いろいろなものが入っていますからね。

東原 プレハブ冷凍庫は空気の流れが大きいからにおいも流れます。むしろ完全に密閉されているところのほうが、出口が少ないし、空間も狭いからにおいはつきやすい。

寺井 そうすると、ラップフィルムで包んだり、一般的なジッパーつきのプラスチックバッグに入れて冷凍庫で保管しても、においを保つという効果はほとんどない、ということでしょうか？

東原 そうです。どちらもにおいを通しますから。アルミホイルで包むと、においは通しますが、金属イオンの効果で

水と牛乳へのバニラの香りの移り方

インド産バニラビーンズを使用。同量の水と牛乳に対して、バニラビーンズのサヤと種をそれぞれ同量ずつ加え、火にかけて沸騰させてから漉して小瓶に入れ、冷ます。これらを「ガスクロマトグラフィー質量分析計」を用いて分析。バニラビーンズの香りを移した水と牛乳から発せられる、バニラの主要なにおい物質の「バニリン」の量を液相中[1]と気相中[2]で計測し、比較した。同じ実験を3回行い、水と牛乳それぞれの平均値を算出した。

[1] ここでは水、もしくは牛乳の液体の部分。
[2] ここでは小瓶の中の空気の部分。

［グラフ④］水と牛乳に移った「バニリン」の量

《グラフの見方》
左は、バニラビーンズの香りを移した水と牛乳のそれぞれの液中（液相中）のバニリンの量を、右は、バニラビーンズの香りを移した水と牛乳を入れた小瓶の中の空気中（気相中）に含まれるバニリンの量を面積値で示した。実験は3回実施。グラフは平均値。

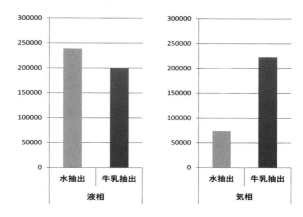

悪いにおいがつくのを防ぐ効果はありますよ。

寺井 冷凍庫に入れておけば大丈夫な気がしてしまっていたけれど、違うんですね。においの概念が根本から間違っていました。

バニラの香りの移り方

東原 今回はもう1つ、素材の香りを引き出す実験として、バニラを水で抽出した場合と、牛乳で抽出した場合の違いも比較しました。結果は3回の実験の平均値を示したグラフ④（右上）を見てください。これを見ると、液体の中に抽出されたバニリン、つまりバニラの香りの主要成分となるにおい物質の量は、ほぼ同じであることがわかりました。油脂はにおいを吸着しやすいので、水より脂肪分を含む牛乳のほうが多く抽出されると予想していたのですが、違いました。ところが、そこから空気中に出てくるにおいが、牛乳で抽出したほうがぐっと多いのです。

　おそらく、水で抽出したものは、バニラから出てきた物質が液中でダマになっていて、とじ込められているのではないかと思います。一方で、牛乳で抽出したものは、牛乳に油脂分があるので、物質がバラバラに離れ、香りが出やすくなっているのではないかと推測できます。

西野 うーん、そう説明されると想像できますね。

寺井 たしかに油脂は関係していそうですね。水にバニラビーンズを入れると、泡立て器で混ぜても塊になってなかなかちらばらないですからね。

西野 つまり、僕たちが何げなくやっているバニラの使い方っていうのは、理にかなっているってことですね。バニラを抽出する時は、だいたい油脂分のあるものと合わせているもんね。

東原 そのほうが香りが立つということですよね。ゼリーとかシロップに入れても香りが立ちにくい、と。逆に言えば、水で抽出したほうが香りがとじ込められていて、あとからじわじわ香り立つ、もちがよい面もあるかとは思います。いずれにしろ、この抽出結果は僕にとっては予想外でした。でも現場の方々の感覚と合っているのだったら、これはやはり正しいのでしょうね。

西野 今回、今までの経験から深く考えずにやっていることを科学的に分析していただいて、理にかなったことをしているという裏づけがとれたような気分です。保存方法をはじめ、いろんなことに意識が広がって勉強になりました。

寺井 そうですね。日々の仕事に結びついていきますよね。

東原 我われ科学者というのは、自然の摂理を明らかにしようとして、それがわかったらうれしいわけです。そして、その自然の摂理をパティシエの皆さんが自然に、経験的に利用しているわけですよね。たぶん、なぜそうするかはそこまで考えずにやっているのかな、とは思うけれど、でも意味があって正しいことをやっている。それが一致していることがわかって、とてもうれしかったです。おいしいものができるというのは、科学的にも理にかなっていて、いちばんよい条件が選ばれているということなのだと思います。

香り高い菓子の魅力をひも解く

—— 香りと味の重ね方 ——

東原和成

東京大学大学院農学生命科学研究科
応用生命化学専攻 生物化学研究室 教授

ピエール・エルメ

Pierre Hermé

1961年フランス・コルマール生まれ。「ルノートル」で修業し、26歳で「フォション」のシェフパティシエに就任。「ラデュレ」を経て、98年に東京・紀尾井町のホテルニューオータニに「ピエール・エルメ・パリ」をオープン。現在、フランスを中心に約10ヵ国で店舗を展開している。

菓子における香りの役割

東原 エルメさんは菓子の香りをどう捉えていますか？

エルメ 菓子の香りについては複数の段階があると思います。まずは焼成時など、つくっている時に出る香り。つくり手にとっては進捗状況の指標や手助けになるものですが、製造中にただよう香りですから消費者は基本的に嗅ぐことができません。そして、店頭に並んだ菓子は、ほとんど香りを発散しません。しかし、口の中で現れる香りは、菓子を食べる喜びにおいて大きな役割を担うものになります。

　おいしさを生み出すためには香りが重要です。その証拠に、風邪をひいている時に食べものを口にしても、味も香りもわかりませんよね。舌は塩味、甘味、酸味、苦味といった基本的な味は感じますが、たとえばバラやライチといった繊細な風味を感じるものではないと思います。

東原 そうですね、科学的に言うと、香りと味は相乗効果や抑制効果で相互に作用します。味をはっきりさせる役割が香りです。風邪をひくと香りと同時に味もわからなくなるのは、香りには味覚の輪郭をはっきりさせる役割があるからです。味は基本的に5つ（塩味、甘味、酸味、苦味、旨味）しかないですが、菓子から出てくる香りは数百種類ものいろいろなにおい物質が混ざったものなので幅があります。ですから菓子においては、口の中に入れてから感じる"あと香"が味に広がりをもたせるということになります。

エルメ 菓子は食べ進めるにつれて風味が変化することも多いですね。

東原 菓子の香りでもっとも特徴的なのは、時間差による香りの変化だと思います。固さや食感の違うパーツが何層にもなっていて、それが咀嚼されて壊れる順に香りも出てきます。さらに、口に入って温度が上がることで出てくる香りもある。唾液と混ざって反応したり、pH（ペーハー）が変化したりという科学的な変化によっても、香りの出方が変わってきます。口に入れて咀嚼し、飲み込んでも、そのあとの余韻でいろいろな香りが出てくる。私はこうしたことが菓子のおいしさであり、魅力だと思っています。

エルメ 私が菓子をつくる際は、味わい、テクスチャー、温度などを考え、想像しながら構成していきます。食べたあとの温度変化は非常に重要な要素だと捉えていて、たとえば濃厚なクレーム・オンクチューズ・ショコラは、室温と冷蔵ではテクスチャーも違いますし、受ける印象もまったく違ってきます。また、砂糖の配合が変わると、同じ温度で食べてもまったく違う印象を受けるのです。私は全体の味わいを引き立たせるものとして砂糖を使っています。

東原 たしかに砂糖の量も香りの立ち方と感じ方に影響を与えます。甘さも香りを引き立てるし、香りも甘さを引き立てて、相乗効果がありますね。

エルメ 香りは、食べ手がもつイメージを呼び起こし、エモーション（感動）につながることもあります。とくに複数の素材を組み合わせて生まれる香りは、具体的なイメージを与えやすいと思っています。たとえば、レモン、オレンジフラワーウォーター、ハチミツを組み合わせるとオリエンタルなイメージが生まれます。こうしたイメージは、私が生まれ育ってきた地域の文化や今までの経験がベースになっています。

イスパハン

Ispahan

バラ、フランボワーズ、ライチの華やかな香りが重なり合う1品

1997年に発表されたエルメさんの代表作の1つ。バラのオイルとシロップ入りの香り高いバタークリームにライチのコンポートを組み込み、ピンク色のマカロン生地でサンドした。まわりはフレッシュなフランボワーズ。

　私が生み出した、ある種の"記号"は、食べ手によって異なるものにもなり得ます。たとえば、ダークチョコレートと味噌の組合せは、フランス人と日本人では受ける印象が変わってくるはずです。つまり、私が具体的なイメージを描いたとしても、食べ手は、生まれた場所や環境、文化などに左右され、私とは異なるイメージをもつこともあるのです。

東原　まさにその通りで、科学的にみても非常に理にかなっていると思います。香りの"信号"は、頭の中心部の記憶や情動をつかさどる部分に、視覚や聴覚よりもはやく入力されます。ですから、香りと記憶は非常につながりが深いのです。香りを感じた時に、それが何の香りかわからなかったとしても、記憶と結びつけば、香りと記憶がつながったという喜びが情動を動かし、気持ちのよい状態になる。イメージが記憶と結びつくんですね。

エルメ　じつは私は"個の文化（＝個人の文化）"と"複数の文化（＝出身地などによる文化）"、そして複数の味と香りというテーマでもアプローチをしていきたいと思っています。科学、民俗学、哲学など、さまざまな観点から風味を追求すれば、新たな発見があるかもしれない。

東原　われわれ研究者も今、一人ひとりの嗅覚受容体の遺伝型や食文化、経験といったデータをベースに、その人にとって感性や気持ちを揺さぶる香りを提供できないかという試みをはじめているところです。ビッグデータを集め、AIなどを使ってカスタムメイド的にできればと考えています。

エルメ　非常に幅広く興味深いテーマですね。何年でも議論が尽きなさそうです。

イスパハンの香り

東原　今回は、エルメさんの菓子を2つ考察しました。まずは、バラとライチ、フランボワーズの生菓子「イスパハン」から解説します。まず私が行ったのは、TDS（Temporal Dominance of Sensations）という、時間経過で香りがどう変化していくかをみる官能評価（図1）です。私自身が味わったところ、まずライチ、次にフランボワーズの香りを感じ、そ

のあと咀嚼しているとバラがじわじわ香ってきて、ライチとバラの香りが心地よく混じり合います。そして、フランボワーズの酸味が甘味の輪郭を引き立て、最後にアーモンドの香りやこうばしさ、甘さを感じます。時間経過にともなっていろいろな素材の香りが"時間差攻撃"でやってくる。これがイスパハンの香りの特徴だと思いました。バラやライチの香りが甘味や酸味をはっきりさせて、非常に味わい深いものにしていると感じます。

エルメ　非常に興味深い分析です。じつはこの分析方法は、私自身が味や香りを考える方法と近いと感じました。私も味や香りを想像したり、表現したいものを考える時、味の濃淡や酸味、甘さ、香りという部分をこのように考え、時間経過でどう変わるかを考えます。無意識にしていることもあれば、意識的にしていることもありますけれども。

東原　今回は「におい嗅ぎガスクロマトグラフィー」という機器も使い、どういったにおい物質が含まれているかの分析も行いました。まずは素材。フランボワーズ、ライチ、バラの香りをそれぞれ分析して共通点を調べたところ、ライチ

《分析の方法》
対象は「イスパハン」と「マカロン ジャルダン デ ポエット」。まずは、東原教授が試食をして官能評価を実施した。その後、「におい嗅ぎガスクロマトグラフィー」を使って、2つの菓子のそれぞれの軸となる素材の香りの成分を分析。イスパハンは生のフランボワーズ、ライチのコンポート、バラのオイル、マカロンは白味噌と生のレモンを使用した。さらに、カットした状態とすりつぶした状態のイスパハンの香りの成分も調べた。

［図1］イスパハンの官能評価

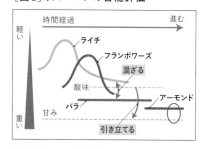

東原教授による評価。最初にライチ、次にフランボワーズの香りを感じ、じわじわとバラの香りが広がる。ライチとバラは香りが混ざって感じられ、フランボワーズの酸味が菓子の甘みを引き立てる。最後のほうでマカロン由来のアーモンドが香り、こうばしさと甘さを感じる。

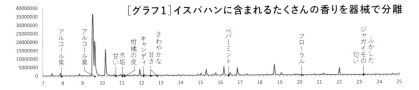

[グラフ1]イスパハンに含まれるたくさんの香りを器械で分離

保持時間	感じたにおい	バラ	ライチ	フランボワーズ
7.8	アルコール臭			
9.6	アルコール臭	○	○	○
10.6	甘い			○
11	水垢	○	○	○
11.5	柑橘の皮			○
12.1	キャンディ	○	○	○
12.4	さわやかな甘さ			○
12.7	さわやかな甘さ			○
16.4	ペパーミント	○	○	○
20.1	フローラル	○	○	
23.2	ふかしたジャガイモのにおい	○	○	○
33.3	フローラル	○	○	

「におい嗅ぎガスクロマトグラフィー」を使って、時間で分離されて出てきたイスパハンの香りを分析した。また、実際に香りを感じた時点の具体的な香りの例を書き込み、軸となる3つの素材のどれに由来しているかを調べた。グラフ1はイスパハンを固形のまま、グラフ2は咀嚼を想定し、すりつぶした状態で分析。バラに比べて軽いフランボワーズの香りが前半に出てきている。固形のままよりもすりつぶしたほうが香りの物質の種類が増えていることがわかる。

イスパハンから発せられる化合物の数を調べた。円の中の数字は、フランボワーズ、バラ、ライチのそれぞれに由来する化合物の数を示す。円が重なった部分の数字は、重なった素材に共通する化合物の数。図2はイスパハンを固形のまま、図3はすりつぶした状態で分析した。ライチとバラに共通する成分が多く、すりつぶしたほうがバラの香りが多く放出されることがわかる。

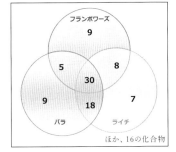

[図2]イスパハンの香り成分

フランボワーズ 9
5　8
30
バラ 9　18　7 ライチ

ほか、16の化合物

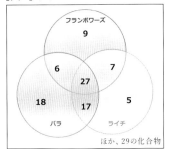

[図3]すりつぶしたイスパハンの香り成

フランボワーズ 9
6　7
27
バラ 18　17　5 ライチ

ほか、29の化合物

主軸の風味は、
バラ、ライチ、
フランボワーズ。

[グラフ2]すりつぶしたイスパハンの香りを器械で分離

保持時間	感じたにおい	バラ	ライチ	フランボワーズ
9.6	アルコール臭	○	○	○
10.6	甘い			○
11.5	柑橘の皮			○
12.1	キャンディ、甘い	○	○	○
13.2	さわやかな青くささ	○		
16.1	古い絨毯	○	○	○
16.4	ペパーミント	○	○	○
16.9	さわやかな甘さ	○		
18.9	生きのこ	○	○	
20.1	フローラル	○	○	
20.7	土くさい	○		
21.5	生土くさい	○	○	○
22.4	石鹸	○		
23.2	ふかしたじゃがいものにおい	○	○	○
25.5	柑橘の皮		○	
33.3	フローラル	○	○	

とフランボワーズよりもライチとバラの重なりが多いことがわかりました。次にイスパハンをすりつぶして分析すると、バラの香りが増えることが判明。これはおそらく、クリームが口の中で溶けた時に出てくる香りだと思います。すりつぶして初めてこの香りが出てくるということは、先ほどのTDSでバラが咀嚼してからじわじわ香るという見解にも一致していますね。

エルメ　イスパハンは、ブルガリアや一部の地域で食されていたバラにヒントを得て考案したフランボワーズとバラの菓子がベースです。この菓子を考案してから10年ほど経った時にライチが直感的にマッチすると思い、ライチを加えて完成しました。この3つの素材の香りの要素につながりはあるのでしょうか?

東原　香りのマリアージュに関していえば、調和だったり、足し算だったり、バランスはいろいろありますが、イスパハンは、ライチとバラは互いの香りが混ざり合って引き立て合う感じです。一方で、フランボワーズとライチ、そしてフランボワーズとバラは、互いの香りが主役として前面に出ている感じ。官能評価と分析を見ても、互いがマリアージュする組合せなのだろうと考えられます。

エルメ　じつは、1987年につくった、イスパハンのベースとなるフランボワーズとバラの菓子は、あまり人気が出ませんでした。それが、イスパハンに変わると、2000年代初めに大人気を博しました。30〜40年前はフランスでもバラなどの花の香りを食べものに入れることが珍しかったんですね。それが徐々に受け入れられるようになったという文化的な変化との関係も感じます。

マカロン ジャルダン デ ポエットの香り

東原　次に白味噌とレモンの「マカロン ジャルダン デ ポエ

マカロン ジャルダン デ ポエット

Macaron jardin des poètes

白味噌×レモンでさわやかな風味と
奥行のある旨味を表現

2017年に期間限定で販売された「詩人たちの庭園」という名のマカロン。ホワイトチョコレートと生クリームに、レモンの果汁と皮、まろやかな白味噌を合わせたクリームをマカロン生地でサンドした。

[図4]マカロン ジャルダン デ ポエットの官能評価

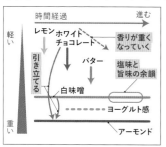

東原教授による評価。香りより味の側面が強いため、風味の面から評価を行った。アーモンドの風味をベースに、レモン、ホワイトチョコレート、バターの風味を順に感じ、後半でヨーグルトのような風味が現れる。白味噌の塩味と旨味は最初から感じられるが、余韻でより強くなる。

[図5]マカロン ジャルダン デ ポエットの香り成分

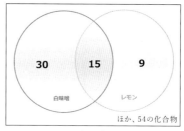

主軸の風味はレモンとまろやかな白味噌。

マカロン ジャルダン デ ポエットから発せられる化合物の数を調べた。円の中の数字は、白味噌とレモンのそれぞれに由来する化合物の数を示す。円が重なった部分の数字は、両方の素材に共通する化合物の数。分析は固形のままの状態で行った。レモンに比べて白味噌に由来する成分が多いことがわかる。

ット」の分析ですが、こちらは、香りというよりも味覚に特徴があるのではないでしょうか。TDSでも、塩味と旨味の側面が非常に強いと思いました。アーモンドの香りがベースにありつつ、最初にレモン、続いてホワイトチョコレート、バターと、軽いものからだんだん重いものへと香りが移っていきます。途中で、ヨーグルトのような風味も出てきますね。余韻はキーとなる白味噌の塩味と旨味が続きます。この白味噌の塩味と旨味を引き立たせるために、そのほかの香りがあるのではないか、と僕は評価しました。におい嗅ぎガスクロマトグラフィーでも分析しましたが、香りという面ではイスパハンのようなわかりやすい結果は出なかったことから、味覚的な側面のほうが特徴として強いのかな、と思います。

エルメ　私は白味噌の味がとても好きで、以前から菓子に使いたいと考えていました。甘味と塩味のバランスがすばらしいと思ったのです。初めはダークチョコレートと合わせましたが、のちにホワイトチョコレートとレモンと合わせることにしました。ホワイトチョコレートは、ミルクのような香りと甘味以外はあまり多くの風味がしない素材なので、

レモンや味噌の風味を支えるものとして使っています。レモンを使う際には酸味、苦味、甘味を生かすのですが、このマカロンでは苦味はあまり出さず、酸味を生かしてバランスをとっています。白味噌の発酵臭にはそこまで注目しませんでしたが、興味深い香りだったので、ほんの少し感じられる程度に組み込みました。発酵の香りとレモンの香りは、互いの酸味を引き立たせていると感じます。

東原　日本人の感覚からすると、ユズ味噌のアイデアに近い感じもしますね。

エルメ　味噌は、料理としてのアイデアはたくさん見てきましたが、甘い菓子ではほとんど見たことがありません。私は白味噌の甘味を菓子で生かすべきだと感じたのです。

東原　僕は、エルメさんの菓子はどちらかといえば香りが特徴的で、ポイントなのかと思っていました。でも、香りが味覚に対して影響を与える部分をしっかりと押さえていることが分かり、感銘を受けました。

エルメ　私とは異なる視点で私の菓子を考察いただき、今後の作品づくりにプラスになりました。科学と文化が重なり合った時、互いに新しい発見があるかもしれませんね。

サンフォニー

Symphonie

パティスリー ショコラトリー マ・プリエール
Pâtisserie Chocolaterie Ma Prière

南米原産の"アマゾンフルーツ"が個性を放つ。ガナッシュに使うブラジル・トメアスー産カカオから発想を広げ、同じくブラジル産のグラヴィオーラのヨーグルトのような香りとクプアスの独特な風味をホワイトチョコレートのやさしい乳味で包み込み、カカオパルプのライチのような香りを隠し味にきかせた。マンゴーの濃厚な果実感とダークチョコレートで軽さと重さのバランスをとっている。「個性の強い素材は、ホワイトチョコレートのマイルドな乳味と香りでクセをマスキングし、すっきりとした後味にすることが多いです」と猿舘英明シェフ。

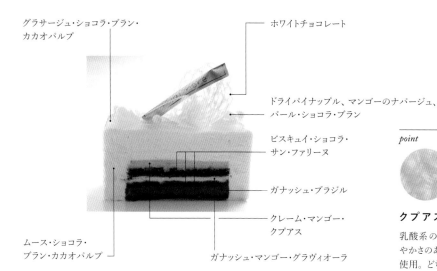

グラサージュ・ショコラ・ブラン・カカオパルプ

ホワイトチョコレート

ドライパイナップル、マンゴーのナパージュ、
パール・ショコラ・ブラン

ビスキュイ・ショコラ・
サン・ファリーヌ

ガナッシュ・ブラジル

クレーム・マンゴー・
クプアス

ムース・ショコラ・
ブラン・カカオパルプ

ガナッシュ・マンゴー・グラヴィオーラ

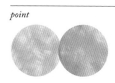

point

クプアス＆グラヴィオーラのピュレ

乳酸系の香りのグラヴィオーラと、甘さとさわ
やかさのある独特の香りのクプアスのピュレを
使用。どちらも南米産フルーツ。

材料

ビスキュイ・ショコラ・サン・ファリーヌ

《84個分》
卵白…540g
グラニュー糖…540g
卵黄…360g
カカオパウダー*1…180g
ダークチョコレート(カカオ分約70%)*2…適量

*1 ふるう。*2 テンパリングする。

ガナッシュ・ブラジル

《84個分》
カカオパルプ…500g
ダークチョコレート
　(明治「グリーンカカオ」カカオ分62%)…500g

ガナッシュ・マンゴー・グラヴィオーラ

《84個分》
マンゴーのピュレ…200g
グラヴィオーラのピュレ…200g
ハチミツ(百花蜜)…50g
ホワイトチョコレート(カルマ「ヌイブラン」)*…500g
ヨーグルト…50g
マンゴーのリキュール…50g

*溶かす。

クレーム・マンゴー・クプアス

《84個分》
ミネラルウォーター…360g
寒天製剤(伊那食品工業「イナゲル コルネール」)…50g
グラニュー糖…250g
生クリーム(乳脂肪分40%)…100g
マンゴーのピュレ…165g
クプアスのピュレ…175g
マンゴーのリキュール…10g

ムース・ショコラ・ブラン・カカオパルプ

《84個分》
カカオパルプ…1035g
増粘剤(キサンタンガム)…20g
マスゼラチン*1…125g
加糖卵黄…300g
グラニュー糖…75g
ホワイトチョコレート(カルマ「ヌイブラン」)*2…400g
生クリーム(乳脂肪分35%)…1500g

*1 粉ゼラチンと水を1対5の割合で合わせ、ふやかしたもの。
*2 溶かして45℃に調整する。

グラサージュ・ショコラ・ブラン・カカオパルプ

《つくりやすい分量》
カカオパルプ…100g
水アメ(林原「ハローデックス」)…400g
マスゼラチン*…10g
ホワイトチョコレート(カルマ「ヌイブラン」)…130g

*粉ゼラチンと水を1対5の割合で合わせ、ふやかしたもの。

仕上げ

ホワイトチョコレート(細工用)*…適量
食用ラメパウダー…適量
マンゴーのナパージュ…適量
ドライパイナップル…適量
パール・ショコラ・ブラン…適量

*溶かす。

つくり方

ビスキュイ・ショコラ・サン・ファリーヌ

1 ミキサーボウルに卵白とグラニュー糖を入れ、ホイッパーですくうとピンと角が立つ状態になるまで中速で撹拌し、さらに低速で約2分撹拌する。

2 ボウルに卵黄を入れ、①の一部を加えて泡立て器で混ぜる。これを①のミキサーボウルに戻し、8〜9割程度混ざるまで手で混ぜる。

3 カカオパウダーを加え、ダマがなくなるまでカードで混ぜる。

* カカオパウダーは、メレンゲと卵黄が完全に混ざりきる直前に加える。加えるタイミングが早すぎたり、遅すぎたりすると、焼成時に生地の浮きが悪くなる。

4 オーブンシートを敷いた53×38cmの天板3枚に③を3分の1量ずつ流し、L字パレットナイフで手早く平らにならす。

* 気泡を極力つぶさないように、できるだけ手数を減らすこと。

5 200℃のコンベクションオーブンで9分焼成する。焼き上がったら天板をはずして網に置き、そのまま室温で粗熱をとる。

6 四方の端を2.5cmずつ切り落とし、48×33cmにする。

7 ⑥の1枚の焼き面にダークチョコレートを塗る。

* チョコレートは薄すぎると割れやすく、厚すぎると食感が悪くなるので、適度な厚みにぬること。

ガナッシュ・ブラジル

1 鍋にカカオパルプを入れて中火にかけて沸騰させる。

2 ボウルにダークチョコレートを入れる。①を3〜4回に分けて加え、そのつど泡立て器でゆっくりと混ぜて乳化させる。

3 スティックミキサーで撹拌し、均一でなめらかな状態にする。

* ソフトな口あたりにするため、ゆるめの状態でOK。30℃以下になると分離するので、30℃以下にならないように注意すること。

ガナッシュ・マンゴー・グラヴィオーラ

1 鍋にマンゴーのピュレとグラヴィオーラのピュレを入れて火にかけ、温まったらハチミツを加えて泡立て器で混ぜる。

2 ボウルに溶かしたホワイトチョコレートを入れ、①を2〜3回に分けて加えて、そのつどしっかりと混ぜて乳化させる。

3 ヨーグルトとマンゴーのリキュールを加え、ゴムベラで混ぜる。

4 スティックミキサーで撹拌し、均一でなめらかな状態にする。

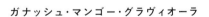

クレーム・マンゴー・クプアス

1 鍋にミネラルウォーターと寒天製剤を入れて火にかけ、沸騰
  したらグラニュー糖を加え、泡立て器で混ぜながらとろみが
  つくまで約5分加熱する。
2 生クリームを加え混ぜ、火を止める。
3 ②をボウルに移し、マンゴーのピュレとクプアスのピュレを加
  え混ぜる。そのまましばらく置いて粗熱をとる。
4 マンゴーのリキュールを加え、スティックミキサーで撹拌して
  均一な状態にする。

組立て1

1 板に48×33×高さ5cmのカードルを置き、チョコレートを塗っ
  たビスキュイ・ショコラ・サン・ファリーヌを、チョコレートの
  面を下にしてはめ込む。
2 ①にガナッシュ・ブラジルを流し、カードで平らにならす。板
  ごと軽く揺すって空気を抜く。
3 ビスキュイ・ショコラ・サン・ファリーヌ1枚を焼き面を下にし
  て重ね、板などで軽く押さえる。冷凍庫で冷やし固める。
4 ③にガナッシュ・マンゴー・グラヴィオーラを流し、カードで平
  らにならす。板ごと揺すって空気を抜く。
5 ③と同様の作業をくり返す。
6 ⑤にクレーム・マンゴー・クプアスを流し、カードで平らにな
  らす。冷凍庫で冷やし固める。

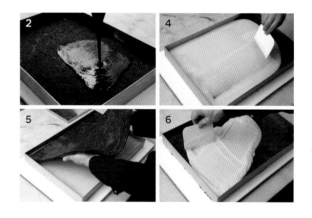

ムース・ショコラ・ブラン・カカオパルプ

1 鍋にカカオパルプと増粘剤を入れ、スティックミキサーで撹
  拌する。火にかけ、沸騰したら一度火を止め、マスゼラチン
  を加えて泡立て器でしっかりと混ぜ溶かす。
  ＊ゼラチンを加える場合、漉すのが一般的だが、カカオパルプの繊維質を
  残すため、漉さずに使用する。
2 ボウルに加糖卵黄とグラニュー糖を入れ、泡立て器ですり混
  ぜる。
3 ②に①を少量加え混ぜる。これを①の鍋に戻し、84℃まで
  加熱してさらに約2分炊く。
  ＊84℃に加熱後、さらに約2分火を入れて保形性を高める。
4 ボウルに移し、氷水にあてて混ぜながら36℃にする。

5 別のボウルに45℃にしたホワイトチョコレートを入れ、④を少量ずつ加えながら泡立て器で混ぜる。

6 別のボウルに生クリームを入れ、泡立て器で6分立てにする。温度は約10℃にすること。

  ＊泡立て器の跡が残り、ボウルを揺するとその跡が消える程度が目安。

7 ⑤に⑥の一部を加えてスティックミキサーで撹拌する。⑥の残りを加え、できるだけ気泡をつぶさないようにゴムベラで底からすくうようにして混ぜる。仕上がり温度は22〜25℃。

グラサージュ・ショコラ・ブラン・カカオパルプ

1 鍋にカカオパルプと水アメを入れて火にかけ、沸騰させる。火を止めてマスゼラチンを加えて泡立て器でしっかりと混ぜ溶かす。

  ＊甘みが強すぎず、一般的な水アメよりも加熱による色の変化が少ない、トレハロース主体の水アメをセレクト。

2 ボウルにホワイトチョコレートを入れ、①を加え混ぜる。

3 スティックミキサーで撹拌し、乳化させる。

組立て2・仕上げ

1 組立て1の⑥を、カードルをはずして板に横長に置き、縦に包丁を入れて幅6.5cmずつに切り分ける（7本とれる）。

2 ①を1本ずつ横長に置き、左右の端を5mmずつ切って、32×9×高さ5cmのカードルの中央に入れる。

3 ムース・ショコラ・ブラン・カカオパルプをカードルいっぱいに流し、パレットナイフで隙間をしっかりと埋め、上面を平らにならす。冷凍庫で冷やし固める。

  ＊冷凍すると全体が少し沈むので、ムースを多めに流すと仕上がりが美しくなる。

4 ラップを敷いたプラックに網を重ね、③をカードルをはずして置く。グラサージュ・ショコラ・ブラン・カカオパルプをかけ、L字パレットナイフで平らにならす。板に移して冷凍庫で冷やし固める。

5 作業台にOPPシートを敷く。溶かしたホワイトチョコレートをコルネに入れ、OPPシートの上に小さな輪をずらして重ねるように絞って円形にする。そのまま室温に置いて固め、食用ラメパウダーをふって、キッチンペーパーなどで軽くこすって輝かせる。

6 ④を横長に置き、左右の両端を切る。幅2.5cmずつ縦に切り分ける（12個とれる）。

7 コルネにマンゴーのナパージュを入れ、上面にらせん状に絞る。

8 ドライパイナップルを飾り、上にマンゴーのナパージュを絞る。⑤とパール・ショコラ・ブランを飾る。

エクレール ジャルディナージュ

Éclair Jardinage

リョウラ
Ryoura

タイベリーのバラのような香りを際立たせるため、コク深いピスタチオを引き立て役にセレクト。なめらかなムースと果実味あふれるコンフィチュールにしたタイベリーのフローラルな香りと甘ずっぱい味わいを、ピスタチオのババロワーズとクレーム・シャンティイのまろやかな風味が押し上げる。「香りをしっかりと生かしたい時は、風味を凝縮できるジュレやコンフィチュールにすることが多いです」と菅又亮輔シェフ。口の中でゆっくりとほどけるコンフィチュールの華やかな香りが余韻を残す。フレッシュなイチゴもタイベリーの風味をあと押し。

chapter 1 香りを生かして印象的に！ ── リョウラ

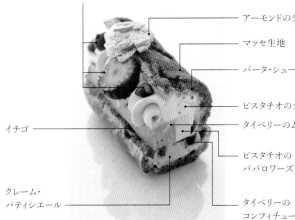

イチゴ、グロゼイユ、ピスタチオ

アーモンドのクロッカン

マッセ生地

パータ・シュー

ピスタチオのクレーム・シャンティイ

タイベリーのムース

イチゴ

ピスタチオの
ババロワーズ

クレーム・
パティシエール

タイベリーの
コンフィチュール

point

タイベリーのピュレ

タイベリーはフランボワーズとブラックベリーの交配種。バラをイメージさせる華やかで上品な香りが特徴的で、風味も強い。

材料

マッセ生地

《つくりやすい分量》
強力粉…370g
グラニュー糖…300g
バター*1…300g
色素（赤）*2…適量

※材料はすべて冷やす。
*1 1.5cm角に切る。
*2 赤2号と赤102号の色粉をそれぞれ4倍量の水で溶かし、1対1の割合で混ぜる。

パータ・シュー

《約24個分》
牛乳…150g
水…150g
バター…150g
グラニュー糖…10g
塩…3g
薄力粉…180g
全卵…約350g

クレーム・パティシエール

《約20個分》
牛乳…300g
生クリーム（乳脂肪分45％）…100g
バニラビーンズ*1…1/4本
卵黄…95g
グラニュー糖…95g
コーンスターチ*2…10g
カスタードパウダー…20g

*1 サヤから種を出す。サヤも使う。 *2 ふるう。

タイベリーのコンフィチュール

《約46個分》
グラニュー糖…100g
ペクチン…4g
レモン果汁…15g
タイベリーのピュレ…250g

タイベリーのムース

《114個分》
ベリーのクレーム・アングレーズ
　卵黄…200g
　グラニュー糖…220g
　水…45g
　イチゴのピュレ…140g
　グロゼイユのピュレ…45g
　タイベリーのピュレ…360g
板ゼラチン*…14g
生クリーム（乳脂肪分35％）…450g

*冷水でもどす。

ピスタチオのクレーム・シャンティイ

《約10個分》
生クリームA（乳脂肪分35％）…100g
生クリームB（乳脂肪分45％）…200g
キビ糖…24g
ピスタチオのペースト*…9.5g

*バビ「ピスタチオペースト」とタバタ「ピスタチオスーパーグリーンペースト」を1対1の割合でブレンド。

ピスタチオのババロワーズ

《114個分》
クレーム・アングレーズ
　牛乳…515g
　バニラビーンズ*1…2.5g
　卵黄…195g
　グラニュー糖…165g
板ゼラチン*2…19g
生クリーム（乳脂肪分35％）…455g
ピスタチオのペースト*3…40g

*1 サヤから種を出す。種のみ使う。
*2 冷水でもどす。
*3 バビ「ピスタチオペースト」とタバタ「ピスタチオスーパーグリーンペースト」をブレンド。配合比率は風味と色味のバランスを考えて調整。

組立て・仕上げ

《1個分》
アーモンドのクロッカン*…適量
ナパージュ（接着用）…適量
イチゴ（輪切り）…約8切れ
ピスタチオ（半割）…1.5個
グロゼイユ…1個

*アーモンドスライス100g（つくりやすい分量、以下同）にボーメ30度のシロップ28gをからめ、粉糖56gを少しずつ加え混ぜる。スプーンで少量ずつすくって天板に並べ、155℃のコンベクションオーブンで10〜12分焼成する。飾る直前に粉糖を茶漉しで適量ふる。

つくり方

マッセ生地

1 ミキサーボウルに強力粉、グラニュー糖、バターを入れ、バターが
  細かくなって均一な砂状になるまでビーターで低速で撹拌する。
2 色素を加え、ひとまとまりになるまで撹拌する。
  ＊色素は何回かに分けて加え、色味を調整する。
3 フィルムを貼り付けたプラックに②をのせ、上からもう1枚フィ
  ルムをかぶせて、麺棒で厚さ2㎜にのばす。
4 12×2㎝の長方形に切り分ける。

パータ・シュー

1 鍋に牛乳、水、バター、グラニュー糖、塩を入れて火にかけ
  る。バターが溶けたらヘラで混ぜる。
2 ふつふつと煮立ったらいったん火を止め、薄力粉を加えて粉
  けがなくなるまで泡立て器で混ぜる。
  ＊必要以上に水分がとばないように火を止める。
3 中火にかけ、粘りけが出て鍋底に膜が張るようになるまでヘラ
  で混ぜながら加熱する。
  ＊ヘラで絶えず混ぜて粉にしっかりと火を入れると、焼成時にきれいに膨らむ。
4 ミキサーボウルに③を入れてビーターで低速で撹拌し、粗熱をとる。
5 ボウルに全卵を入れ、泡立て器で溶きほぐす。シノワで漉し、
  しっかりとコシを切る。
  ＊全卵を漉してコシを切るとなじみやすくなる。
6 ④に⑤を3〜4回に分けて加え混ぜる。
  ＊卵液が混ざり切る前に、次の卵液を加えると、全体が均一になじみやす
   い。混ぜすぎると油脂分が出て分離しやすくなる。
  ＊状態を確認して、加える卵液の量を調整する。
7 ヘラですくうとゆっくり落ち、ヘラに残った生地が写真のように
  三角形になるまで撹拌する。温かいうちに工程⑧に移ること。
8 口径15㎜の丸口金を付けた絞り袋に⑦を入れ、天板に長さ
  12㎝（約40g）の棒状に絞る。冷凍庫で冷やし固める。
9 ⑧にマッセ生地をのせ、上火・下火ともに190℃のデッキオーブ
  ンで約30分焼成し、上火・下火ともに170℃にして約30分
  焼成する。
  ＊最初の30分で生地をしっかりと膨張させ、次の30分でしっかりと水分がと
   ぶように乾燥焼きする。

クレーム・パティシエール

1 鍋に牛乳、生クリーム、バニラビーンズを入れて火にかけ、沸
  騰直前まで加熱する。泡立て器で軽く混ぜ、ふたをして火を
  止め、そのまま10分おく。
  ＊生クリームを配合すると、ダマができず、なめらかな状態になり、コクも加わる。
2 ボウルに卵黄とグラニュー糖を入れ、泡立て器ですり混ぜる。
3 コーンスターチとカスタードパウダーを加え混ぜる。
4 ③に①を半量加え混ぜ、これを①の鍋に戻して混ぜる。

5 ④をシノワで漉してボウルに移し、火にかけて泡立て器で混
  ぜながら炊く。コシが切れてサラッとした状態になり、つやが
  出たら火から下ろす。
  ＊ときどきボウルをまわすと混ぜやすい。
6 ⑤を氷水にあて、ゴムベラで混ぜながら約20℃にする。ラッ
  プを敷いたプラックに流し、ラップを内側にたたむようにして
  包み、冷蔵庫で冷やす。
  ＊氷水で一気に冷やすと水分がとびやすく、水っぽくならない。

タイベリーのコンフィチュール

1 容器にグラニュー糖とペクチンを入れて混ぜる。
   * ペクチンは砂糖と合わせてから液体に加えるとダマになりにくい。
2 鍋にレモン果汁とタイベリーのピュレを入れて中火にかけ、45℃になるまで加熱する。
3 ②に①を加え、泡立て器で混ぜる。沸騰したら約1分そのまま煮詰める。
   * グラニュー糖は、一気に加えるといったん温度が下がり、温度が上昇する際に水分がとんでしまうので、徐々に加えてゆるやかに温度を上昇させる。
4 熱いうちにブラックに流す。ヘラで薄く広げて冷ます。
   * 蒸気をしっかりと逃がし、濃度を上げる。
5 ④を高さのある容器に入れ、スティックミキサーでなめらかになるまで撹拌する。

ピスタチオのババロワーズ

1 クレーム・アングレーズをつくる。鍋に牛乳とバニラビーンズの種を入れて弱火にかけ、沸騰直前まで加熱する。
2 ボウルに卵黄とグラニュー糖を入れ、泡立て器ですり混ぜる。
3 ②に①を約3分の1量加え混ぜる。
   * しっかりと混ぜ合わせてペーストをつくる。
4 ③に①の残りを加え混ぜる。
5 ④を弱火にかけ、泡立て器で混ぜながら水分をとばして煮詰めるイメージで炊く。82℃になったら火から下ろす。
6 冷水でもどした板ゼラチンを1～2枚ずつキッチンペーパーで包み、水けをきる。
   * キッチンペーパーにしっかりと水けを吸収させること。
7 ⑤に⑥を加え、混ぜ溶かす。
8 シノワで漉してボウルに移す。
   * しっかりと漉すことで、なめらかさを表現。卵の殻などの異物混入も防ぐことができる。
9 別のボウルにピスタチオのペーストを入れてゴムベラで混ぜ、⑧の半量を少量ずつ数回に分けて加え混ぜる。途中で泡立て器に持ち替えるとダマになりにくい。これを⑧に戻して混ぜる。
   * ピスタチオのペーストを半量のクレーム・アングレーズとなじませ、もう半量のクレーム・アングレーズと濃度を近くすることで、両者を合わせた時に短い時間でしっかり均一に全体が混ざる。
10 スティックミキサーで撹拌し、ムラなく均一な状態になるまでしっかりと乳化させる。
11 氷水にあてて、ゴムベラで混ぜながら24～26℃にする。
12 別のボウルに生クリームを入れ、泡立て器で8分立てになるまで泡立てる。冷蔵庫に約30分置いて10～11℃に調整し、ふたたび泡立て器で少し泡立てる。
   * 冷蔵庫に約30分置いて全体を落ちつかせる。離水しても、⑬に移る前に泡立てれば、状態をととのえられる。
13 ⑪に⑫を半量加え、泡立て器ですり混ぜる。これを⑫のボウルに戻し、18～19℃になるまでゴムベラで混ぜる。
   * 18～19℃にすると作業性がよい。
14 フィルムを貼り付けたブラックに57×37cmのカードルを置き、⑬を流してL字パレットナイフで広げ、平らにならす。冷凍庫で冷やし固める。

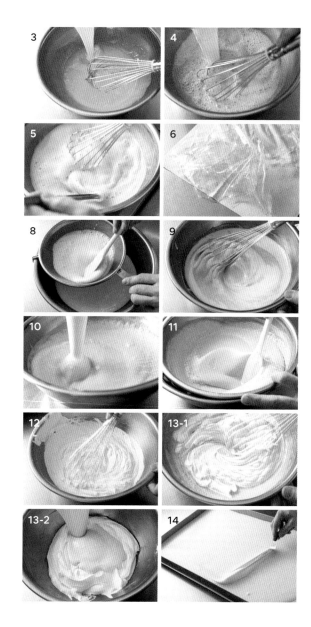

タイベリーのムース

1 ベリーのクレーム・アングレーズをつくる。ボウルに卵黄とグラニュー糖を入れ、泡立て器ですり混ぜる。

2 ①に水を加え混ぜる。

3 イチゴのピュレとグロゼイユのピュレを加え混ぜる。

4 ③を弱火にかけ、泡立て器で混ぜながら水分をとばして煮詰めるイメージで炊く。82℃になったら火から下ろす。

5 冷水でもどした板ゼラチンを1〜2枚ずつキッチンペーパーで包み、水けをきる。

6 ④に⑤を加え、混ぜ溶かす。シノワで漉して別のボウルに移す。

7 ⑥にタイベリーのピュレを加え、泡立て器で混ぜる。

8 氷水にあてて、混ぜながら24〜26℃にする。

9 別のボウルに生クリームを入れ、泡立て器で8分立てになるまで泡立てる。冷蔵庫に約30分置いて10〜11℃に調整し、ふたたび泡立て器で少し泡立てて固さを均一にする。

10 ⑧に⑨を3分の1量加え、泡立て器ですり混ぜる。これを⑨のボウルに戻し、ゴムベラで混ぜる。

＊ だいたい混ざったら、ゴムベラに持ち替える。

11 カードルに流して冷やし固めたピスタチオのババロワーズに⑩を流す。L字パレットナイフで広げ、平らにならす。冷凍庫で冷やし固める。

ピスタチオのクレーム・シャンティイ

1 ボウルに生クリームA、生クリームB、キビ糖を入れ、泡立て器で7分立てに泡立てる。

2 ボウルにピスタチオのペーストを入れ、①を少量加え混ぜる。これを①に戻して泡立て器で混ぜる。

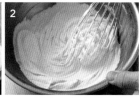

組立て・仕上げ

1 パータ・シューの真ん中の高さよりも少し上に波刃包丁を水平に入れて切り分ける。

2 口径15mmの丸口金を付けた絞り袋にクレーム・パティシエールを入れ、下側のパータ・シューに約30gずつ絞る。

＊ 生地の高さと同じになるように空洞に埋め込むようなイメージで絞る。

3 コルネにタイベリーのコンフィチュールを入れ、②のクレーム・パティシエールに埋め込むように2本（約8g）絞る。

4 輪切りにしたイチゴを約6切れ並べる。

5 重ねて冷やし固めたピスタチオのババロワーズとタイベリーのムースを冷凍庫から取り出し、カードルにバーナーをあてて側面を溶かしてカードルをはずす。包丁で11.5×1.5cmの長方形に切り分ける。

6 ④に⑤を横に倒して重ねる。

7 7切の星口金を付けた絞り袋にピスタチオのクレーム・シャンティイを入れ、⑥のピスタチオのババロワーズの上に小さな輪を描くように絞る。

8 ピスタチオのクレーム・シャンティイに立てかけるようにして上側のパータ・シューをのせて、指で軽く押さえる。

9 アーモンドのクロッカンの裏にナパージュを少量付け、上側のパータ・シューの縁に2個ずつ付ける。ピスタチオのクレーム・シャンティイに、輪切りにしたイチゴ2切れ、半分に切ったピスタチオ3個、グロゼイユ1粒を飾る。

ドゥルセ・アシッド

Dulce Acide

トレカルム
TRÈS CALME

ブロンドとダークのチョコレートと、東南アジア原産の柑橘であるカラマンシーの組合せ。香りと酸味が印象的なカラマンシーは、コクのあるクリームにして存在感を打ち出し、このクリームを加えたクレーム・シャンティイを添えてさわやかな香りを際立たせた。カラマンシーの香りと酸味がブロンドチョコレート主体のガナッシュの甘味とほのかな塩味を包み込み、なめらかな口溶けとともに濃厚な風味からすっきりとした後味に移り変わる。「味の主役はチョコレート、香りの主役はカラマンシーという意外性を狙いました」と木村忠彦シェフ。

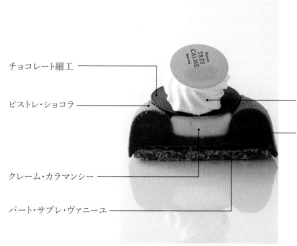

チョコレート細工

ピストレ・ショコラ

クレーム・シャンティイ・カラマンシー

ガナッシュ・ドゥルセ

クレーム・カラマンシー

パート・サブレ・ヴァニーユ

point

カラマンシーのピュレ

カラマンシーは東南アジアの柑橘。シークヮーサーにも似た酸味とさわやかな香りが特徴だ。シコリ社のピュレを使う。

材料

パート・サブレ・ヴァニーユ

《つくりやすい分量》
バター*1…805g
グラニュー糖*2…330g
バニラシュガー*2・*3…43g
塩…4g
卵黄*4…118g
アーモンドパウダー*5…430g
強力粉*5…550g
薄力粉*5…455g
ミルクチョコレート
　（ヴァローナ「バイベラクテ」カカオ分46%）*6…適量

*1 ポマード状にする。
*2 合わせる。
*3 グラニュー糖と乾燥させて粉砕したバニラのサヤを5対1の割合で混ぜたもの。
*4 室温にもどす。
*5 それぞれふるって合わせる。
*6 テンパリングし、約30℃に調整する。

クレーム・カラマンシー

《約50個分》
卵黄…121g
グラニュー糖…258g
カラマンシーのピュレ（シコリ社）…500g
薄力粉*1…21g
コーンスターチ*1…21g
板ゼラチン*2…5g
バター*3…255g

*1 合わせる。
*2 冷水でもどす。
*3 室温にもどす。

クレーム・シャンティイ・カラマンシー

《約50個分》
生クリーム（乳脂肪分43%）…500g
グラニュー糖…40g
クレーム・カラマンシー…200g

ガナッシュ・ドゥルセ

《約25個分》
生クリーム（乳脂肪分35%）…500g
転化糖…39g
ブロンドチョコレート
　（ヴァローナ「ドゥルセ」）…430g
ダークチョコレート
　（ヴァローナ「P-125クール・ド・グアナラ」）…112g

仕上げ

《1個分》
ピストレ・ショコラ*1…適量
チョコレート細工*2…1枚

*1 ダークチョコレート（ヴァローナ「カラク」カカオ分56%）とカカオバターを1対1の割合で合わせて溶かし、35〜40℃に調整したもの。
*2 ダークチョコレート（ヴァローナ「カラク」カカオ分56%）を厚さ約0.8mmにのばし、直径4cmの型で抜いて固めたもの。

つくり方

パート・サブレ・ヴァニーユ

1 ミキサーボウルにバター、合わせたグラニュー糖とバニラシュガー、塩を入れ、白っぽくなるまでビーターで中速で撹拌する。

 ＊ バニラの粒が部分的に固まらないように注意。

2 卵黄を一度に加え、全体が均一になるまで混ぜる。途中でボウルの内側に付いた生地をはらう。

3 合わせたアーモンドパウダー、強力粉、薄力粉を加え、粉がとびちらないように低速で撹拌する。ざっと混ざったら中速に切り替え、粉けがなくなるまで撹拌する。

 ＊ 水分はほぼ卵黄のみなので、ホロッとくずれるような軽い口あたりを打ち出せるが、土台の役割もあるため、もろくなりすぎないように強力粉を配合。しっかりと撹拌してグルテン量を増やし、ザクッとした歯ざわりも表現する。

4 混ぜ残しがないように、カードで底からすくうようにして混ぜながら、ひとまとめにする。

5 ラップで包み、厚さ3cm程度の正方形にととのえ、冷蔵庫に1晩置く。

6 打ち粉（分量外）をしながら麺棒もしくはシーターで厚さ3mmにのばし、直径6cmの抜き型で抜く。

 ＊ ザクッとした食感を打ち出すため、厚めにのばす。

7 シルパンを敷いた天板に並べ、フォークでピケする。

8 ダンパーを開けた150℃のコンベクションオーブンで約13分焼成する。そのまま室温で冷ます。

9 焼き面に刷毛でミルクチョコレートを薄く塗る。

 ＊ 湿気を防止しながら、ミルクチョコレートの風味をプラス。

ガナッシュ・ドゥルセ

1 鍋に生クリームと転化糖を入れて火にかけ、沸騰させる。

2 ボウルにブロンドチョコレートとダークチョコレートを入れ、①を加えてゴムベラでゆっくりと混ぜる。

 ＊ できるだけ空気を入れないように注意。

3 スティックミキサーでなめらかな状態になるまで撹拌し、しっかりと乳化させる。

4 氷水にあて、ゴムベラで混ぜながら粗熱をとる。

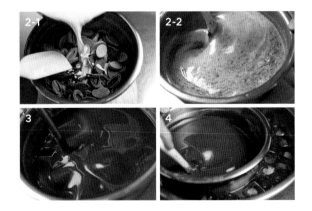

組立て1

1 ガナッシュ・ドゥルセを絞り袋に入れて先端をハサミで切り、直径6.5×高さ2.5cmのサヴァラン型に9分目まで絞る。

2 パート・サブレ・ヴァニーユを、ミルクチョコレートを塗った面が下になるようにして①にのせ、指で軽く押さえる。冷凍庫で中までしっかり冷凍する。

クレーム・カラマンシー

1 ボウルに卵黄とグラニュー糖を入れ、泡立て器ですり混ぜる。
   * カラマンシーのピュレの酸味に合わせて甘味を強くしているため、砂糖の量が多め。卵黄とグラニュー糖が混ざりにくい場合は、ゴムベラで練るようにして混ぜるとよい。
2 銅鍋にカラマンシーのピュレを入れて火にかけ、ひと煮立ちさせる。
   * 火を入れすぎると香りがとぶので、グツグツ沸かさず、煮立ったらすぐに火を止める。
3 ①に②を少量加え、泡立て器で混ぜる。
   * 砂糖が多く水分が少ないので、ピュレを加えて水分を補うと、このあとに加える薄力粉とコーンスターチが混ざりやすくなり、さらにあとに加えるピュレも短時間で混ざり合う。
4 合わせた薄力粉とコーンスターチを加え、粉がとびちらないようにゆっくりと混ぜる。
5 残りの②を加え混ぜる。
6 シノワで漉しながら②の銅鍋に戻す。
7 ⑥を中火にかけて沸騰させる。粘度のある大きな泡が立ち、全体にとろみがつくまで、泡立て器で混ぜながら加熱する。
   * 殺菌のため、しっかりと沸騰するまで火を入れる。砂糖の量が多いので、キャラメリゼされないように絶えず泡立て器で混ぜること。
8 ボウルに移し、板ゼラチンを加えてゴムベラで混ぜ溶かす。
9 氷水にあてて40℃に調整する。
   * 40℃は、このあと加えるバターが溶けきらずにポマード状を保ちながら混ざる温度。
10 バターを3〜4回に分けて加え、泡立て器で混ぜる。
   * バターを一度に加えると温度が一気に下がり、混ざりにくくなる。
11 スティックミキサーでなめらかな状態になるまで撹拌する。
   * 全体が均一になればOK。長く撹拌しすぎるとスティックミキサーの熱が伝わり、バターが溶けてダレてしまう。
12 氷水にあて、ゴムベラですくうとスーッと落ち、落ちた跡が少し残ったあとに消える程度の固さになるまで、ときどき混ぜながら冷ます。

クレーム・シャンティイ・カラマンシー

1 ボウルに生クリームとグラニュー糖を入れ、泡立て器で9分立てに泡立てる。
2 別のボウルにクレーム・カラマンシーを入れ、①を加え混ぜる。

組立て2・仕上げ

1 組立て1のパーツを型からはずし、中までしっかりと冷凍された状態のまま、裏返しにしたバットなどに、くぼみのある面を上にして並べる。
2 ピストレ・ショコラをピストレ用スプレーガンに入れ、①をバットごと回転させながら①に吹き付ける。トレーにのせる。
3 クレーム・カラマンシーを絞り袋に入れて先端をハサミで切り、②の中央のくぼみいっぱいに絞る。
   * 天候や気温、湿度などに応じて、絞る量を微妙に変え、酸味のきかせ方を調整する。
4 チョコレート細工を、クレーム・カラマンシーが三日月形に見えるようにのせる。
5 8切の星口金にクレーム・シャンティイ・カラマンシーを入れ、チョコレート細工の上に絞る。

一期一会
Ichigoichie

パティスリー エス サロン
PÂTISSERIE.S Salon

繊細ですっきりとした風味が魅力のビール「一期一会」が主役。「白ワインのようなフルーティでさわやかな味わいがアニスやミントの爽快感とリンクしました」と製造を担う中元修平シェフと商品開発を担う妻の薫さんは口をそろえる。「繊細な風味にはスパイスやハーブの香りを合わせてバランスをとることも多いです」と薫さん。軽やかなムースに仕立てたビールの繊細な香りに、グリーンアニスとミントを合わせ、同系統のさわやかさがあるパイナップルと小夏を合わせて果実味をプラス。印象が似ていながら異なる風味を重ねて奥行を出している。

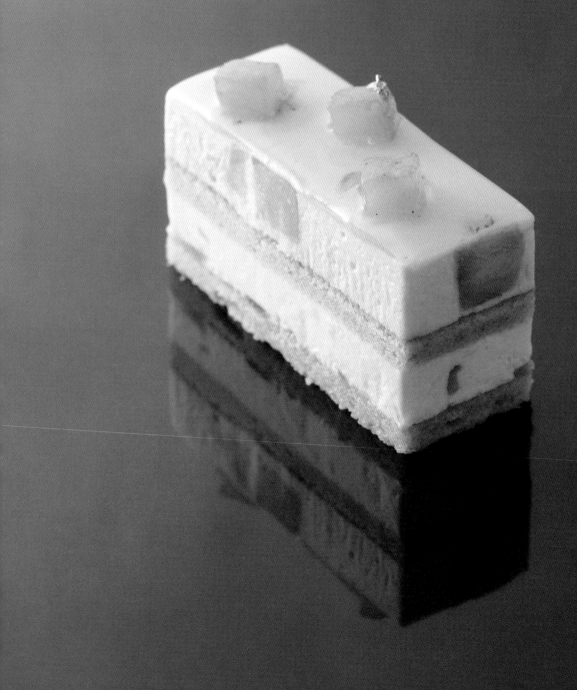

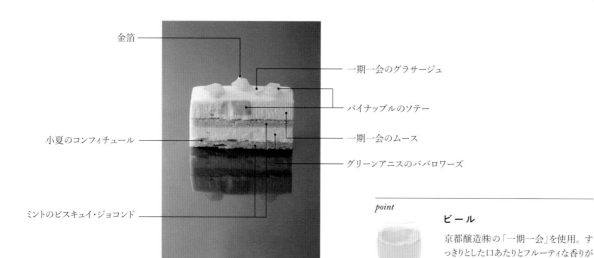

金箔

一期一会のグラサージュ

パイナップルのソテー

一期一会のムース

グリーンアニスのババロワーズ

小夏のコンフィチュール

ミントのビスキュイ・ジョコンド

point

ビール

京都醸造㈱の「一期一会」を使用。すっきりとした口あたりとフルーティな香りが特徴。ガスを抜いた状態で仕入れる。

材料

ミントのビスキュイ・ジョコンド

《60×40cmの天板2枚分・77個分》
ミント…16g
卵黄*¹…176g
卵白A*¹…112g
アーモンドパウダー*²…200g
粉糖*²…200g
卵白B…400g
グラニュー糖…240g
薄力粉*³…176g

*1 それぞれ冷やし、合わせる。
*2 合わせてふるう。
*3 ふるう。

パイナップルのソテー

《77個分》
パイナップル…600g
ビール（京都醸造「一期一会」）*…48g

*ガスを抜いた状態。

一期一会のアンビバージュ

《77個分》
シロップ（ボーメ30度）…225g
水…125g
ビール（京都醸造「一期一会」）*…225g

※すべての材料を混ぜ合わせる。
*ガスを抜いた状態。

グリーンアニスのババロワーズ

《77個分》
牛乳…661g
グリーンアニス（ホール）…11g
卵黄…212g
グラニュー糖…238g
板ゼラチン*¹…20g
キルシュ…29g
クレーム・フエッテ*²…633g

*1 冷水でもどす。
*2 乳脂肪分40％と35％の生クリームを同割で配合し、8分立てにする。

小夏のコンフィチュール

《つくりやすい分量》
小夏…2.2kg
グラニュー糖A…850g
水…500g
グルコース…400g
グラニュー糖B*…648g
ペクチン*…27.8g
レモン果汁…適量
ライム果汁…138g
グレープフルーツ果汁…103g
グレープフルーツのシロップ
（モナン「グレープフルーツ・シロップ」）…35g

*合わせる。

一期一会のムース

《77個分》
卵黄…202g
グラニュー糖A…65g
ビールA（京都醸造「一期一会」）*¹…380g
板ゼラチン*²…20g
ビールB（京都醸造「一期一会」）*¹…285g
グラニュー糖B…153g
水…40g
卵白…101g
クレーム・フエッテ*³…571g

*1 ガスを抜いた状態。 *2 冷水でもどす。
*3 乳脂肪分40％と35％の生クリームを同割で配合し、8分立てにする。

一期一会のグラサージュ

《つくりやすい分量》
ナパージュ・ヌートル…225g
ビール（京都醸造「一期一会」）*…27g

*ガスを抜いた状態。

仕上げ

《1個分》
金箔…適量

つくり方

ミントのビスキュイ・ジョコンド

1 ミルにミントと、合わせた卵黄と卵白Aの一部を入れ、撹拌する。
   * ミントは変色しやすいので、手早く作業すること。
2 ミキサーボウルに残りの卵黄と卵白A、①、合わせてふるった
   アーモンドパウダーと粉糖を入れ、ホイッパーを付けた中速の
   ミキサーで撹拌する。粉けがなくなったら高速に切り替え、白
   っぽくふんわりとするまで撹拌を続ける。ボウルに移す。
   * 粉類はとびちりやすいので、最初は中速で撹拌する。
   * 途中でミキサーボウルの側面に外からバーナーで火をあてて少し温めると、
     ミントの香りが移りやすくなる。
3 別のミキサーボウルに卵白Bと少量のグラニュー糖を入れ、
   高速で撹拌する。白っぽくなったら残りのグラニュー糖を加
   え、ホイッパーですくうと角が立ってゆっくりと垂れる程度にな
   るまで撹拌を続ける。
4 ②に③の半量を加え、ゴムベラで切るようにしてざっと混ぜる。
   * マーブル状に混ざった程度でOK。ゴムベラは、ゴムの硬いものを選ぶと、
     手早くしっかりと混ざりやすい。
5 ④に少しずつ薄力粉を加え混ぜる。
6 ⑤に残りの③を加え、全体が均一になるまでゴムベラで底か
   らすくうようにして混ぜる。
7 オーブンシートを敷いた60×40cmの天板に⑥を740gずつ流
   し、L字パレットナイフで平らにならす。焼成後に天板をはず
   しやすくするため、四方の縁を指でぬぐう。
8 230℃のコンベクションオーブンで5〜6分焼成する。途中3
   分程度経ったら、天板の手前と奥を入れ替える。天板をはず
   し、オーブンシートごと網にのせて粗熱をとる。

小夏のコンフィチュール

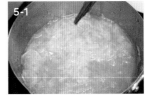

1 小夏を切って果汁を搾る。果皮とワタを切り取って粗めの千
   切りにする。
2 ボウルに①の果汁とワタ、グラニュー糖Aを入れ、室温（25
   ℃前後が目安）に1晩置く。
3 鍋に①の果皮と水（分量外）を入れて火にかけ、沸騰したら
   果皮をザルにあけて、湯は捨てる。このゆでこぼす作業を
   数回くり返す。
4 鍋に②と③、水、グルコースを入れて火にかける。
5 煮立ったら合わせたグラニュー糖Bとペクチンを加え、泡立
   て器で混ぜながら、酸味と苦味が少し残っている程度になる
   まで煮詰める。
6 火から下ろし、酸味や水分量が足りない場合はレモン果汁
   を加える。
   * 小夏は、風味や水分量などに個体差があるので、レモン果汁で酸味や濃
     度を調整する。
7 粗熱がとれたら、ライム果汁、クレープフルーツの果汁とシロ
   ップを加え混ぜる。
   * ライムとグレープフルーツの風味で、小夏のさわやかな苦味を引き立てる。

組立て1

1 ミントのビスキュイ・ジョコンドを、焼き面を上にしてまな板に置き、波刃包丁で四方の端を切って約57×37㎝にする。

2 ①の1枚に小夏のコンフィチュールを約640g流して、L字パレットナイフで薄く広げる。室温に置く。

パイナップルのソテー

1 パイナップルの果肉を1.5㎝角に切る。

2 フライパンを熱して①を加え、ほんのり焦げめがつくまで火を入れる。

　＊ 火を入れることで、まろやかな酸味と甘味を表現しつつ、生地とは別のこうばしい風味をプラス。

3 ビールを加え、水分をざっととばす。プラックに広げ、急冷する。

一期一会のムース

1 ボウルに卵黄を入れて泡立て器で溶きほぐし、グラニュー糖Aを加えて白っぽくなるまで混ぜる。

　＊ 卵の香りを抑えるため、あっさりとした風味の卵をセレクトし、京都・丹波「みずほファーム」の「さくらたまご」を使用。逆に卵の風味を生かしたいパーツや菓子には、風味の強い卵（「瑞穂」）を使用している。

2 鍋にビールAを入れて火にかけ、湯気が出る程度（60℃前後が目安）になるまで温める。

3 ①に②の半量を加え混ぜる。

4 ②の鍋に③を戻して火にかけ、ゴムベラで混ぜながら、とろみがつくまで加熱する。

　＊ 卵が凝固しない程度の火力で、できるだけ短時間で炊く。しっかりと混ぜること。充分に混ぜないと、なめらかに仕上がらない。

5 シノワで漉してボウルに移す。

6 板ゼラチンを加え混ぜる。

7 混ぜながら50℃弱に調整し、ビールBを加え混ぜる。冷蔵庫で冷やす。

　＊ 50℃以下にしないと、ビールの香りがとんでしまう。ただし温度が低すぎると混ざりにくくなり、時間が経つほどビールの香りがとんでいく。短時間で混ぜて香りをとじ込めるためには、温度管理を徹底することが大切。

8 ⑦と同時進行で鍋にグラニュー糖Bと水を入れて火にかけ、117℃になるまで加熱する。

9 ⑧と同時進行でミキサーボウルに卵白を入れ、ホイッパーで高速で撹拌する。

10 ⑨が白っぽくなったら⑧を少しずつ加え混ぜ、ホイッパーですくうとピンと角が立つ状態になるまで撹拌する。

11 別のボウルに8分立てにしたクレーム・フエッテを入れ、⑩を加えて泡立て器で混ぜる。⑦の状態を見て泡立て方を調整すること。

12 ⑪に⑦を加え混ぜる。

13 パイナップルのソテーを約640g加え、ゴムベラで底からすくうようにして混ぜる。残りのパイナップルのソテーは仕上げに使用する。

組立て2

1 OPPシートを敷いたプラックに置いた約57×37×高さ4.5cmのカードルに一期一会のムースを1750g流し、L字パレットナイフで広げて平らにならす。

2 ミントのビスキュイ・ジョコンドを焼き面が下になるようにして①に入れ、オーブンシートをはがす。板などで軽く押して密着させる。

3 一期一会のアンビバージュを刷毛でたっぷり打つ。急冷する。

グリーンアニスのババロワーズ

1 鍋に牛乳とグリーンアニスを入れて火にかけ、温める。

2 ボウルに卵黄とグラニュー糖を入れ、泡立て器で白っぽくなるまですり混ぜる。

3 ②に①を半量程度加え混ぜる。

4 ①の鍋に③を戻して火にかけ、ゴムベラで混ぜながら、とろみがつくまで加熱する。

＊時間をかけて炊くと香りが引き立ちにくくなる。また、水分量が少なく、凝固しやすいので、短時間で炊き上げること。

5 シノワで漉してボウルに移し、グリーンアニスを取り除く。板ゼラチンを加え混ぜる。

6 氷水にあてて、混ぜながら50℃弱になるまで冷ます。

7 キルシュを加え、混ぜながら23～24℃になるまで冷ます。

8 別のボウルに8分立てにしたクレーム・フエッテを入れ、⑦を加えて泡立て器で混ぜる。⑦の状態を見て泡立て方を調整すること。

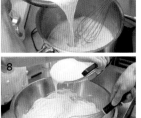

一期一会のグラサージュ

1 ボウルにナパージュ・ヌートルとビールを入れ、気泡が入らないようにていねいに混ぜる。

組立て3・仕上げ

1 組立て2で急冷したカードルに、グリーンアニスのババロワーズを1750g入れ、L字パレットナイフで広げて平らにならす。

2 ①に、小夏のコンフィチュールを塗ったミントのビスキュイ・ジョコンドを、コンフィチュールが下になるようにして入れ、オーブンシートをはがす。板などで軽く押して密着させる。

3 一期一会のアンビバージュを刷毛でたっぷり打つ。OPPシートをかぶせ、プラックの裏側を上にしてのせて急冷する。

4 ③をプラックごと逆さにして網にのせ、プラックとカードルをはずす。温めてなめらかにした一期一会のグラサージュをかけ、上面をL字パレットナイフで平らにしつつ、余分なグラサージュを落とす。急冷する。

5 ④を横長に置き、包丁で幅8cmに縦に切る（7本とれる）。

6 ⑤を横長に置き、包丁で幅3.2cmに縦に切る（11個とれる）。

7 パイナップルのソテーを3個ずつのせ、金箔を飾る。

タルト・ヴァニーユ・マルティニック

Tarte au Vanille Martinique

シャンドワゾー
Chant d'Oiseau

「はっきりした味は食べ飽きない」が村山太一シェフの持論。ただし、直球すぎるとしつこくなりやすいため、香りや食感の工夫で立体感や軽さを出しているという。バニラアイスクリームをイメージした1品は、濃厚な味わいに芳醇なラム酒でキレをプラス。上品な香りのバニラのムースにはアングレーズで卵の香りを加え、ミルクのコンフィチュールで乳味を強調した。インパクトを出すために際立たせた甘味や乳味をやさしくまとめ、すっきりとしながら深みのある後味を演出するのがラム酒。香り高くパンチのあるラム酒が心地よい余韻を与える。

チョコレート細工

ラム酒のクレーム・アングレーズ

バニラのムース

パート・シュクレ

ジェノワーズ

ラムレーズン

ミルクのコンフィチュール

point

ラム酒

ほのかにバニラのニュアンスをもつ、マルティニーク島で蒸留された香り高いラム酒を使用。濃厚な甘みにキレを与える。

材料

パート・シュクレ

《つくりやすい分量》
全卵…6個
加糖卵黄…450g
グラニュー糖…1.34kg
バター…2.72kg
薄力粉*…4.2kg
塩…20g

＊ふるう。

ジェノワーズ

《約60×40cmの天板4枚分》
全卵…2.67kg
加糖卵黄…595g
グラニュー糖…2kg
トレハロース…333g
ハチミツ…250g
薄力粉*1…1.88kg
生クリーム(乳脂肪分36％)*2…333g
バニラエクストラクト(シャテル社「モンレニオンヴァニラ」)…10滴

＊1 ふるう。＊2 温める。

バニラのムース

《58個分》
クレーム・アングレーズ
　生クリーム(乳脂肪分36％)…348g
　牛乳…173.5g
　バニラビーンズ*1…1¼本
　加糖卵黄…319g
　グラニュー糖…256g
　板ゼラチン*2…12.5g
　バニラエクストラクト(シャテル社「モンレニオンヴァニラ」)…14滴
生クリーム(乳脂肪分36％)…約1kg

＊1 サヤから種を出す。サヤも使う。＊2 冷水でもどす。

ミルクのコンフィチュール

《つくりやすい分量》
グラニュー糖…125g
LMペクチン…4.75g
生クリーム(乳脂肪分36％)…500g
牛乳…500g
バニラビーンズ*…1/4本

＊サヤから種を出す。サヤも使う。

ラム酒のクレーム・アングレーズ

《つくりやすい分量》
牛乳…233g
生クリーム(乳脂肪分36％)…67g
バニラビーンズ*1…1/2本
加糖卵黄…87g
グラニュー糖…60g
板ゼラチン*2…2.7枚
ラム酒(バーディネー「ネグリタ ラム」)…110g

＊1 サヤから種を出す。サヤも使う。＊2 冷水でもどす。

ラムレーズン

《つくりやすい分量》
シロップ(ボーメ30度)…適量
ラム酒(バーディネー「ネグリタ ラム」)…適量
レーズン…適量

組立て・仕上げ

《1個分》
ピストレ・ショコラ・ブラン…適量
ラム酒入りシロップ*…適量
チョコレート細工…1個
金箔…適量

＊シロップ(ボーメ30度)とラム酒(バーディネー「ネグリタ ラム」)を1対2の割合で合わせる。

つくり方

パート・シュクレ

1 ボウルに全卵、加糖卵黄、グラニュー糖を入れ、泡立て器で
　 すり混ぜる。
2 バターを加え混ぜる。
3 薄力粉と塩を加え、粉けがなくなるまで混ぜる。
4 ひとまとめにし、ラップで包んで冷蔵庫に1晩置く。
5 麺棒で厚さ3mmにのばし、直径9.5cmの円形に抜き、冷蔵庫
　 で冷やす。
6 軽く打ち粉(分量外)をふり、直径7×高さ2cmのタルトリング
　 に敷き込む。
　 ＊ 生地が冷たく固いうちにセルクルに敷き込むと均一な厚さを保てる。セル
　 　クルの側面に、ある程度力を入れて押し付けても、生地がセルクルからは
　 　がれるくらい冷え固まっているとよい。
7 セルクルからはみ出た余分な生地をペティナイフで切り落と
　 す。冷蔵庫で冷やす。
8 シルパンを敷いた天板に並べ、170℃のコンベクションオー
　 ブンで15〜20分焼成する。そのまま室温で冷ます。

ジェノワーズ

1 ボウルに全卵、加糖卵黄、グラニュー糖、トレハロース、ハチ
　 ミツを入れ、白っぽくふんわりとするまで泡立て器で混ぜる。
2 ふるった薄力粉を数回に分けて加え、粉けがなくなり、全体
　 が均一になるまで混ぜる。
3 生クリームとバニラエクストラクトを加え、ゴムベラで混ぜる。
4 58×38cmの天板に流し、パレットナイフで広げる。
5 上火175℃・下火170℃のデッキオーブンで約22分焼成す
　 る。そのまま室温に置いて粗熱をとる。
6 直径4cmの型で抜き、厚さ1〜2mmにスライスする。

バニラのムース

1 クレーム・アングレーズをつくる。鍋に生クリーム、牛乳、バ
　 ニラビーンズのサヤと種を入れて火にかけ、泡立て器で混ぜ
　 ながら沸騰させる。
2 ボウルに加糖卵黄とグラニュー糖を入れ、泡立て器ですり混
　 ぜる。
3 ②に①を少量加え混ぜ、これを①の鍋に戻す。
4 ③を中火にかけ、泡立て器で混ぜながら82℃になるまで炊く。
　 ＊ 八の字を書くようにして絶えず混ぜて、均一に火を通すこと。
5 火から下ろし、余熱で82℃以上にならないように氷水にあてる。
　 ＊ 85℃以上になると卵黄が凝固してしまう。しっかり火を通しつつ、卵黄を
　 　凝固させないように加熱温度は82℃に。82℃くらいから加熱された卵の
　 　よい香りがしてくる。

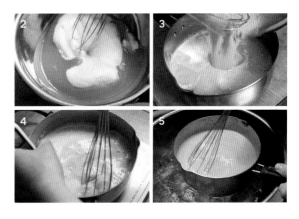

6 いったん氷水からはずし、板ゼラチンを加え混ぜる。

7 シノワで漉してボウルに移し、氷水にあててゴムベラで混ぜながら約30℃にする。

  ＊ゼラチンの凝固点は20℃なので、あとで生クリームを加えてから短時間で固まるように約30℃に調整する。

8 バニラエクストラクトを加え混ぜる。

9 ミキサーボウルに生クリームを入れ、8.5分立てになるまで撹拌する。ホイッパーですくうと、とろりとリボン状に流れ落ち、落ちた跡がゆっくりと消えていく程度の固さになればOK。

  ＊生クリームを液状のままクレーム・アングレーズに混ぜると、均一に混ざり合うまでに時間がかかり、気泡がつぶれてふんわりした質感にならず、水っぽいムースになってしまう。

10 ⑧に⑨を加え、泡立て器で混ぜる。大体混ざったらゴムベラに持ち替えて底からすくうようにして均一になるまで混ぜる。

11 丸口金を付けた絞り袋に⑩を入れ、直径6.5cmのサバラン型に絞る。冷凍庫で冷やし固める。

ミルクのコンフィチュール

1 ボウルにグラニュー糖とLMペクチンを入れて混ぜる。

2 鍋に生クリーム、牛乳、バニラビーンズのサヤと種を入れて中火にかけ、泡立て器で混ぜながら①を加え、沸騰させる。

3 吹きこぼれない程度に火を弱め、ときどき混ぜながらブリックス50％になるまで煮詰める。

  ＊ペクチンをしっかり溶かすこと。鍋底に焦げ付かないように注意。

4 容器に移し、ラップをかけて急冷する。

ラム酒のクレーム・アングレーズ

1 鍋に牛乳、生クリーム、バニラビーンズのサヤと種を入れて火にかけ、沸騰させる。

2 ボウルに加糖卵黄とグラニュー糖を入れ、泡立て器ですり混ぜる。

3 ②に①を少量加え混ぜ、これを①の鍋に戻す。

4 ③を中火にかけ、ゴムベラで混ぜながら82℃になるまで加熱する。

  ＊八の字を書くように絶えず混ぜて、均一に火を通すこと。

5 火から下ろし、混ぜながら余熱で少し火を入れる。

6 板ゼラチンを加え混ぜる。

  ＊最後にラム酒が入って固まりにくくなるので、ゼラチンは多めに配合。冷蔵庫に入れると、フルフルとした質感になる量に。

7 シノワで漉してボウルに移し、使用直前にラム酒を混ぜる。

  ＊ラム酒は香りがとびやすいので、使う直前に混ぜる。すぐに使わない場合は、ラム酒を入れずに冷凍保存し、使う際に解凍してからラム酒を加える。

ラムレーズン

1 ボウルにシロップとラム酒を1対1の割合で入れる。
2 容器にレーズンを入れ、レーズンが浸るまで①を加える。
3 ラップをし、冷蔵庫に1晩置く。
4 使用直前に1粒を3分の1〜2分の1に切る。
 ＊ 存在感を出しつつ、コンフィチュールやムースの食感ともなじむように、粗めにきざむ。

組立て・仕上げ

1 冷凍したバニラのムースを型からはずし、裏返してプラックに置く。ピストレ・ショコラ・ブランをピストレ用のスプレーガンに入れ、全体に吹き付ける。
2 パート・シュクレに、パレットナイフで中央をくぼませるようにしてミルクのコンフィチュールを詰める。
3 ②の中央にきざんだラムレーズンを約10gずつのせ、パレットナイフで軽く押さえて平らにする。
4 ③の中央にジェノワーズをのせ、スプレーなどでラム酒入りシロップをかける。
 ＊ ジェノワーズはシロップをとどめておく役割。生地の存在感は出したくないので、ごく薄くスライスする。
5 ④に①をのせる。
6 ⑤のくぼみにスプーンでラム酒のクレーム・アングレーズを流し、冷凍庫で冷やし固める。
7 チョコレート細工と金箔を飾る。
 ＊ チョコレート細工は、重心とバランスを考えて飾る。金箔は風で揺れるくらい多めに付けて、インパクトを与える。

アフィネ
Affiné

リベルターブル
Libertable

「グローバルな視点で日本の伝統素材の魅力を伝えたい」という森田一頼シェフの思いから、岐阜県の蔵元の上品でおだやかな甘味と濃厚で複雑な香りの本ミリンを軸にしたヴェリーヌが完成。同じ和素材のさわやかなユズを合わせ、やさしい風味のリンゴで本ミリンとユズをつないだ。さらに、緑の野菜とフルーツのクーリとマリネを重ねてキレと清涼感をプラス。凝固剤のゼラチンとアガーを使い分け、ユズのジュレはキューブ状にして食感に変化を出すことで、それぞれの香りを感じる時間に差を出した。カルダモンの香りが味わいに奥行を出す。

フェンネル —————

リンゴのジュレ —————

ミリンのジュレ —————

————— 青トマトとアボカド、キウイのマリネ

————— ユズのジュレ

————— クーリ・ヴェール

point

ミリン

国産のモチ米と米麹、焼酎のみを使用し、熟成に3年かけた「本みりん」。デザートワインのような上品な味わいが魅力だ。

chapter 1 香りを生かして印象的に！ ｜ リベルターブル

材料

ミリンのジュレ

《10個分》
水…250g
板ゼラチン*…10g
ミリン（白扇酒造「福来純 伝統製法 熟成本みりん」）…250g

*冷水でもどす。

リンゴのジュレ

《10個分》
リンゴ果汁…300g
カルダモン（ホール）…9粒
アガー…12g

ユズのジュレ

《つくりやすい分量》
水…200g
グラニュー糖*…60g
アガー*…12g
ユズ果汁…50g

*合わせてよく混ぜる。

クーリ・ヴェール

《つくりやすい分量》
青パパイヤ…適量
キュウリ…適量
キウイ…適量
水…300g
グラニュー糖…60g
レモン果汁…適量

青トマトとアボカド、キウイのマリネ

《1個分》
青トマト…適量
アボカド…適量
キウイ…適量
カルダモンパウダー…適量
レモン果汁…適量
ミリン（白扇酒造「福来純 伝統製法 熟成本みりん」）…適量

組立て・仕上げ

《1個分》
レモン風味のナパージュ*…適量
色素（緑）…適量
フェンネル…適量

* ナパージュ・ヌートルと水、レモン果汁を合わせて加熱し、冷ましたもの。

0
4
4
／
0
4
5

つくり方

ミリンのジュレ

1 鍋に水を入れて火にかける。
2 沸騰したら火を止め、板ゼラチンを加えて泡立て器で混ぜ溶かす。
3 ミリンを加え混ぜる。
 ＊ミリンは香りがとばないように最後に入れる。
4 ボウルに移し、氷水にあてて少しとろみが出てくるまで（30℃程度が目安）ゴムベラで混ぜながら冷ます。
5 デポジッターに④を入れ、直径7×高さ4cmのグラスに50gずつ流し入れる。冷蔵庫で冷やし固める。

リンゴのジュレ

1 鍋にリンゴ果汁を入れ、カルダモンを手でくだいて加える。
 ＊カルダモンはくだいて香りをしっかりと出す。
2 アガーを加え、泡立て器でよく混ぜる。
 ＊アガーはダマになりやすいので、しっかりと混ぜること。
3 ②を中火にかけ、泡立て器で混ぜながら沸騰させる。
4 火から下ろし、シノワで漉してボウルに移し、氷水にあてて粗熱をとる。ラップをかけて密着させ、冷蔵庫で冷やし固める。

ユズのジュレ

1 鍋に水と、合わせて混ぜたグラニュー糖とアガーを入れて強火にかけ、泡立て器で混ぜながら沸騰させる。
 ＊アガーはダマになりやすいため、あらかじめグラニュー糖と合わせて、よく混ぜておく。
2 火を止め、ユズ果汁を加え混ぜる。
3 バットに高さ1cm程度になるように流し、室温に置いて粗熱をとる。ラップをかけて密着させ、冷蔵庫で冷やし固める。

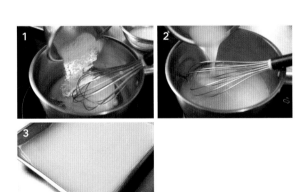

クーリ・ヴェール

1 青パパイヤは種を取り除いて皮をむき、厚さ5mmに切る。キュウリはヘタを取り除き、厚さ5mmの斜め切りにする。キウイは皮をむき、1cm角に切る。

2 鍋に水とグラニュー糖を入れて火にかけ、沸騰させる。①の青パパイヤとキュウリを加え、中火にしてやわらかくなるまで約5分煮詰める。

3 ボウルに移し、氷水にあてて冷ます。

4 果肉とシロップを分け、それぞれ容器に入れる。

5 果肉を入れた容器に①のキウイを加え、シロップを少量そそぐ。

6 スティックミキサーでピュレ状になるまで撹拌する。

7 レモン果汁を加え混ぜる。

＊ レモンの酸味を加えて味を調整。野菜とフルーツの変色も防げる。

青トマトとアボカド、キウイのマリネ

1 青トマトは皮を湯むきし、種を取り除いて4等分に切る。アボカドは種と皮を取り除いて1cm角に切る。キウイは皮を除いて5mm角に切る。

2 ボウルに①を入れ、カルダモンパウダー、レモン果汁、ミリンを加えてスプーンで混ぜる。

組立て・仕上げ

1 リンゴのジュレを泡立て器で混ぜて粗くくずし、グラスに入れて冷やし固めたミリンのジュレにスプーンで30gずつ重ねる。上面を平らにする。

2 ①の中央にクーリ・ヴェールを15gずつのせる。

3 青トマトとアボカド、キウイのマリネを15gずつのせる。

4 レモン風味のナパージュに色素を加え混ぜ、刷毛で③の表面全体に塗る。

5 ユズのジュレを1cm角に切り、④に3個ずつのせる。

6 フェンネルを飾る。

スパイス&ハーブの香りの効果

木村忠彦

「トレカルム」オーナーシェフ。1982年東京都生まれ。料理人からパティシエに転身。フランス料理店やホテルでの経験から、調理やデザートづくりの感覚を商品に反映。スパイスやハーブをバランスよく使った印象的な菓子を次々と考案している。

料理をつくる感覚で
スパイスを菓子に使う。
"隠し香り"で印象的に

木村 お菓子をつくる時は、食感も味覚もみんな大切ですけれど、香りは結構意識しています。

東原 食べものは香りが重要なんですよ。香りがあると、味覚の輪郭がしっかりしますから。

木村 フランス料理の料理人から食の世界に入ったので、たとえばフォン・ド・ヴォーのように、食べたことがなかった味に出くわした時のワクワク感を、お菓子で表現したいというのが、僕のコンセプトの1つなんです。だから、結構強かったり、変わっていたりする香りを加えることが少なくない。なかでもスパイスの香りを添えることが多いですね。香りは、自分のお菓子の世界に誘うようなイメージです。"隠し味"ならぬ"隠し香り"みたいな感じかな。

東原 なるほど。香りって、数百種類以上のいろいろなにおい物質で構成される混合臭なんです。たとえよい香りであっても、構成されるにおい物質のなかには、よいにおいだけでなく、いわゆる嫌なにおいも混じっています。ぱっと嗅いだ時に嫌なにおいはわからないけれど、じつはそれが"隠し香り"のように存在していて全体の香りを形づくっていたりします。ワインでも、足の裏とか馬小屋のにおいのような嫌なにおいが入っていたりもします。

木村 へ〜！ 意識したことはなかったけど、お菓子にもきっと入っていますね。僕が香りで意識しているのはイメージでしょうか。香りって記憶と密接に結びついているんですよね？ だから、もちろん僕には僕の記憶があってお菓子をつくるわけだけど、たとえば、ココナッツとパイナップルだったらバカンスを思い出して食べる人が多いんじゃないかな、と考える。食べた途端に情景が浮かぶようなイメージで香りをつけていくんです。

東原 木村さんのお菓子は、何が入っているのか言われてみないとわからないところがありますね。でも、たとえ何の香りか認知できなくても、記憶には確実に訴えかけていて、その人のなかでザワザワッと何かが動いているんです。それは、においの信号というものが五感のなかでも最短距離で脳の辺縁系に伝わって、情動や記憶に直接訴えかけるからなんです。

木村さんのお菓子は、一つひとつの香りが独立して時間差でパパパッと感じるというより、混ざり合った香りを一気にふわっと感じるから、すぐに何の香りって言いあてられないんですよね。だから、もう1回嗅ぎたくなる。人って何の香りかわからないと、脳が一生懸命働くんです。だからもう1回嗅ぎたくなって、もうひと口食べよう、という気持ちになる。アトラクションというか、魅惑的な感じというか。

木村 当店の生菓子のうちの半数くらいは、スパイスを使うなどひとひねりを加えていて、少し複雑。小さな違和感をもたせた菓子という感じでしょうか。

東原 うーん、それは違和感ではないかな。違和感というのは、明らかにそうじゃないって思っていることが起きている時で、ネガティブな意味になるので。たとえば、ひと昔前は、バラの香りをケーキから感じたら違和感があったと思います。香水のイメージが強いですから。木村さんの香りの表現は、不思議というか、なんだか分からない感じというか。

木村 香りの発想の原点は、中国料理やカレーなんかが多

東原和成

東京大学大学院農学生命科学研究科 応用生命化学専攻 生物化学研究室 教授。においやフェロモンなどを専門に研究しながら幅広い業界で活躍。食への関心も深く、料理人やパティシエ、ソムリエなど食の世界のプロとの交流ももつ。

いかもしれません。まかないでつくるので、スパイスの香りが厨房いっぱいにただようんです。ある時、牛乳を飲みながらカレーを食べていたスタッフが、「カレー、甘いですね」って言ったんです。それで、もしかして、たとえばクミンなんかを牛乳や砂糖と合わせたら、カレーのイメージが浮かぶけど、実際は甘いお菓子、といったミスマッチで面白い風味の表現ができるんじゃないかと思ったんです。あるいはチョコレートや油脂分の多い素材と合わせて香りが丸くなるようにするとか。

東原 香りには3種類の合わせ方があります。1つ目は同系統の香りを合わせて調和させる方法。もっともシンプルな方法で、好ましい香りが引き立ったり、嫌な香りが抑えられたりしてバランスがとれます。2つ目は、香りを合わせてお互いを補強する足し算の方法。足し算でできる香りを推測して香りを補填します。3つ目は、絶対にマリアージュするはずのないような香りを合わせて新しい香りがつくる方法。3つ目はなかなか難しいけれど、それをめざしているのかな。

木村 できたらすごいけれど、ハードルが高そうですね。チャレンジはいっぱいしますが、あまり奇抜になるとお客さまもついてこれなくなってしまうので、商品としてのバランスは考えています。

東原 無難なのはやっぱり調和や足し算させる方法ですね。

木村 そうだ、スパイスを使う時は、から炒りをすることが多いんです。そのほうが、よい香りがしっかりと立つ気がして。実際はどうなんでしょう?

東原 うん、香りは立ちやすいですね。加熱によるメイラード反応(糖とアミノ酸が作用し、こうばしさを生み、褐色に

色づくこと)で、新たな香りも出てきます。コーヒーと同じですね。時間が経つと軽いにおい物質はとんでしまいますが、炒ったほうが香りは長く残りやすいんです。

木村 なるほど。

東原 それから、スパイスを使う時、均一に粉砕して全体にまんべんなく混ぜるより、粒の大きさの違うものをランダムにちらすほうが香りを感じやすくなります。ときどきふわっと香りを感じてすっと消え、しばらくするとまた香りがするほうが印象が強くなるんです。細かすぎると香りがとんじゃいますしね。

木村 なるほど。ステーキにかける岩塩なんかは、まさにその原理ですね。

東原 木村さんは料理人出身という経験と持ち味を、知らず知らずのうちにお菓子づくりに生かしているんですね。香りの感じ方って、湿度でも違うし、香りから何をイメージするかは、その人のバックグラウンドや経験値も大きく影響します。木村さんは科学的な考察や分析をしているわけではないけれど、料理やお菓子を通じて感覚的に香りやその役割を知っていて、経験などからも理にかなったことをされているのでしょうね。

木村 僕はあまりレシピを残さないんです。季節の定番のような毎年つくるケーキもありますが、基本的に配合表などはないので、その時の感覚でつくってしまいます。スタッフのほうがメモをとっていたりしますね(笑)。

東原 そんな木村さんのお菓子を、スパイスの専門家とワインの専門家、そしてにおいを研究している僕が食べたらどう感じるか、比較してみたら面白そうですね。ぜひ、やってみましょう。

サントノーレ・フヌイユ
Saint-Honoré Fenouil

サヴァラン・アナナス
Savarin Ananas

ムラング・シャンティイ
Meringue Chantilly

レピス
L'épice

大越基裕

ワインテイスター。ソムリエ。モダンベトナム料理店「アンディ」「アンコム」オーナー。1976年北海道生まれ。「銀座レカン」シェフソムリエを経て独立。世界各国をまわりながら、コンサルタントや講師、ワインや日本酒の品評会の審査員も務める。

佐川岳人

エスビー食品株式会社 開発生産グループ 中央研究所 上席エキスパート。博士（薬学）。1964年北海道生まれ。2013年に金沢大学自然科学研究科後期博士課程修了（薬学博士）。食品の風味の研究開発を行い、おいしさのための香りを追究する。

平澤佑啓

東京大学大学院農学生命科学研究科 応用生命化学専攻 生物化学研究室 博士研究員。1989年東京都生まれ。東原教授が率いる生物化学研究室に在籍し、今回の香りの成分分析を担当。悪臭や赤ちゃんのにおいについての研究を行う。

甘味や乳味の強い菓子に独特な香りをもつスパイスやハーブを合わせると、どのような印象になるのでしょうか。東原教授と木村シェフに香りのスペシャリスト3人を加えた5人で、スパイスやハーブを使った木村シェフの生菓子4品と、同じレシピでスパイスやハーブを抜いたものを比較し、さらに、におい物質を分離する機器を用いて各菓子のスパイスやハーブを加える材料を分析。スパイスやハーブの香りの効果について考えます。

サントノーレ・フヌイユ

Saint-Honoré Fenouil

フイユタージュとシューの土台に、フランボワーズのコンフィチュールとジン入りのクレーム・レジェールを重ね、アニスシードとフェンネルシード、レモンが香るクレーム・シャンティイを絞った。プチシューにもジン入りのクレーム・レジェールをたっぷり詰めた。

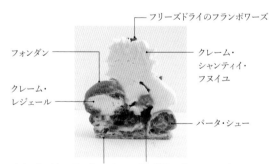

フリーズドライのフランボワーズ

フォンダン

クレーム・シャンティイ・フヌイユ

クレーム・レジェール

パータ・シュー

フイユタージュ・アンヴェルセ　フランボワーズのコンフィチュール

《使用スパイス》アニスシード、フェンネルシード
《分析》有、スパイスが香るレモンの皮入り生クリーム／無、レモンの皮入り生クリーム
有は45種類ほどの香りが分離されて感じた一方で、無は約30種類だった。有では無にはない「ハーブ」「青リンゴ」「はっか」「ココナッツ」なども検出。
《比較用ケーキ》※変更するパーツのみ記載。
1、スパイス入りのクレーム・シャンティイ　2、スパイスなしのクレーム・シャンティイ

※分析は、各菓子のスパイスやハーブを加える材料を対象に、スパイスやハーブ有と無を「におい嗅ぎガスクロマトグラフィー」（におい物質を分離する機器）を用いて実施。約30分のスニッフィングで、感じた香りの質を表現した。

サントノーレ・フヌイユ

木村　出発点はレモンとフランボワーズのサントノーレです。レモンの風味を際立たせたくて、レモンのクレーム・シャンティイに甘い香りを加えてみようと考え、フェンネルシード（フヌイユ）とアニスシードの香りをつけてみました。

東原　では、まずはクレーム・シャンティイだけいただいてみますね。お！ これはすごい。スパイスがない（以下、無）のと、ある（以下、有）のとでは全然違いますね。無はレモンのすっきりとした風味が印象的で、有は3つの香りが交じり合って重厚感があります。

大越　まったく別ものですね。有はスパイスが全体の風味をのばしていて、後半にぐっとくる。余韻が長いです。レモンもスパイスも、乳味のある甘ったるさをカットする役割を果たしているようですね。

佐川　無はレモンを強く感じます。有はアニスやフェンネルの香りで、レモンの風味がサラッとやさしい印象です。

大越　全体を食べると、シュー生地のこうばしい風味にスパイスの香りが溶け込んでいく感じですね。

佐川　甘ずっぱいフランボワーズとアニスはすごく合いますね。きれいに調和して、途切れのない丸みのある味わいになっています。アニスの香りは特徴的なので、突出しやすいと思うのだけど、こんなに調和するなんて驚きました。

東原　そうですね。アニスよりもフェンネルのほうが強く感じます。全体を一緒に食べると、アニスが入っていることに気づきにくいかも。でも、この香りがあるから味わいに厚みも出る。僕は有も無もどちらも好きだな。

大越　無は海辺、有は森のイメージが浮かびました。

佐川　すごく分かります。レモンの清涼感は"冷"を、フェンネルとアニスの香りは、どちらかというと"温"を感じますね。

東原　僕のイメージでは、有は、少し寒くなってきたアメリカの感謝祭の時期に、暖炉のある家で食べるお菓子。

大越　うん。温かい印象ですね。

木村　フェンネルはレモンの風味を引き立てる一方で、フォンダンの強い甘みをレモンと一緒にすっきりさせる役割もあるかな、と思っています。そこに、同じような温かみのある香りのアニスシードを合わせて奥行を出しました。

大越　ワインを合わせるなら、無はピュア果実感と甘さが

ある白ワインかな。有は酸化的につくられたナッティな感じの甘口ワインがよさそうです。

サヴァラン・アナナス

東原　食品の香りの分析によく使われる「におい嗅ぎガスクロマトグラフィー（におい物質を分離する機器）」を用いて、シロップに含まれる香りを全員でスニッフィング（においを実際に嗅ぐこと）したお菓子ですね（次頁参照）。

木村　はい。サヴァラン生地に合わせるパイナップルのコンポートに使うシロップです。シナモンのほか、甘い香りを添えるイメージでスターアニスを、パイナップルを入れて煮た時の色づけとしてターメリックを加えました。

平澤　スニッフィングの結果を見ると、香りの表現が5人それぞれでバラエティに富んでいて面白いと思います。

東原　僕は、前半に感じた甘い香りをブドウのフレーバーのように感じたけれど、あれは何由来でしょう？

大越　僕もブドウっぽいと思いました。

佐川　そうでしたね。フルーツっぽい香り。

木村　スターアニスではないでしょうか。甘い果実の香りを表現したい時にスターアニスを使うことが多いんです。

東原　なるほど。やっぱり木村さんにはわかるんですね。

佐川　実際に香りを扱った人、つまり木村さんは素材の香りをふだんから自然と記憶しているから、物質だけを知っている人間よりわかるんですね。

木村　完全に感覚ですけどね。

東原　料理人や菓子職人の経験則に基づく作業や考え方には根拠があって、話を聞いてみると科学的にもつじつまが合ったりするんです。面白いですよね。

大越　ブドウのような香りのあとには、ミントっぽいさわやかな香りがしましたね。

佐川　ミントは入っていないので、それもスターアニスの効果でしょうね。そのすぐあとに鉄や血合いっぽい香りを皆さん感じていますよね。これは、スパイスを分析するとよく出るんです。ただ、それが何かはわからないんですけど。

東原　後半はシナモン系の香りが強かったですね。あとはミントっぽい香りと最後に杏仁の香り。

木村　確かにシナモンが香ってから春夏を思わせるさわやかな香りがして、最後に杏仁やトンカ豆の香りがしました。

東原　これはシナモン由来でしょうか？

佐川　そうですね、セイロンシナモンだと思います。そうそう、大越さんが嗅ぎとれてすごいと思ったのは、そのあと、ほんとうに最後のほうで「草っぽい」「肉っぽい」って言っていたでしょう？　これはたぶんターメリック由来です。ターメリックの香りって土っぽかったりするんです。すごく弱くて、微妙にあとに引く感じで。

サヴァラン・アナナス

Savarin Ananas

パッションフルーツとラム酒のシロップをしみ込ませたパータ・ババに、シナモンとスターアニス、ターメリックが香るパイナップルのコンポートと、ココナッツ風味のクレーム・レジェールを重ねた。中に組み込んだバジルとペパーミントのソースがサプライズ。

- クレーム・レジェール
- パイナップルのコンポート
- バジルとミントのソース
- パータ・ババ
- シロップ

《使用スパイス＆ハーブ》シナモン、スターアニス、ターメリック、バジル、ペパーミント
《分析》有、スパイスが香るシロップ／無、シロップ※パイナップルのコンポートに使用。
バジルとミントのソース
分離されて感じた香りは、有は55種類、無は6種類、バジルとミントのソースは59種類。無に比べ、有は3種類のスパイスが入ることで香りの層がぐんとアップ。「甘い」香りが増え、「ハーブ」「山椒」「桜餅」「ニッキ」なども。バジルとミントのソースは、バジルとミントがもつ香りがダイレクトに表れた。質としては、「バジル」「はっか」「きゅうり」「抹茶」など。
《試用ケーキ》※考察に関係するパーツのみ記載。
1、スパイス入りのパイナップルのコンポート、バジルとミントのソース
2、スパイス入りのパイナップルのコンポート（ソース無）
3、スパイスなしのパイナップルのコンポート（ソース無）

大越　次々にいろんなことを思わせる香りが出てきましたね。僕のなかでは、たくあんっぽい香りとか白カビの香りも出てきたりしたんですけど、ところどころ感じるベリー系、メロン系、エステル系の香りがそれをやさしく包んで行って、不快な感じが少なかった。何かが突出する感じもあまりなくて、バランスがよくて心地いい感じがしました。

佐川　スパイスが奥底に感じられるようで、バランスがすごくとれていましたよね。

木村　3つしかスパイスを入れていないのに、あんなにいろんな香りが分かれて出てくるのは驚きでした。嗅いでみて、どんなフルーツでも合いそうだな、と思いました。

東原　では、お菓子を試食しましょうか。3種類ありますね。

木村　はい。商品として完成させたものは、サバラン生地にスパイス入りのパイナップルのコンポートを合わせ、バジル＆ミントのソースを加えました。いちばん上はココナッツ

のクリームです。これが1つ目。このお菓子はソースの風味が強めなので、2つ目は、1つ目からソースだけ抜きました。なので、スパイスの香りはついています。そして、3つ目はソースもスパイスも抜いたものです。

大越　おいしい。スパイスやソースが加わるほど香りも味も複雑になる。味に厚みも出て満足感も上がっていきます。

東原　どれもおいしいけれど、やはり1つ目がいちばんバランスがいいですね。スパイス入り・ソースなしの2つ目は生地にしみ込んでいるラム酒の風味が突出するし、ソースもスパイスもない3つ目は単純にフルーツの印象しか残らない。ソース単体だと風味が強いけど、ほかの風味と混ざるとまろやかな苦味と甘味になってまとまりますね。

大越　スパイスから感じる"温"と、ミントとバジルから感じる"冷"が共存して、香りが何層にもなっているんですよね。同時に味にも層があって立体感がある。とくにミントを合

スパイス入りシロップの香り分析

「サバラン・アナナス」のパイナップルのコンポートに使うスパイス入りのシロップを対象に、「におい嗅ぎガスクロマトグラフィー」を用いてスニッフィング※を実施。吸着剤でシロップのにおいを捕集し、この機器に入れると、機器の中で50～250℃の熱が徐々に加えられ、シロップに含まれるにおい物質が分離されてにおいを嗅ぐことができる仕組みだ。また、この機器は、においに含まれる物質を推定することも可能。下のグラフ中のそれぞれのピークは検出された物質を示す。今回は、そのうちのスパイスに含まれる代表的なものをグラフ上に記載。下にはスニッフィングによって全員が感じた香りの質と、そこからイメージされる香りの質の例を挙げた。
※においを実際に嗅ぐこと。

《スパイス入りシロップの配合》
水…3000g
グラニュー糖…890g
シナモンスティック…30g
スターアニス…30g
ターメリック
（パウダー）…3g

※実際の菓子にはパッションフルーツのピュレも加えるが、スパイスの香りを際立たせるため、分析時は不使用とした。

[グラフ] スパイス入りシロップのスニッフィング

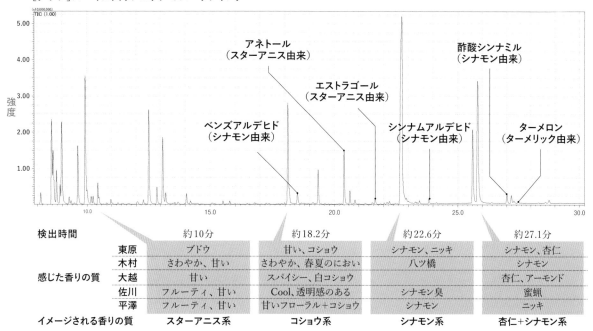

		検出時間	約10分	約18.2分	約22.6分	約27.1分
感じた香りの質	東原		ブドウ	甘い、コショウ	シナモン、ニッキ	シナモン、杏仁
	木村		さわやか、甘い	さわやか、春夏のにおい	八ツ橋	シナモン
	大越		甘い	スパイシー、白コショウ		杏仁、アーモンド
	佐川		フルーティ、甘い	Cool、透明感のある	シナモン臭	蜜蝋
	平澤		フルーティ、甘い	甘いフローラル＋コショウ	シナモン	ニッキ
イメージされる香りの質			スターアニス系	コショウ系	シナモン系	杏仁＋シナモン系

わせる発想は面白いですね。意外なおいしさでした。

佐川　スパイス自体というよりは、スパイスがほかの素材の風味に立体感を与えているのかもしれませんね。

木村　これは、そもそも温かいデザートとしてレストランで提供していたんです。焼いたパイナップルにスパイスのソースをかけ、ココナッツのアイスをのせていました。温度差があると飽きずに食べられるので、その感覚を生菓子で表現したかった。少し変化球かもしれませんね。

東原　僕が思い浮かんだのはハリーポッターの世界。歴代の当主の肖像画が飾ってあるようなイギリスの古い屋敷で、窓の外には青葉が茂っていて……そんな重厚感のある空間で紅茶と合わせて食べるイメージ。いろんな香りが混ざって、少し魔法にかけられる感じもありますね。

大越　面白いですね。お酒を合わせるならアイスワインかな。香りが複雑になると、合わせる飲みものも単純というわけにはいかなくなる。凝縮した果実の甘さと華やかさをもったアイスワイン独特のニュアンスがパイナップルのコンポートやラム酒の雰囲気によく合うと思います。

東原　食べ終えたあとの香りの余韻もいいですよね。

佐川　不思議な香りの重なり方で、食べる前のイメージと違って衝撃でした。

ムラング・シャンティイ

木村　ムラング・シャンティイは、クレーム・シャンティイにラベンダーとレモングラスの香りをつけ、オレンジの皮を入れたメレンゲで挟みました。中にはオレンジとアプリコットのコンフィチュールも入れています。試食用はハーブ有と無の2種類を用意しました。

佐川　おお、すごく神秘的な味ですね。不思議な温もりのようなものを感じます。

東原　無だと香りがぼやける感じ。有だとシャキッとしますね。

大越　風味が締まる感じですね。

東原　ラベンダーの香りから、僕はまず季節感を感じました。レモングラスも同じ季節だし。ラベンダーの香りは、トイレの芳香剤を連想しちゃう世代もあるよね。僕の世代ではキンモクセイだけど。先ほど食べた2つのお菓子は情景が浮かんだけれど、これはどちらかというと記憶を呼び起こしますね。あの時ラベンダーの香りがしたなっていう人それぞれの記憶によって、思い浮かべることが違うと思う。

大越　確かに。僕は出身が北海道なので、ラベンダーはかなり身近な花で、違和感がないというか。

佐川　私も北海道出身なのでわかります。ラベンダーは日常にある花だったから、昔を思い出したりして、神秘的と感じたのかもしれませんね。

木村　じつは初夏に北海道の富良野のラベンダー畑に行

ムラング・シャンティイ
Meringue Chantilly

オレンジの皮を入れたスイスメレンゲで、アプリコットを加えたオレンジのコンフィチュールと、ラベンダーとレモングラスが香るホワイトチョコレート入りのクレーム・シャンティイをサンド。上にも同じシャンティイを絞った。黄色と白の色合いもさわやか。

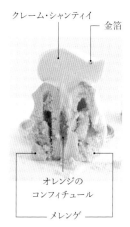

クレーム・シャンティイ
金箔
オレンジのコンフィチュール
メレンゲ

《使用ハーブ》ラベンダー、レモングラス
《分析》有、ハーブが香る生クリーム／無、生クリーム
有は約35種類、無は約14種類の香りが分離されて感じた。有は「甘い」「ハーバル」「はっか」「シトラス」などの多彩な香りの質が加わった。
《試食用ケーキ》※考察に関係するパーツのみ記載。
1、ハーブ入りのクレーム・シャンティイ
2、ハーブなしのクレーム・シャンティイ

き、ラベンダーのソフトクリームを食べたのが発想の原点なんです。その日は寒かったので、少し涼しげなハーブを加えようと思って入れたのが、レモングラスです。

大越　季節感を感じる香りって、記憶にもつながるんですよね。嗅いだらその年の夏を思い出す、みたいな。

平澤　確かに。でも僕は芳香剤の香りと思う部分も……。

佐川　ふふ。刷り込まれたものって、もうどうにも変えられないんですよね。

平澤　あと、小説の『時をかける少女』も思い出しました。主人公が時空を超える時に登場するのがラベンダーの香りですよね。

一同　あー！

東原　ラベンダーの香りって不思議な感覚になるところがありますね。レモングラスは料理によく使われるから食べものの香りとして自然に受け入れられるけど、ラベンダーは食べものとは別の印象をもつ人のほうが多いと思う。ちなみにこのお菓子には、どんなお酒を選びますか？

大越　甘口のスパークリングワインが合いそうですね。

レピス

木村　最後は、この企画のために考案した1品です。黒コショウ、スターアニス、クローブ、シナモン、ジェニパーベリーを粉末にしてクレーム・シャンティイとイチゴのクーリに配合。カルボナーラに黒コショウをいっぱい入れると、ツブツブ感とスパイシーさでおいしい、みたいなイメージでつくりました。

東原　時間差でいろいろな香りが訪れますね。それでいて

全体がまとまっている。面白いですね。食べるたびに印象が違う。スパイス無は香りがバラバラだけど、有はそれぞれのよい香りが引き立て合ってる感じ。

佐川 すごく力強いですね。

大越 甘い・苦い・辛いが順にきますね。スパイシーな辛味があとを引いて、また甘いものを口にしたくなる。そんな感じです。

佐川 生のイチゴと一緒に食べると、酸味が加わってすっきりしますね。全然違った印象になってびっくりしました。

東原 イチゴと合わせるとさらに変化がつきますね。なんか病みつきになります。

佐川 クローブって、けっこう病みつきになりますよね。

東原 僕らの世代だと歯医者を連想させる香りでもあるんですよね。昔は炎症を抑えるためにクローブの香り成分を使っていたから。

大越 ジンに使われるジュニパーベリーは清涼感がありますよね。黒コショウの刺激的な辛味とか、クローブのほろ苦さとか、どれも抜けのある風味でうまくまとまっているから、あとを引く感じになっているのかな。

東原 濃厚さと複雑さ。これも情景というより記憶かな。食べるたびに感じる香りからいろんな記憶が錯綜して、またひと口食べたくなる。香りはその人の記憶次第で好き嫌いが変わるという面もありますけど。

大越 ジュニパーベリー以外のスパイスは"温"を感じる重たい香りなので、合わせるお酒は熟成した栗のハチミツのような風味の甘いソーテルヌやホットバタードラムなどがいいと思いました。

佐川 僕は、目立っていないけれどシナモンが意外と効いているのかな、と思いました。クローブは香りが華やかで厚みも出るんですけど、薬臭さもある。セイロンシナモンが入ると、その薬っぽさが抑えられて厚みやコクが出る。だから、全体的に厚みがある香りになっているのかな、と。

平澤 使われている5種類のミックススパイスも「におい嗅ぎガスクロマトグラフィー」を用いてスニッフィングしましたが、香りが感知されすぎてしまう感じでした。分析後もサンプルをデスクに置いていたのですが、すごくよい香りで、嗅ぐと集中できる気がしました。同僚もときどき嗅ぎに来て、「お香っぽいね」って話をしていましたね。

佐川 シナモンとかクローブって、お香にも使いますものね。

大越 この香り、僕は結構好きですね。

木村 料理の世界に入ってデザートを担当した時、イチゴにスパイスとバルサミコ酢を合わせるものがあったんです。組合せが衝撃的で、新鮮な感覚になりました。お客さまの多くが、皆さんのようにスパイスに慣れている方ではないので、スパイスをお菓子に使うことで非日常感を味わってい

ただきたいな、と。今回はあまりなじみがないジュニパーベリーを使いたくて……でも気づくとスターアニスとクローブとシナモンも手に持っていた（笑）。よく使うスパイスなんですよね。なぜ使いやすいのかはわからないんですけど。

佐川 クローブとシナモンはすごく相性がよくて、お互いのよい香りが引き立てあって丸みのある香りになる効果があるのかな、と思います。そんなに繊細ではなくて、ポンッと押し上げる感じ。タバコやシガーにも使いますね。スターアニスも同系統ですね。

木村 なるほど。

佐川 それにしても木村さんのお菓子は、何かの香りが際立つというよりは、バランスがとれて1つになっている感じですね。どれか1つがなくなったらさびしくなっちゃう。有と無でこんなにも違うものかと衝撃を受けました。

東原 スパイスやハーブが加わることで、複雑さと深みがぐんと出ますよね。全然違う。

佐川 突出するのではなくて、機微な違いを感じさせる感じですね。これは、新しい香りが生まれる調和ってところまでいっているんじゃないですかね。

東原 うん、なかなか出合えない香りの組合せ方ですね。

大越 複数の香りが交じり合って一体感が出た時に生まれるのが、新しい香りなんじゃないかと思うんですよね。何が入っているかがすぐに分からない。

東原 非常に興味深かったですね。スパイスやハーブの香りの効果がよくわかりました。

レピス

L'épice

ヘーゼルナッツクリームを詰めたパート・シュクレにシナモン風味のホワイトチョコレートのガナッシュを流し、ジュニパーベリー、黒コショウ、スターアニス、クローブ、シナモンを力強く香らせたイチゴのクーリとクレーム・シャンティイを重ねた。

┌ クレーム・シャンティイ
┌ クーリ・フレーズ　イチゴ
└ パート・シュクレ
　 クレーム・ノワゼット
　 ガナッシュ・カネル
　 パータ・グラッセ

《使用スパイス》黒コショウ、スターアニス、クローブ、シナモン
《分析》ミックススパイス（4種類）
分離されて感じた香りは約36種類。「シソ」「土」「松」「ラッキョウ」「正露丸系」「ミント」「お香」など、ほかの菓子のパーツの分析とは大きく質が異なっていた。
《試食用ケーキ》※考察に関係するパーツのみ記載。
1、スパイス入りのクーリ・フレーズ／クレーム・シャンティイ／ガナッシュ
2、スパイスなしのクーリ・フレーズ／クレーム・シャンティイ／ガナッシュ

Recette

サントノーレ・フヌイユ
Saint-Honoré Fenouil

材料

フランボワーズのコンフィチュール

《25個分》
A　フランボワーズ（冷凍・ホール）…600g
　　グラニュー糖…300g、三温糖…100g
レモン果汁…40g

クレーム・シャンティイ・フヌイユ

《10個分》
生クリーム（乳脂肪分35％）…280g
レモンの皮（瀬戸内産、すりおろす）…0.8g
アニスシード…2.8g
フェンネルシード…1.9g
ホワイトチョコレート（カカオバリー「ゼフィール」）…66g
クレーム・シャンティイ*…200g

*生クリーム（乳脂肪分35％）に対して8％の重量の砂糖を加え、8分立てにする。

フイユタージュ・アンヴェルセ

《つくりやすい分量》
バター生地
バターA（室温にもどす）…830g
A　薄力粉（日清製粉「バイオレット」）*1…95g
　　強力粉（日清製粉「カメリヤ」）*1…50g
　　小麦粉（ヴィロン「ラ・トラディション・フランセーズ」タイプ55）*1…110g
デトランプ生地
B　小麦粉（ヴィロン「ラ・トラディション・フランセーズ」タイプ55）*2…250g
　　薄力粉（日清製粉「バイオレット」）*2…200g
　　強力粉（日清製粉「カメリヤ」）*2…55g、塩…24g
バターB（角切りにする）…160g
冷水…220g

*1・2　それぞれ合わせてふるう。

パータ・シュー

《つくりやすい分量》
A　水…100g、バター（角切りにする）…100g
　　牛乳…90g、塩…3g、グラニュー糖…7g
強力粉（日清製粉「カメリヤ」）*…75g
薄力粉（日清製粉「バイオレット」）*…50g
全卵（溶きほぐす）…200g

*合わせてふるう。

クレーム・レジェール

《5個分》
クレーム・パティシエール*1…75g
クレーム・シャンティイ*2…75g
ジン…10g

*1　鍋に牛乳500g（つくりやすい分量、以下同）とマダガスカル産バニラビーンズ1/2本のサヤと種を入れ、沸騰直前で火を止めてふたをし、10分おいて香りを移す（A）。ボウルに卵黄106gとグラニュー糖122gを入れてすり混ぜ、強力粉36gと薄力粉20gを混ぜてAを漉しながら加える。これをAの鍋に戻し、火にかけて炊く。沸騰してつやが出たら火から下ろし、バター62gを混ぜる。ボウルに移して底に氷水をあてて冷まし、ラップをかけて密着させ、冷蔵庫に1晩置く。
*2　生クリーム（乳脂肪分35％）に対して8％の重量のグラニュー糖を加え、8分立てに泡立てる。

仕上げ

《つくりやすい分量》
フォンダン…適量
シロップ（ボーメ30度）…適量
色粉（赤）…適量
フリーズドライのフランボワーズ…適量

つくり方

フランボワーズのコンフィチュール

1　銅鍋にAを入れて強火にかけ、ゴムベラで混ぜながら、すくっても流れ落ちない固さになるまで加熱する。
2　レモン果汁を加え混ぜ、沸騰したら火から下ろす。
3　直径3cmのシリコン製の半球型に流し入れる。急冷する。

クレーム・シャンティイ・フヌイユ

1　鍋に生クリームを入れ、レモンの皮、アニスシード、フェンネルシードを加えて火にかける。沸騰直前で火を止め、ふたをして10分おいて香りを抽出する。
2　耐熱容器にホワイトチョコレートを入れ、電子レンジで溶かす。
3　②に①をシノワで漉して移し、泡立て器で混ぜる。ラップをかけて密着させ、上にもラップをかけて、冷蔵庫に1晩置く。
　*　混ぜすぎると分離してしまうので注意。
4　使用直前に、③にクレーム・シャンティイを加え、ゴムベラで混ぜる。

フイユタージュ・アンヴェルセ

1　バター生地をつくる。ミキサーボウルにバターAを入れ、ビーターを付けた中速のミキサーでポマード状になるまで撹拌する。
2　Aを加え、低速で撹拌する。粉けが多少残っていてOK。
3　ひとまとめにしてラップで包み、厚さ約2cmの正方形にととのえる。冷蔵庫に1晩置く。
4　デトランプ生地をつくる。ミキサーボウルにBを入れ、フックを付けた低速のミキサーで撹拌する。
5　バターBを加え、そぼろ状になるまで撹拌する。中速に切り替え、冷水を加える。粉けが多少残っていてOK。
6　球状にまとめてラップにのせる。ペティナイフで十字の切り込みを入れ、それと対角の方向に生地を外へと開いて正方形にざっととのえる。
7　ラップで包み、バター生地と同じ大きさの正方形にざっととのえる。冷蔵庫に1晩置く。
8　打ち粉（強力粉・分量外・以下同）をしてバター生地をのせ、デトランプ生地を重ねる。麺棒でたたいてなじませる。
9　麺棒でたたいて横幅を出し、打ち粉をしてシーターで厚さ8mm（60×25cmが目安）にのばす。
10　余分な粉をブラシで払い落とし、3つ折りにする。麺棒で端を押さえて密着させる。
11　⑨〜⑩をもう1回くり返す。ラップで包んで冷蔵庫に1晩置く。
12　⑨〜⑩をもう3回くり返す（計5回）。ラップで包んで冷蔵庫に1晩置く。
13　必要な量を切り出し、麺棒でたたいて形をととのえてから、シーターで厚さ2.5mmにのばす。直径7cmの丸型で抜き、ピケして天板にのせる。冷蔵庫に1晩置く。

パータ・シュー

1 銅鍋にAを入れて強火にかけ、沸騰してバターが溶けたら、火から下ろす。

2 強力粉と薄力粉を加え、粉けがなくなるまでゴムベラで混ぜる。

3 ふたたび強火にかけ、焦げつかないように混ぜながら加熱する。生地が鍋底から離れるようになったら、火から下ろす。

4 ミキサーボウルに移し、ビーターを付けた中速のミキサーで撹拌する。全卵を4〜5回に分けて加え、そのつどしっかりと混ぜる。ゴムベラですくうとゆっくりと流れ落ち、生地がゴムベラに逆三角形に残るようになればOK。

組立て1

1 シルパットを敷いた天板にフイユタージュを並べる。パータ・シューを口径10mmの丸口金を付けた絞り袋に入れ、フイユタージュの縁より少し内側に1周絞る。

2 ①の残りのパータ・シューは、シルパットを敷いた天板に直径約3cmの球状に絞る。

3 ①と②を180℃のコンベクションオーブンで15分焼成し、170℃にして約10分焼成する。室温で冷ます。

クレーム・レジェール

1 ボウルにクレーム・パティシエールを入れ、なめらかになるまでゴムベラで混ぜる。

2 8分立てにしたクレーム・シャンティイの半量を加え、ゴムベラで混ぜる。全体がなじんだら、クレーム・シャンティイの残りを加え混ぜる。ジンを加え混ぜる。

組立て2・仕上げ

1 耐熱容器にフォンダンを入れ、ボーメ30度のシロップを少量加え混ぜ、電子レンジで約30℃にする。色粉(赤)を混ぜてピンク色にする。

2 プチシューのうち3分の2は、手で持って焼き面を①に浸して引き上げる。余分なフォンダンを指でぬぐい、シルパットを敷いた天板にフォンダンが上になるように並べて乾かす。

3 ①のフォンダンを少量取り分けて色粉をさらに加え、赤く着色する。プチシューの残りを②と同様にしてフォンダンがけする。

4 ②と③の底に細い口金で穴をあける。細い口金を付けた絞り袋にクレーム・レジェールを入れ、たっぷりと絞り入れる。シルパットを敷いた天板に並べる。

5 組立て1の土台を手で持って、シューの上面を①の残りのフォンダンに浸して引き上げる。余分なフォンダンを指でぬぐい、シルパットを敷いた天板に並べる。

6 ⑤のフォンダンが乾かないうちに、④のピンク色のフォンダンをかけたプチシュー2個と赤色のフォンダンをかけたプチシュー1個を⑤のシューの上にのせて、しっかりと接着する。

7 ⑥の中央にフランボワーズのコンフィチュールを入れる。口径10mmの丸口金を付けた絞り袋に残りのクレーム・レジェールを入れ、中央のフランボワーズのコンフィチュールをおおい隠すように薄く絞る。

8 8切の星口金を付けた絞り袋にクレーム・シャンティイ・フヌイユを入れ、プチシューの間に絞る。いちばん上にロザス形に3周絞る。フリーズドライのフランボワーズをちらす。

サヴァラン・アナナス

Savarin Ananas

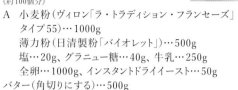

材料

パータ・ババ

《約100個分》

A 小麦粉(ヴィロン「ラ・トラディション・フランセーズ」タイプ55)…1000g
薄力粉(日清製粉「バイオレット」)…500g
塩…20g、グラニュー糖…40g、牛乳…250g
全卵…1000g、インスタントドライイースト…50g
バター(角切りにする)…500g

パイナップルのコンポート

《つくりやすい分量》

パイナップル(完熟)…3個
A 水…3000g、グラニュー糖…890g
パッションフルーツのピュレ…250g
シナモンスティック[*1]…30g、スターアニス[*2]…30g
ターメリック(パウダー)…3g

*1 長さ5〜7cmに割る。 *2 適当な大きさに割る。

バジルとミントのソース

《つくりやすい分量》

A パイナップルのコンポートのシロップ[*1]…150g
パイナップルのコンポート(正味)…150g
バジルの葉(生)…15〜17g
ペパーミントの葉(生)…6〜8g
グラニュー糖[*2]…30g
HMペクチン[*2]…6g

*1 パイナップルのコンポートに使用したもの。
*2 混ぜ合わせる。

シロップ

《つくりやすい分量》

A 水…1000g、グラニュー糖…500g
パッションフルーツのピュレ…200g
ラム酒…200g

クレーム・レジェール

《つくりやすい分量》

クレーム・シャンティイ[*1]…200g
ココナッツの濃縮ペースト
(ナリヅカコーポレーション「Jupe ココナッツ」)…12g
クレーム・パティシエール[*2]…100g

*1・2 サントノーレ・フユイヌのクレーム・レジェールにあるクレーム・シャンティイとクレーム・パティシエールと同様につくる。

仕上げ

粉糖(デコレーション用)…適量

つくり方

パータ・ババ

1 ミキサーボウルにAを入れ、フックを付けた中速のミキサーで約15分撹拌する。
2 バターを加え、約3分撹拌する。
3 シルパットを敷いた天板に直径5.5×高さ3cmのセルクルを並べる。絞り袋に②を入れて先端をハサミで切って30gずつ絞る。
4 約30℃のホイロに約30分入れて発酵させる。
5 ダンパーを開けた180℃のコンベクションオーブンで20分焼成する。焼き上がったら室温で冷ます。

パイナップルのコンポート

1 パイナップルは、皮をむいて厚さ1.5cmの輪切りにし、直径8cmの丸型で芯をくり抜く。
2 鍋にAを入れて火にかけ、混ぜながら沸騰させる。
3 ①を加えて弱火で5〜10分煮る。完全にやわらかくなる一歩手前で火を止める。
  ＊余熱でも火が入ることを考慮。硬さが少し残っている段階で煮上げると、余熱で火が入って適度なやわらかさになる。
4 容器に移して室温で冷まし、冷蔵庫に1晩置く。

バジルとミントのソース

1 ミキサーボウルにAを入れ、ソース状になるまで粉砕する。
2 鍋に①を入れて火にかけ、泡立て器で混ぜながら人肌程度の温度になるまで加熱する。グラニュー糖とHMペクチンを加えて沸騰させる。
3 直径3cmの半球形のシリコン型に流す。急冷する。

シロップ

1 鍋にAを入れて火にかけ、混ぜながら約50℃になるまで加熱する。火を止めてラム酒を加え、底を氷水にあてて冷ます。
  ＊すぐに使用しない場合は、冷蔵庫で保存し、使用直前に約50℃にする。

組立て1

1 パータ・ババの上部を波刃包丁で切り落とし、高さ3cmの円柱形にする。切り込みを入れ、一部の生地は取り除くなどして直径5.5×高さ7cmのグラスの底にぴったりと入れる。
2 約50℃のシロップを80gずつ入れる。生地がシロップを吸ってきたら、ペティナイフで生地を底まで押し込む。生地がシロップをほぼすべて吸収するまで室温に置く。

クレーム・レジェール

1 ボウルに8分立てのクレーム・シャンティイとココナッツの濃縮ペーストを入れ、泡立て器でざっと混ぜる。
2 別のボウルにクレーム・パティシエールを入れ、ゴムベラで混ぜてなめらかにする。①の半量を加え混ぜ、均一な状態になったら残りの①も加え混ぜる。

組立て2・仕上げ

1 組立て1の②のパータ・ババの中央にソースをのせる。
2 パイナップルのコンポートを約12等分のくし形に切り、①の周囲に詰める。ソースをおおい隠すように上にも隙間なく詰める。
3 ②にクレーム・レジェールをパレットナイフでこんもりとのせ、なだらかな山状にならす。
4 粉糖（デコレーション用）をふる。

ムラング・シャンティイ

Meringue Chantilly

材料

メレンゲ

《約8個分》
卵白…100g
グラニュー糖…100g
粉糖…100g
オレンジの皮
（すりおろす）…1g
色粉（オレンジ）…適量

オレンジの
コンフィチュール

《50個分》
オレンジ…300g
グラニュー糖*…90g
HMペクチン*…7g
オレンジ果汁…120g
アプリコットのピュレ…100g
レモン果汁…30g　　＊混ぜ合わせる。

クレーム・シャンティイ

《15個分》
生クリーム（乳脂肪分35％）…200g
ラベンダー（ドライ）…1g
レモングラス（ドライ）…1.2g
ホワイトチョコレート（カカオバリー「ゼフィール」）…98g
クレーム・シャンティイ*…300g

＊生クリーム（乳脂肪分35％）に対して8％の重量のグラニュー糖を加え、8分立てにする。

仕上げ

金箔…適量

つくり方

メレンゲ

1 ボウルに卵白とグラニュー糖を入れ、泡立て器で混ぜながらボウルの底を直火にあてたりはずしたりして、約60℃にする。
2 ミキサーボウルに①を移し、ホイッパーを付けた高速のミキサーで、すくうとピンと角が立つまで泡立てる。
3 粉糖とオレンジの皮を加えてゴムベラで混ぜる。
4 別のボウルに③の半量を入れ、色粉（オレンジ）を加え混ぜてオレンジに着色する。
5 6切の星口金を付けた絞り袋に③の残りを入れ、シルパットを敷いた天板に直径約6cmのロザス形に絞る。
6 80℃のコンベクションオーブンで3〜4時間、しっかりと乾燥するまで焼成する。室温で冷ます。

クレーム・シャンティイ

1 鍋に生クリームとラベンダーとレモングラスを入れて火にかけ、沸騰直前で火を止める。ふたをして10分おき香りを移す。
2 耐熱容器にホワイトチョコレートを入れ、電子レンジで溶かす。
3 ②に①をシノワで漉して入れ、泡立て器で混ぜる。ラップをかけて密着させ、上にもラップをかけて、冷蔵庫に1晩置く。
　＊混ぜすぎると分離してしまうので注意。
4 使用直前に、③にクレーム・シャンティイを加え混ぜる。

オレンジのコンフィチュール

1 オレンジの皮の表面全体に竹串を刺して穴をあける。
2 鍋に①を入れ、水（分量外）をひたひたになるまで加えて火にかける。沸騰したらザルにあけて水けを切る。
3 ②の作業を6〜9回くり返す。
4 ヘタと種を取り除き、包丁できざむ。
5 鍋に④とグラニュー糖とHMペクチンを入れて火にかけ、汁けがほとんどなくなるまでゴムベラで混ぜながら煮る。
6 オレンジ果汁、アプリコットのピュレ、レモン果汁を加え、混ぜながら弱火で煮る。とろみがつき、ゴムベラですくっても流れ落ちない状態になったら火を止める。バットに流し入れ、ラップをかけて密着させる。室温で冷ます。

仕上げ

1 白いメレンゲを焼き面を下にして作業台に並べる。口径10mmの丸口金を付けた絞り袋にクレーム・シャンティイを入れ、縁を5mm程度残して平たいドーム状に絞る。
2 絞り袋にオレンジのコンフィチュールを入れて先端をハサミで切り、①のクレーム・シャンティイにさして小さじ1杯程度絞り入れる。
3 オレンジ色のメレンゲを②にかぶせる。手のひらで包み込むように挟み、クレーム・シャンティイが縁ギリギリに到達するまでゆっくり押さえて密着させる。
4 台紙にクレーム・シャンティイを少量絞り、③を立ててのせ、倒れないようにしっかりと接着する。
5 サントノーレ口金を付けた絞り袋に残りのクレーム・シャンティイを入れ、④に左右に動かしながら絞る。金箔を飾る。

レピス

L'épice

材料

エピス

《つくりやすい分量》
ジュニパーベリー＊…100g
黒コショウ…30g
スターアニス（パウダー）…30g
クローブ（パウダー）…60g
シナモン（パウダー）…10g
＊ミルで粉砕する。

クレーム・シャンティイ

《15個分》
生クリーム（乳脂肪分35％）…250g
エピス（上記より）…5g
オレンジの皮（すりおろす）…1g
ホワイトチョコレート（カカオバリー「ゼフィール」）…105g
ハチミツ…30g

パート・シュクレ

《50個分》
バター（室温にもどす）…300g
粉糖（ふるう）…200g
塩…5g
全卵…150g
アーモンドパウダー＊…80g
薄力粉＊…500g
＊それぞれふるって合わせる。

クーリ・フレーズ

《30個分》
ハチミツ…100g
バター（角切りにする）…150g
ライムのピュレ…40g
レモンのピュレ…40g
エピス（上記より）…18g
バルサミコ酢…40g
イチゴ（冷凍、センガセンガナ種）＊1…300g
板ゼラチン＊2…6g
＊1 解凍する。
＊2 冷水でもどし、水けを切る。

仕上げ

イチゴ（小粒）＊…適量
ナパージュ・ヌートル…適量
＊ヘタを切り落とし、ヘタを下にして水平に包丁を入れて半分に切る。

クレーム・ノワゼット

《つくりやすい分量》
バター（角切りにする）…300g
粉糖（ふるう）…300g
全卵…300g
ヘーゼルナッツパウダー（皮付き）＊…300g
＊軽くローストして冷ます。

ガナッシュ・カネル

《25個分》
生クリーム（乳脂肪分35％）…100g
シナモンスティック＊…0.3本
ホワイトチョコレート（カカオバリー「ゼフィール」）…155g
＊長さ5〜7cmに割る。

パータ・グラッセ

《つくりやすい分量》
ブロンドチョコレート（カレボー「ゴールド」カカオ分30.4％）…100g
コーティング用ホワイトチョコレート（カカオバリー「パータグラッセイヴォワール」）…50g
アーモンドダイス（ローストする）…20g
マカダミアナッツオイル…20g

つくり方

エピス

1 ボウルにすべての材料を入れ、泡立て器で混ぜる。

クレーム・シャンティイ

1 鍋に生クリーム、エピス、オレンジの皮を入れて火にかけ、沸騰直前で火を止める。ふたをして10分おいて香りを抽出する。
2 耐熱容器にホワイトチョコレートとハチミツを入れ、電子レンジで溶かす。
3 ②に①を漉しながら入れ、泡立て器で混ぜる。ラップをかけて密着させ、上にもラップをかけて、冷蔵庫に1晩置く。
　＊ 混ぜすぎると分離してしまうので注意。

パート・シュクレ

1 ミキサーボウルにバターを入れ、ビーターを付けた中速のミキサーで撹拌し、ポマード状にする。
2 粉糖と塩を加え、白っぽくなるまで撹拌する。
3 全卵を約3回に分けて加え、そのつどしっかりと混ぜる。
4 アーモンドパウダーと薄力粉を加え、低速でざっと混ぜる。中速に切り替え、粉けが見えなくなるまで撹拌する。
5 混ぜ残しがないようカードで底からすくうようにして混ぜる。
6 ひとまとまりにしてラップで包み、厚さ約3cmにする。冷蔵庫に1晩置く。
7 シーターで厚さ2mmにのばし、直径6cmの丸型で抜く。シルパンを敷いた天板に並べ、180℃のコンベクションオーブンで約15分焼成する。そのまま室温で冷ます。

クレーム・ノワゼット

1 フードプロセッサーでバターと粉糖を混ぜる。
2 全卵を加え混ぜる。
3 ヘーゼルナッツパウダーを加え、粉けがなくなるまで撹拌する。

組立て1

1 シルパットを敷いた天板にパート・シュクレを並べ、直径6×高さ3cmのセルクルをかぶせる。
2 口径10mmの丸口金を付けた絞り袋にクレーム・ノワゼットを入れ、①に20gずつ平らに絞る。
3 170℃のコンベクションオーブンで約20分焼成する。セルクルをはずし、室温で冷ます。
4 上面を波刃包丁で切り落として厚さ1.5cmにする。急冷する。

クーリ・フレーズ

1 鍋にハチミツを入れて火にかけ、ゴムベラで混ぜながら浅い色のキャラメルにする。
2 バターを加えてひと煮立ちさせる。2種類のピュレを加え混ぜ、火を止める。
3 エピスを加えて火にかけ、沸騰させる。
4 バルサミコ酢を加え混ぜる。
5 イチゴを加えて泡立て器でつぶしながら混ぜ、沸騰させる。バルサミコ酢の刺激臭が弱まり、イチゴの香りと合わさってきたら火から下ろす。
6 板ゼラチンを加え、泡立て器で混ぜる。
　＊ イチゴの大きな塊が残っている場合は、スティックミキサーで粉砕する。
7 上直径4.5×底直径3.5×高さ1cmの型に流す。急冷する。

ガナッシュ・カネル

1 鍋に生クリームとシナモンスティックを入れて火にかける。沸騰直前で火を止め、ふたをして10分おいて香りを抽出する。
2 ボウルにホワイトチョコレートを入れ、①をシノワで漉して加える。スティックミキサーで乳化させる。

組立て2

1 シルパットを敷いた天板に組立て1の④を並べ、直径6×高さ3cmのセルクルをかぶせる。
2 ガナッシュ・カネルを10gずつ流す。急冷する。
3 クレーム・シャンティイをしっかりと泡立てる。
4 ②に③をパレットナイフで入れ、すり鉢状にならす。
5 クーリ・フレーズを、面が広いほうを下にして入れる。
6 ③をのせ、パレットナイフで平らにならす。急冷する。

パータ・グラッセ

1 2種類のチョコレートを溶かし、アーモンドダイスとマカダミアナッツオイルを合わせて混ぜる。

仕上げ

1 組立て2の⑥のセルクルを手で温めて、型をはずす。
2 ボウルにパータ・グラッセを入れる。①の上面中央にナイフをさし、上面を除いてパータ・グラッセに浸して引き上げる。底面に付いたアーモンドダイスをぬぐう。
3 8切の星口金を付けた絞り袋にクレーム・シャンティイを入れ、②の上面にロザス形に5つ絞る。
4 イチゴの切り口にナパージュ・ヌートルを刷毛で塗り、2切れずつのせる。

パルフュメ

Parfumée

アステリスク
ASTERISQUE

「香りは"つける"のではなく、"残す"感覚。素材の組合せから表現したい香りを引き出すイメージです」と和泉光一シェフ。「単体では個性が発揮されにくい」というショウガは、絞り汁にして風味を凝縮しつつ、清涼感とほのかな苦味がリンクするライムで香りを引き立て、印象を際立たせた。アーモンドの豊かな風味に、イチゴやフランボワーズ、モモ、バニラなどの華やかな味わいを重ねてさまざまな香りの要素を盛り込みながら、ショウガとライムのすがすがしい香りで全体をまとめ、口の中で複雑な風味が心地よく広がる構成にしている。

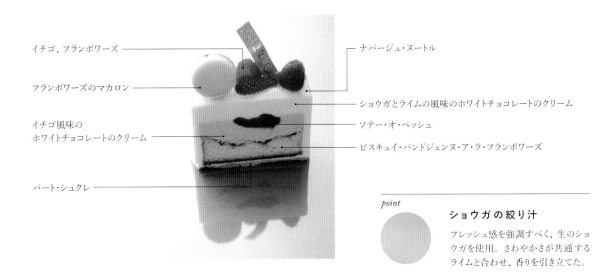

イチゴ、フランボワーズ

フランボワーズのマカロン

イチゴ風味の
ホワイトチョコレートのクリーム

パート・シュクレ

ナパージュ・ヌートル

ショウガとライムの風味のホワイトチョコレートのクリーム

ソテー・オ・ペッシュ

ビスキュイ・パンドジェンヌ・ア・ラ・フランボワーズ

point

ショウガの絞り汁

フレッシュ感を強調すべく、生のショウガを使用。さわやかさが共通するライムと合わせ、香りを引き立てた。

材料

パート・シュクレ

〈約57個分〉
バター*1…112g
純粉糖…69g
塩(フルール・ド・セル、JOZO社「フレークソルト」)…2g
アーモンドパウダー…26g
卵黄*2…25g
全卵*2…20g
薄力粉*3…188g
強力粉*3…48g

*1 室温にもどす。*2 合わせて溶きほぐす。*3 合わせてふるう。

ビスキュイ・パンドジェンヌ・
ア・ラ・フランボワーズ

〈約19個分〉
パート・ダマンド・クリュ*1…180g
バター*2…55g
全卵*3…175g
卵白*4…75g
グラニュー糖…25g
薄力粉*5…35g
ベーキングパウダー*5…2.5g
フランボワーズ(冷凍・ブロークン)…100g

*1 室温にもどす。*2 約1.5cm角にカットし、室温にもどす。
*3 溶きほぐす。*4 冷やす。*5 合わせてふるう。

ソテー・オ・ペッシュ

〈約19個分〉
ペッシュ・ド・ヴィーニュ*1…190g
グラニュー糖…29g
バター…18g
バニラビーンズ*2…1本
モモのリキュール…18g

*1 1/4にカットし、冷凍する。*2 サヤから種を出す。サヤも使う。

イチゴ風味のホワイトチョコレートのクリーム

〈約19個分〉
牛乳…27g
板ゼラチン*1…4.7g
ホワイトチョコレート(ベルコラーデ「ブラン・セレクシオン」)*2…178g
イチゴのピュレ*3…57g
フランボワーズのピュレ*3…26g
イチゴの濃縮果汁…2g
生クリーム(乳脂肪分35%)*3…222g

*1 冷水でもどす。*2 溶かして40℃に調整する。*3 それぞれ10℃に調整する。

ショウガとライムの風味の
ホワイトチョコレートのクリーム

〈約19個分〉
牛乳…83g
板ゼラチン*1…7g
ホワイトチョコレート(ベルコラーデ「ブラン・セレクシオン」)*2…435g
オレンジ果汁…23g
ライム果汁…90g
ショウガの絞り汁*3…50g
ライムの表皮*4…1個分
生クリーム(乳脂肪分35%)…600g

*1 冷水でもどす。*2 溶かして40℃に調整する。
*3 皮をむいてロボクープにかけ、ピュレ状になったものを布巾で絞る。*4 すりおろす。

仕上げ

〈1個分〉
ナパージュ・ヌートル*1…適量
マカロンコック*2…2枚
フランボワーズのコンフィチュール…適量
イチゴ…1/2個
フランボワーズ…1個

*1 45℃に温めてから30℃に調整する。*2 ピンク色に着色する。直径は約3cm。

つくり方

パート・シュクレ

1 ミキサーボウルにバター、純粉糖、塩を入れ、純粉糖がなじむまでビーターで低速で撹拌する。
  * できるだけ空気を含ませないように低速で撹拌。バターを室温（18〜20℃が目安）にもどしておくと、全体が混ざりやすくなる。
2 アーモンドパウダーを加え混ぜる。
  * グルテンが多く形成されると、焼成時にグルテンの縮む力で焼き縮みが発生する。卵より先にアーモンドパウダーを加えて油脂分を増やすと、あとで水分（卵）と粉を合わせても必要以上にグルテンが形成されず、焼き縮みを防ぐことができる。
3 合わせて溶きほぐした卵黄と全卵を一度に加え混ぜる。ときどきミキサーを止め、側面とビーターに付いた生地をはらう。
4 合わせてふるった薄力粉と強力粉を一度に加え、粉けがなくなるまで撹拌する。カードで軽く混ぜてひとまとまりにする。
  * 薄力粉の一部を強力粉に代えることで、ザクッとしっかりとした食感の湿気にくい生地に仕上がる。
5 OPPシートを敷いたプラックにのせ、上からOPPシートをかぶせて手で軽く平らにする。OPPシートごとシーターで厚さ2mmにのばす。冷凍庫で冷やし固める。
  * ほぼ焼き縮みしない生地なので、冷蔵庫に1晩置く必要はない。
6 55×9cmに切り分け、シルパンを敷いた天板にのせる。
7 上火・下火ともに150℃のデッキオーブンで約20分焼成する。
  * ほぼ焼き縮みしない生地なので、ピケする必要もない。

ビスキュイ・パンドジェンヌ・ア・ラ・フランボワーズ

1 ミキサーボウルにパート・ダマンド・クリュを手でちぎって入れ、バターを加えてビーターで中速で撹拌する。
  * パート・ダマンド・クリュとバターは室温（18〜20℃が目安）にもどす。温度帯を合わせると混ざりやすくなる。
2 低速に切り替え、全卵を4〜5回に分けて加え混ぜる。
  * 一般的なパン・ド・ジェンヌの製法は、パート・ダマンドと卵を先に合わせてから溶かしバターを加えるが、この手法だとパート・ダマンドと卵が混ざりにくく時間がかかるので、作業効率を上げるために、先にパート・ダマンド・クリュとバターを合わせている。
3 中速に切り替え、全体がなじむまで撹拌する。
4 別のミキサーボウルに卵白とグラニュー糖を入れ、ホイッパーですくうとピンと角が立ってからたれる状態になるまで中高速で撹拌する。
  * 冷えた卵白を中高速で撹拌すること。卵白に対して砂糖が少ないので、高速で一気に泡立てると、気泡が粗く軽いメレンゲになってしまい、焼成時に大きく浮いて、焼成後冷ました時に大きく沈んでしまう。また、卵白が冷えていないと泡立ちは早いが、気泡が粗くなってしまう。
  * 最初から砂糖を入れると、泡立ちにくいが、きめ細かくつやのあるしっかりとしたメレンゲに仕上がり、油脂分の多い材料とも混ざりやすく、しっとりとした生地に焼き上がる。
5 ③をボウルに移し、④の半量を加えてゴムベラで混ぜる。
6 合わせた薄力粉とベーキングパウダーを加え、粉けがなくなるまでできるだけ気泡をつぶさないようにさっくりと混ぜる。
7 残りの④を加え、同じ要領で混ぜる。
8 絞り袋に⑦を入れ、シルパンを敷いた天板に置いた55×8×

高さ4cmのカードルに絞る。ヘラで平らにならす。

9　フランボワーズを凍ったまま全体にちらす。

　＊フランボワーズは、解凍させると生地に色が移るので、冷凍のままちらす。

10　上火・下火ともに180℃のデッキオーブンで約30分焼成する。
　　L字パレットナイフで軽く押さえ、平らにならす。

ソテー・オ・ペッシュ

1　4分の1に切って冷凍したペッシュ・ド・ヴィーニュを縦半分に
　　切り（8分の1カットにする）、横にして厚さ5mmに縦に切る。

2　ボウルに①を入れ、グラニュー糖をからませる。

　＊砂糖でコーティングして膜をつくると、火を入れても煮くずれしにくくなる。

3　フライパンにバター、バニラビーンズのサヤと種を入れ、中火
　　にかける。

　＊バターを焦がさないように注意。バターの焦げた香りは、ペッシュ・ド・ヴィ
　　ーニュの繊細な風味を消してしまう。

4　バターが溶けたら強火にし、沸騰したらすぐに②を入れ、と
　　きどきフライパンをゆすりながら、とろみがつくまで煮詰める。

　＊ペッシュ・ド・ヴィーニュから出た水分で煮詰めるイメージ。煮くずれを防
　　ぐため、ヘラなどは使わず、フライパンをゆすって混ぜること。

5　モモのリキュールを加えて火を止め、表面をバーナーであぶ
　　ってフランベする。

6　バットに移してラップをかけ、粗熱をとる。冷蔵庫で冷やす。

イチゴ風味のホワイトチョコレートのクリーム

1　鍋に牛乳を入れて火にかけ、沸騰させる。

2　火を止め、板ゼラチンを加えて泡立て器で混ぜる。

3　ボウルにホワイトチョコレートを入れ、②を加えて中心から外側に
　　向かってゆっくりと混ぜて乳化させる。

4　イチゴのピュレとフランボワーズのピュレを加え混ぜる。

　＊ピュレは加熱したほうが混ざりやすいが、熱を入れると香りがとぶので、ぎ
　　りぎり混ざる温度の10℃に調整。10℃は、冷凍のピュレが解凍し切った
　　状態の温度。10℃以下だとダマになってしまう。

5　イチゴの濃縮果汁を加え混ぜる。

　＊色と香りを補強する。

6　別のボウルに生クリームを入れ、7分立てに泡立てる。

7　⑤に⑥を加え、ゴムベラで底からすくうようにして混ぜる。

　＊ホワイトチョコレートはカカオバターの含有量が多い（＝油脂分が多い）の
　　で、生クリームを加えると全体の脂肪分が高くなり、分離しやすくなる。温
　　度が高いととくに分離しやすいので、生クリームは10℃にする。

組立て1

1　ビスキュイ・パンドジェンヌ・ア・ラ・フランボワーズに、イチゴ
　　風味のホワイトチョコレートのクリームをカードルの高さいっぱい
　　になるまで流す。

2　上面をL字パレットナイフで平らにならす。

　＊L字パレットナイフを上下に小きざみに動かしながら波立たせるようにして
　　空気を抜くと、きれいに平らになる。

3　中央にソテー・オ・ペッシュをスプーンでのせる。冷凍庫で
　　冷やし固める。

ショウガとライムの風味のホワイトチョコレートのクリーム

1 鍋に牛乳を入れて火にかけ、沸騰させる。
2 火を止め、板ゼラチンを加えて泡立て器で混ぜる。
3 ボウルにホワイトチョコレートを入れ、②を加えて中心から外側に向かってゆっくりと混ぜて乳化させる。
4 オレンジ果汁、ライム果汁、ショウガの絞り汁を順に混ぜる。
5 ライムの表皮を加え、ゴムベラで混ぜる。
6 別のボウルに生クリームを入れ、7分立てに泡立てる。
7 ⑤に⑥を加え、ゴムベラで底からすくうようにして混ぜる。

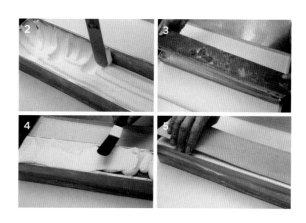

組立て2

1 オーブンシートを敷いたプラックに、ビニールを底に貼った55×9×高さ6cmのカードルを置く。絞り袋にショウガとライムの風味のホワイトチョコレートのクリームを入れ、カードルの3分の1の高さまで絞る。
2 パレットナイフで中央からカードルの側面に向かってクリームをせり上げ、表面をならす。
3 組立て1のパーツをカードルからはずし、ソテー・オ・ペッシュを下にして②に入れ、手で軽く押さえる。
4 残りのショウガとライムの風味のホワイトチョコレートのクリームを絞り、L字パレットナイフで広げて平らにならす。
5 パート・シュクレを焼き面が下になるようにして④にのせ、手で軽く押さえる。冷凍庫で冷やし固める。

仕上げ

1 ビニールを敷いたプラックに網をのせ、組立て2のパーツをカードルからはずしてパート・シュクレを下にして置く。ナパージュ・ヌートルをかけ、パレットナイフで表面に均一に広げる。
 * ナパージュは、薄くかけるためにはナパージュの温度を上げたいが、温度が高いとクリームが溶けてしまうので、45℃に温めてしっかりと溶かしてから30℃に調整。また、ライムやオレンジなど酸が入ったクリームなので、ナパージュが酸に反応して凝固しやすい。手早く作業すること。
2 ナパージュが固まったら、幅2.8cmずつに切り分ける。
 * ナパージュ以外が冷凍した状態で切ると切りやすく、断面も美しくなる。
3 マカロンコック2枚でフランボワーズのコンフィチュールを挟み、②に立ててのせる。
4 縦半分に切ったイチゴをさらに縦半分に切り（4分の1カットにする）、フランボワーズを縦半分に切って、それぞれ③に飾る。

スヴニール ド ノルマンディ

Souvenirs de Normandie

パティスリー・アヴランシュ・ゲネー

Pâtisserie Avranches Guesnay

香りの表現方法は、メインの風味の一部として強調させるか、主素材の引き立て役にするかの2通りで考える上霜考二シェフ。主役の青リンゴの繊細な味わいは、アルコールなどで補強するのではなく、スターアニスの香りで引き立てた。統一感とバランスを考え、スターアニスは、クリーム、アンビバージュ、ガルニチュールに加え、青リンゴのムースで包み込む構成に。甘味のなかにほのかな苦味を感じる複雑な香りが青リンゴのニュアンスに寄り添い、味わいが増幅したという。さらにライチの甘く上品な風味で青リンゴの味わいを引き締めた。

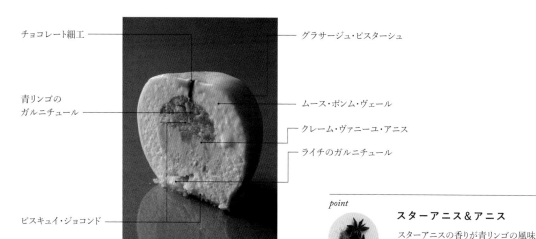

チョコレート細工

グラサージュ・ピスターシュ

青リンゴの
ガルニチュール

ムース・ポンム・ヴェール

クレーム・ヴァニーユ・アニス

ライチのガルニチュール

ビスキュイ・ジョコンド

point

スターアニス＆アニス

スターアニスの香りが青リンゴの風味
を際立たせる。中央のクリームには
アニスパウダーも加えて香りを強調。

材料

ビスキュイ・ジョコンド

《約93個分》
全卵…166g
タン・プール・タン*1…250g
卵白…108g
グラニュー糖…25g
バター…25g
薄力粉*2…33g

*1 アーモンド（皮なし）と純粉糖を1対1の割合で合わせ、挽いたもの。
*2 ふるう。

アンビバージュ

《つくりやすい分量》
水…50g
グラニュー糖…25g
スターアニス（ホール）…1/3個（約0.4g）
ライチのリキュール
（ペルノ・リカール・ジャパン「ディタ」）…15g

クレーム・ヴァニーユ・アニス

《約20個分》
牛乳…108g
コンパウンドクリーム（タカナシ乳業「レクレ27」）…108g
バニラビーンズ*1…1/10本
スターアニス（ホール）…1/2個
アニスパウダー…2g
グラニュー糖…36g
卵黄…52g
板ゼラチン*2…2.8g

*1 サヤから種を出す。サヤも使う。
*2 冷水でもどす。

青リンゴのガルニチュール

《約25個分》
青リンゴ*…1個（約145g）
レモン果汁…2g
シロップ（ボーメ30度）…40g
水…20g
スターアニス（ホール）…2片

*基本的にはブラムリーを使用するが、品種は季節で変更。
今回はイエローニュートンピピンを使用。

ライチのガルニチュール

《8個分》
ライチのシロップ漬け（缶詰）…2個
ライチのリキュール（ペルノ・リカール・ジャパン「ディタ」）…適量

ムース・ポンム・ヴェール

《4個分》
青リンゴのピュレ…119g
グラニュー糖…23.7g
板ゼラチン*…5.7g
コンパウンドクリーム（タカナシ乳業「レクレ27」）…119g

*冷水でもどす。

グラサージュ・ピスターシュ

《つくりやすい分量》
ホワイトチョコレート（カカオバリー「ブランサタン」）…200g
カカオバター…20g
澄ましバター*1…80g
ピスタチオのペースト*2…7.5g
色素（緑）…適量

*1 バターを溶かして冷蔵庫で冷やし固め、3層に分かれた部分の2層目の油脂分を取り出したもの。
*2 フガール「ピスタチオペースト」とグランベル「ピスタチオペースト」を1対1の割合で混ぜる。

仕上げ

《1個分》
チョコレート細工*…1個

*リンゴの果梗らしい厚みを出すために、低めの温度でテンパリング（46℃で溶かし、27℃に調温）してとろりとした状態にしたカカオ分60％のダークチョコレートをコルネに入れ、リンゴの果梗の形に絞って固める。

つくり方

ビスキュイ・ジョコンド

1 ミキサーボウルに全卵とタン・プール・タンを入れ、ビーター
を付けた高速のミキサーで撹拌する。ボリュームが出て白っ
ぽくなり、すくって落とすと跡が残って消えるくらいになったら
中速に切り替え、キメをととのえる。
 ＊ しっかりと空気を含ませること。次の作業でつくるメレンゲの固さに近づけ
  ることで、あとで混ざりやすくなる。

2 ①と同時進行でボウルに卵白を入れ、すくうと角が立つ状態
になるまで泡立て器で混ぜる。グラニュー糖を3回に分けて
加え、ピンと角が立つ状態になるまでさらに泡立ててキメの
細かいメレンゲをつくる。
 ＊ ジャリジャリとした感じがなくなるまで、しっかりと混ぜてグラニュー糖を溶
  かすこと。全体にまんべんなく砂糖をいきわたらせると均一に泡立ち、キメ
  も細かくなる。
 ＊ 天板6枚分まではミキサーを使わずにメレンゲを泡立てるのが上霜シェフ
  流。少量の場合、ミキサーで泡立てると気泡が大きくなり、焼成後の生地
  の目が粗くなってしまうそう。

3 ②に①を加えながら、ゴムベラで底からすくうようにしてさっく
りと混ぜる。完全に混ざり切らなくてOK。

4 鍋にバターを入れて火にかけ、沸騰させる。

5 ④に③の一部を加え混ぜる。

6 ③に薄力粉を加えながら、底からすくうようにして混ぜる。

7 ⑥に⑤を加えながら、同じ要領で混ぜる。

8 オーブンシートを敷いた60×40cmの天板に⑦を流し、L字パ
レットナイフで広げて平らにならす。天板の四辺の縁を指で
ぬぐう。
 ＊ 気泡の状態を保つため、できるだけ手数を減らすこと。

9 上火・下火ともに250℃のデッキオーブンで5分焼成する。天
板をはずし、網にのせて室温に置いて冷ます。
 ＊ 気泡の状態が安定しているうちに短時間で焼き上げる。時間が経つと、
  気泡どうしが結合して泡が大きくなり、キメが粗くなってしまう。

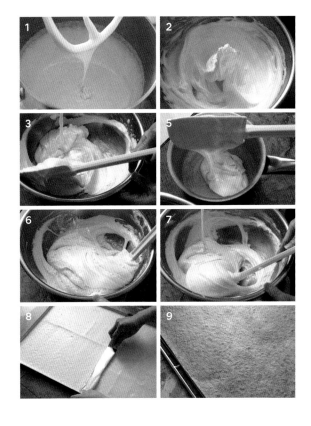

アンビバージュ

1 鍋に水、グラニュー糖、スターアニスを入れて強火にかけ、
沸騰したら火から下ろす。

2 ボウルに移し、氷水にあてて冷ます。

3 ライチのリキュールを加え混ぜる。

クレーム・ヴァニーユ・アニス

1 鍋に牛乳、コンパウンドクリーム、バニラビーンズのサヤと種、
スターアニス、アニスパウダー、グラニュー糖の半量を入れ
て中火にかけ、沸騰直前まで加熱する。

2 ボウルに卵黄とグラニュー糖の残りを入れ、砂糖が溶けるま
で泡立て器ですり混ぜる。
 ＊ 卵黄に対して砂糖の量が多く、卵黄に砂糖を全量入れると砂糖が溶け切
  らないため、半量は牛乳などに加えて溶かす。

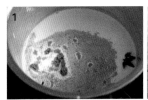

3 　②に①を半量加え混ぜる。これを①の鍋に戻す。

4 　③を強火にかけ、ゴムベラで混ぜながら炊く。70℃になったら弱火にし、卵黄が部分的に固まらないように様子を見ながら82℃にする。

5 　火から下ろし、板ゼラチンを加え、混ぜ溶かす。

6 　シノワで漉してボウルに移し、バニラビーンズのサヤとスターアニスを取り除く。氷水にあてて、混ぜながら27℃にする。

＊アニスパウダーが全体に均一にいきわたった状態で固まるように、絶えず混ぜながらとろみをつけて冷ます。混ぜないとパウダーが沈んだ状態で固まってしまう。

7 　⑥をデポジッターに入れ、直径3.5×高さ1.5cmのフレキシパンに高さ9分目まで流す。冷蔵庫で冷やし固める。

青リンゴのガルニチュール

1 　青リンゴの芯と種を除き、皮ごと約8mm角に切る。

＊青リンゴは強い酸味をもちながらコクがあり、加熱後も香りが持続するブラムリーを基本的に使用する。少し煮くずれしつつ、食感が残る程度の大きさに切る。

2 　①をボウルに入れ、変色を防ぐためにレモン果汁を混ぜる。

3 　シロップ、水、スターアニスを加える。ラップをかけ、600Wの電子レンジで約20分加熱する。3分おきにレンジから出し、熱が均一に入るようにボウルをゆする。

＊電子レンジで加熱すると、煮くずれを防ぎながら早く火を通すことができる。ブラムリーはとりわけ煮くずれしやすい品種なので注意すること。

組立て1

1 　ビスキュイ・ジョコンドを直径3cmの円形に抜く。

2 　①の半量をアンビバージュに浸し、余分な汁けを切ってから焼き面を上にしてクレーム・ヴァニーユ・アニスにのせる。

3 　②に青リンゴのガルニチュールをスプーンで約8gずつのせる。冷凍庫で冷やし固める。

4 　残りのビスキュイ・ジョコンドをアンビバージュに浸し、プラックに並べて冷凍庫で冷やし固める。

＊冷凍するのは作業性をよくするため。

ライチのガルニチュール

1 　ライチのシロップ漬けを縦8等分にカットする。

2 　ボウルに入れ、ライチのリキュールをそそぐ。冷蔵庫に1晩置いてしっかりとなじませる。

ムース・ポンム・ヴェール

1 ボウルに青リンゴのピュレとグラニュー糖を入れ、泡立て器で混ぜる。電子レンジで18℃になるまで加熱し、グラニュー糖を溶かす。

＊温度を上げすぎると変色し、風味がとぶので注意。18℃はグラニュー糖が溶け切る温度。18℃より低いと、次の工程で加えるゼラチンが凝固してしまう。

2 板ゼラチンを電子レンジで溶かし、①に加え混ぜる。

＊できるだけ青リンゴのピュレに熱を入れないように、ゼラチンは溶かしてから加え混ぜる。

3 コンパウンドクリームをホイップマシンで10分立てにする。

＊しっかりと泡立ててたっぷりと空気を含ませることで、軽い食感を表現。

4 ③に②を加え、できるだけ気泡をつぶさないようにゴムベラで底からすくうようにして混ぜて均一な状態にする。

組立て2

1 口径12㎜の丸口金を付けた絞り袋にムース・ポンム・ヴェールを入れ、直径6×高さ5.5㎝のシリコン製のリンゴ形の型に高さ7分目まで絞り入れる。

2 組立て1の③をフレキシパンからはずし、青リンゴのガルニチュールを下にして、①にのせ、型の中心まで押し込む。

3 中央にムース・ポンム・ヴェールを少量絞り、ライチのガルニチュールを2個ずつのせる。

4 ムース・ポンム・ヴェールを少量絞り、パレットナイフで平らにならす。

5 組立て1の④を焼き面が上になるようにして重ねる。冷凍庫で冷やし固める。

グラサージュ・ピスターシュ

1 ボウルにホワイトチョコレートを入れて湯煎で溶かす。カカオバターと澄ましバターを順に加え、そのつどゴムベラで混ぜる。

＊チョコレートは溶ければOKだが、チョコレートと澄ましバターは同じ温度で合わせること。不純物を除いた澄ましバターを使うと、ブルーム現象が起きにくく、割れにくくもなる。

2 ピスタチオのペーストを加え混ぜる。

3 高さのある容器に移し、スティックミキサーでなめらかになるまで撹拌する。

4 色素を加え混ぜる。

仕上げ

1 組立て2の⑤を型からはずし、ビスキュイ・ジョコンドの面を下にして置く。

2 グラサージュ・ピスターシュを36℃に調整し、高さのある容器に入れる。

3 ①の上面中央に竹串をさし、②に漬けて引き上げる。リンゴらしい形にするため、上面中央に風をあててくぼませる。

4 余分なグラサージュを落とし、OPPシートを敷いたプラックに並べて室温で表面を固める。

5 竹串を抜き、上部のくぼみにチョコレート細工をさす。

ガトー・アンディアン
Gâteau Indien

シンフラ
Shinfula

インドがテーマのユニークな1品。主役に据えたマンゴーをジュレに仕立ててカモミールやシナモン、ショウガが香るチャイ風味のムースで包み、スパイスの刺激的な風味をやさしく表現しながらマンゴーの風味を引き立てた。4種類のスパイス入りのマンゴーとパッションフルーツのソースをかけると、さらに味が引き締まる。仕上げにふったクミンパウダーで口に入れた瞬間にカレーを連想させる仕掛けも面白い。料理的なアプローチで香りに緩急をつけて味の輪郭を明確にしたり、驚きのある演出を加えたりする中野慎太郎シェフの個性が光っている。

クレーム・シャンティイ

ジュレ・マンゴー

フイヤンティーヌ

パート・シュクレ

クミンパウダー

グラサージュ・パッション・マンゴー

ムース・チャイ・カモミール

point

クミンなどのスパイス

別添えのソースには4種類のスパイスを使用。食べ手は好みで風味を変えられる。クミンの香りがカレーを連想させる。

材料

パート・シュクレ

《26個分》
バター*1…81.8g
塩（ゲランド産）…0.8g
純粉糖…75g
全卵*2…49g
卵黄*2…10.9g
アーモンドパウダー*3…34g
薄力粉*3…143g

*1 室温にもどす。
*2 合わせて溶きほぐす。
*3 それぞれふるう。

ジュレ・マンゴー

《26個分》
マンゴー（冷凍・チャンク）…200g
マンゴーのピュレ…333g
板ゼラチン*…7g
グラニュー糖…100g

*冷水でもどす。

フイヤンティーヌ

《26個分》
ミルクチョコレート
（フェルクリン「マラカイボクリオレイト」
カカオ分38％）…20g
バター…8g
プラリネ・ノワゼット…73g
フイヤンティーヌ（市販品）…40g

ムース・チャイ・カモミール

《26個分》
牛乳…315g
生クリームA（乳脂肪分42％）…105g
ミックスハーブティーの茶葉
（リーフル「カモミールシナモン」）*1…15g
卵黄…146.5g
グラニュー糖…126g
板ゼラチン*2…13g
生クリームB（乳脂肪分42％）…525g

*1 カモミール、シナモン、ショウガをブレンドした茶葉。
*2 冷水でもどす。

グラサージュ・パッション・マンゴー

《26個分》
マンゴー・パッション・ベース…以下より50g
　マンゴーのピュレ…250g
　パッションフルーツのピュレ…250g
　グラニュー糖*1…250g
　HMペクチン*1…25g
　レモン果汁…25g
生クリーム（乳脂肪分42％）…200g
ホワイトチョコレート
（サンエイト貿易「クーポールCVブラン」）…60g
ナパージュ・ヌートル…250g
板ゼラチン*2…3.5g

*1 混ぜ合わせる。
*2 冷水でもどす。

ソース・エキゾチック

《26個分》
マンゴーのピュレ…40g
パッションフルーツのピュレ…20g
シナモンスティック…1/2本
スターアニス…1/2個
カルダモン…1/2個
クミンシード…0.02g
バニラビーンズ*…1/10本分
グラニュー糖…14g
ナパージュ・ヌートル…20g

* サヤから種を出す。種のみ使う。

仕上げ

《26個分》
クレーム・シャンティイ
　生クリーム（乳脂肪分50％）…100g
　コンパウンドクリーム…100g
　グラニュー糖…14g
クミンパウダー…適量
スターアニス…適量
シナモンスティック…適量
バニラビーンズ*…適量
金箔…適量

*使用したサヤを乾燥させたもの。適宜カットする。

つくり方

パート・シュクレ

1 ミキサーボウルにバターと塩を入れ、全体が混ざってバターがポマード状になるまでビーターで中速で撹拌する。純粉糖を一度に加え、空気を含んで白っぽくなるまで撹拌を続ける。
   * バターに対して卵が多い生地なので分離しやすい。卵をなじみやすくするため、しっかり空気を含ませる。

2 全卵と卵黄を5～6回に分けて加え混ぜる。
   * 分離しやすいので、卵を加えたら、そのつどしっかりと混ぜること。

3 アーモンドパウダーを加え混ぜる。全体が混ざったらミキサーを止め、ボウルの内側に付いた生地をぬぐう。

4 薄力粉を加え、ビーターを手に持ってざっと混ぜてから、粉けがなくなるまで中速で撹拌する。
   * しっかりとグルテンを形成させて保形性を高める。

5 ラップで包み、冷蔵庫に1晩置く。

6 シーターで厚さ2mmにのばして、直径7cmの菊型で抜き、シルパンを敷いた天板に並べる。
   * 焼き縮みしにくいので、ピケの必要はない。
   * やわらかく扱いにくい生地なので、こまめに冷蔵庫や冷凍庫に入れて冷やすと作業しやすい。

7 160℃のコンベクションオーブンで約13分焼成する。

ジュレ・マンゴー

1 直径4×高さ2cmのフレキシパンに、冷凍した状態のマンゴーを1～2個ずつ入れる。

2 ボウルにマンゴーのピュレの3分の1量を入れて火にかける。沸騰したら火を止め、板ゼラチンを加えて泡立て器で混ぜる。
   * 板ゼラチンを溶かすために熱を入れるが、ピュレを全量温めるとピュレの香りがとんでしまうので、ゼラチンが溶けるのに必要なぶんだけ沸かす。

3 グラニュー糖を一度に加え混ぜる。
   * ピュレに砂糖を入れてから火にかけると、沸くまでに時間がかかる。あとから砂糖を加えるとピュレの温度が多少下がるが、問題はない。

4 残りのマンゴーのピュレを加え混ぜる。

5 粗熱をとってからデポジッターに入れ、①の型の高さ9分目まで流す（約24gずつ）。
   * マンゴーの冷凍状態をキープするため、ジュレは粗熱をとってから入れる。ジュレが熱い状態だとマンゴーが溶けて水分がしみ出てしまう。

6 冷凍庫で冷やし固める（右写真は型から外した状態）。

フイヤンティーヌ

1 ボウルにミルクチョコレートとバターを入れて湯煎にかけ、ゴムベラで混ぜながら溶かす。

2 プラリネ・ノワゼットを加え混ぜる。

3 フイヤンティーヌを加え混ぜる。

4 シルパットを敷いたプラックにカードルを置き、③を入れてL字パレットナイフで厚さ4mmに広げ、平らにならす。冷蔵庫で冷やし固める。

5 3×3cmに切り分ける。

ムース・チャイ・カモミール

1 鍋に牛乳と生クリームAを入れて火にかけ、沸騰したらミックスハーブティーの茶葉を加えて火を止める。ラップをし、20分おいて茶葉の香りを抽出する。

2 ボウルに卵黄とグラニュー糖を入れ、砂糖が溶けるまで泡立て器ですり混ぜる。

3 ②に①の4分の1量を茶葉ごと加え混ぜる。これを①の鍋に戻して中火にかけ、ゴムベラで混ぜながら83〜84℃になるまで加熱して卵黄にしっかりと火を通す。

 ＊風味をしっかりと表現するため、茶葉を入れたまま炊く。とろみがあると香りが移りにくい。また、このあと生クリームと合わせると風味が薄まるので、ここで風味を際立たせる。ムースは仕込んでから1週間程度冷凍保管することもあるため、その間に香りがとぶことも考慮してしっかりと風味をつけている。

4 火から下ろし、板ゼラチンを加え混ぜる。

5 シノワで漉してボウルに移す。シノワに残った茶葉はレードルなどでギュッと押さえる。

6 氷水にあて、泡立て器でときどき混ぜながら18〜20℃まで冷やしてとろみをつける。

 ＊このあと加える7分立ての生クリームに近い固さにすると、短時間で均一に混ざりやすい。質感が違いすぎると、混ぜる作業が長くなるため、気泡がつぶれやすく、ふんわりと仕上がらない。

7 別のボウルに生クリームBを入れ、7分立てにする。

8 ⑥に⑦の半量を加え、泡立て器でしっかりと混ぜる。

9 残りの⑦を加え、ざっと混ざったらゴムベラに持ち替え、気泡をつぶさないようにしながら均一な状態になるまで混ぜる。

組立て1

1 口径12mmの丸口金を付けた絞り袋にムース・チャイ・カモミールを入れ、直径6.5×高さ3cmのストーン型に高さ8分目まで絞る（約40gずつ）。

2 ジュレ・マンゴーを型からはずして上面を下にして①に入れ、まわりのムースがドーナツ状に盛り上がる程度まで押し込む。

3 フイヤンティーヌをのせ、L字パレットナイフで平らにならす。冷凍庫で冷やし固める。

グラサージュ・パッション・マンゴー

1 マンゴー・パッション・ベースをつくる。鍋にマンゴーのピュレとパッションフルーツのピュレを入れて火にかけ、沸騰させる。

2 合わせたグラニュー糖とHMペクチンを加え混ぜ、レモン果汁を加えて中火〜強火でブリックス60％になるまで煮詰める。

3 バットなどに広げ、室温において冷ます。

4 鍋に生クリームを入れて火にかける。沸騰したら火を止め、
　ホワイトチョコレートを加えて泡立て器で混ぜ溶かす。
　＊ ホワイトチョコレートを加えると、とろみがついて厚めにコーティングできる。
　　 ここでは、ほかの素材の風味を邪魔しないように、クセのないホワイトチョ
　　 コレートをセレクト。

5 ナパージュ・ヌートルを加え混ぜる。
　＊ ナパージュ・ヌートルを加えるとのびがよくなる。

6 ③50gをボウルに移して、泡立て器で軽く混ぜてやわらかくし、
　⑤に加えて中火～強火にかけ、混ぜながら沸騰させる。
　＊ マンゴー・パッション・ベースを加えると、濃厚な風味を表現できるうえに、
　　 保形性を高めることもできる。

7 板ゼラチンを加え混ぜる。
　＊ ホワイトチョコレート、ナパージュ・ヌートル、板ゼラチンは、融点が低いも
　　 のから順に加えるとしっかりと均一に混ざりやすい。

8 シノワで漉してボウルに移し、氷水にあてて粗熱をとる。

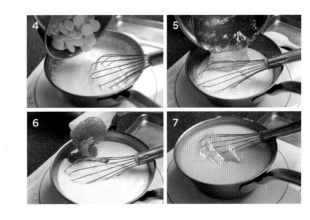

ソース・エキゾチック

1 鍋にマンゴーのピュレとパッションフルーツのピュレを入れる。シ
　ナモンスティック、スターアニス、カルダモンを手でくだきながら
　加え、クミンシードとバニラビーンズの種も加えて中火にかける。

2 ふつふつと沸騰してきたらグラニュー糖を加え、半量ほどに
　なるまで煮詰める。
　＊ 中火でしっかりと火を入れて、スパイスの香りを移す。弱火で時間をかけ
　　 て火を入れるとスパイスのえぐみが出てしまうので注意。

3 火を止め、ナパージュ・ヌートルを加え混ぜる。
　＊ ナパージュを加えると、粘度がありつつも、さらっとした質感に仕上がる。

4 ③をふたたび火にかけ、沸騰させる。

5 シノワで漉してボウルに移す。シノワに残ったスパイスはゴム
　ベラでギュッと押さえる。氷水にあて、混ぜながら冷やす。

6 スポイトに2.3gずつ入れる。

組立て2・仕上げ

1 鍋にグラサージュ・パッション・マンゴーを入れて火にかけ、
　ゴムベラで混ぜながら30℃にする。

2 組立て1を型からはずし、網を重ねたプラックに、フイヤンテ
　ィーヌを下にして並べる。

3 ①をレードルでかける。そのまま少しおいて、余分な①を落
　とす。

4 上面中央に竹串をさし、底をL字パレットナイフで支えなが
　ら、焼き面を上にしたパート・シュクレにのせる。

5 クレーム・シャンティイをつくる。ボウルに生クリーム、コンパウン
　ドクリーム、グラニュー糖を入れ、泡立て器で9分立てにする。
　＊ 絞りの美しいエッジを表現するため、しっかりと泡立てる。

6 16切の星口金を付けた絞り袋に⑤を入れ、④の上面にバラ
　の形に絞る（ロザス絞り）。

7 クレーム・シャンティイにクミンパウダーを茶漉しでふり、ソー
　ス・エキゾチックを入れたスポイトをさす。

8 スターアニス、シナモンスティック、バニラビーンズのサヤ、
　金箔を飾る。

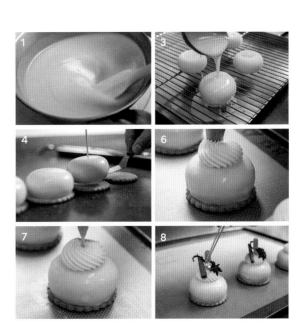

タルト・オー・フレーズ・エ・カシス・ヴィオレ

Tarte aux Fraises et Cassis Violet

アテスウェイ
à tes souhaits!

主役となる素材の風味を明確にし、それをさらに膨らませるため、スパイスや花、アルコールといった香りの要素を加えていくのが、川村英樹シェフの菓子へのアプローチ。香りで長い余韻を残すことも意識しているという。ベーシックなイチゴのタルトを軽やかにアレンジした1品は、カシスの酸味と香りで主役のイチゴの風味を力強く引き立たせた。さらにカシスの風味を膨らませて長く持続させ、風味に個性をもたらすのがスミレの香りだ。フローラルで落ち着きのあるスミレの香りがカシスの風味と融合し、華やかさと豊かな余韻を与えている。

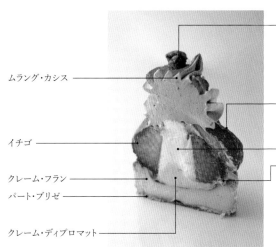

スミレの花の砂糖漬け

ムラング・カシス

ナパージュ・フレーズ

イチゴ

クレーム・シャンティイ

クレーム・フラン

コンフィチュール・カシス

パート・ブリゼ

クレーム・ディプロマット

point

スミレの香料＆砂糖漬け

デルスール「バイオレットアロマ」でスミレの香りをふわりとまとわせ、スミレの花の砂糖漬けで見た目でも香りを主張した。

材料

パート・ブリゼ

《つくりやすい分量》
強力粉
　（日清製粉「スーパーカメリヤ」）…112g
薄力粉
　（日清製粉「バイオレット」）…112g
海塩（ゲランド産）…5g
グラニュー糖…7g
バター*…250g
氷水…55g

*約1.5cm角に切って冷やす。

クレーム・フラン

《つくりやすい分量》
牛乳…180g
生クリーム（乳脂肪分35%）…760g
バニラビーンズ*…1本
卵黄…100g
卵白…70g
グラニュー糖…210g
コーンスターチ…80g

*サヤから種を出す。

コンフィチュール・カシス

《つくりやすい分量》
カシスのピュレ（シコリ社）…250g
グラニュー糖*…200g
LMペクチン*…6g
レモン果汁…1/4個分

*混ぜ合わせる。

クレーム・シャンティイ

《つくりやすい分量》
生クリーム（乳脂肪分45%）…500g
生クリーム（乳脂肪分35%）…500g
グラニュー糖…80g

クレーム・ディプロマット

《60個分》
クレーム・パティシエール
　…以下より500g
　牛乳…1L
　バニラビーンズ*…1本
　卵黄…200g
　グラニュー糖…250g
　コーンスターチ…80g
クレーム・シャンティイ…100g

*サヤから種を出す。サヤも使う。

ナパージュ・フレーズ

《つくりやすい分量》
ナパージュ・ヌートル
　（ヴァローナ「アプソリュ・クリスタル」）…100g
イチゴのピュレ（シコリ社）…35g
イチゴの濃縮シロップ
　（ドーバー洋酒貿易
　　「グルマンディーズ・フレーズ」）…2g

ムラング・カシス

《30個分》
グラニュー糖…120g
水…50g
卵白…60g
コンフィチュール・カシス…80g
スミレの香料
　（デルスール「バイオレットアロマ」）…約10滴

組立て・仕上げ

《1個分》
カシス（冷凍・ホール）…適量
イチゴ*1…約3個
デコレーション用の粉糖…適量
スミレの花の砂糖漬け*2…適量

*1 ヘタを切り落とし、縦半分に切る。
*2 軽くきざむ。

つくり方

パート・ブリゼ

1　フードプロセッサーに強力粉、薄力粉、海塩、グラニュー糖を入れ、ざっと混ざるまで撹拌する。
2　①にバターを加え、低速で撹拌する。こまめに止めては状態を確認し、バターの塊がなくさらさらした、細かく均一なサブレ（砂）状にする。

3　氷水を加え、ひとまとまりになるまで混ぜる。

　＊氷水を加えてグルテンを少し形成させ、フイユタージュに近い食感を表現。

4　ラップを敷いたプラックにのせ、手に打ち粉（薄力粉・分量外）をつけて軽く丸め、手で平らにする。

5　ラップで包み、正方形にととのえて冷蔵庫に1晩置く。

クレーム・フラン

1　鍋に牛乳、生クリーム、バニラビーンズの種を入れて中火にかけ、沸騰させる。

　＊中火でじっくり火を入れること。生クリームが入っているので、強火で加熱すると分離してしまう。

2　①と同時進行でボウルに卵黄と卵白を入れて泡立て器で溶きほぐし、グラニュー糖を加え混ぜる。

3　コーンスターチを加え、粉けがなくなるまで混ぜる。

4　③に①の3分の1量を加え混ぜる。これを①の鍋に戻す。

5　④を中火にかけ、混ぜながら加熱する。ふつふつと沸騰してきたら火を止める。とろみがつくまで泡立て器で混ぜる。

　＊軽く沸騰したら火を止め、余熱で火を入れていく。

6　ボウルに移し、氷水にあててゴムベラで混ぜながら冷やす。

組立て1・焼成

1　パート・ブリゼをシーターで厚さ2mmにのばし、ピケして牛刀で端を切る。25×18cmの長方形を5枚つくり、急冷する。

2　①の3枚を18×2.5cmの帯状に切り分ける。

3　①の2枚を直径5cmの円形に抜く。

4　直径6×高さ4cmのセルクルの内側にバター（分量外）を薄く塗って作業台に置き、底に生地がつくように②をセルクルの内側側面に貼り付ける。シルパンを敷いた天板に並べる。

5　③を底に入れる。冷蔵庫で冷やし固める。

　＊側面と底の生地に隙間ができないように指で軽く押さえる。

6　口径10mmの丸口金を付けた絞り袋にクレーム・フランを入れ、パート・ブリゼの高さ約8分目まで絞る。

7　カシスを3個ずつちらし、指先で軽く押し込む。急冷する。

　＊焼成前に冷凍するとパート・ブリゼとクレーム・フランの火の入り方が同じになり、均一に焼成できる。作業効率も上がる。

8　220℃のコンベクションオーブンで約10分焼成し、200℃にして約5分焼成する。焼き上がったらすぐにペティナイフなどをさし込んでセルクルをはずし、室温で冷ます。

コンフィチュール・カシス

1　鍋にカシスのピュレを入れて中火にかけ、約40℃になるまで加熱する。

2　いったん火から下ろし、混ぜ合わせたグラニュー糖とLMペクチンを加え、泡立て器で混ぜる。

3　ふたたび中火にかけ、ブリックス62％になるまで煮詰める。

4　火を止め、レモン果汁を加え混ぜる。

5　ボウルに移し、氷水にあててゴムベラで混ぜながら冷やす。

クレーム・シャンティイ

1. ミキサーボウルにすべての材料を入れ、高速でしっかりと泡立てる。ダレないように氷水にあてておく。

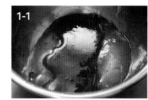

クレーム・ディプロマット

1. クレーム・パティシエールをつくる。鍋に牛乳とバニラビーンズのサヤと種を入れて火にかけ、沸騰させる。
2. ①と同時進行でボウルに卵黄とグラニュー糖を入れ、泡立て器ですり混ぜる。
3. コーンスターチを加え、粉けがなくなるまで混ぜる。
4. ③に①の3分の1量を加え混ぜる。これを①の鍋に戻す。

5. ④を火にかけて炊く。
   * 炊き上がってからもさらに煮詰め、水分を少しとばす。
6. バニラビーンズのサヤを取り除き、ラップを敷いたプラックに広げ、ラップをかけて密着させる。急冷して粗熱をとり、冷蔵庫に置く。
7. ボウルに⑥を入れ、ゴムベラでなめらかになるまで混ぜる。
8. クレーム・シャンティイを加え混ぜる。

ナパージュ・フレーズ

1. ボウルにナパージュ・ヌートルとイチゴのピュレを入れ、ゴムベラで混ぜる。イチゴの濃縮シロップを加え混ぜる。

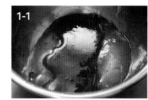

ムラング・カシス

1. 鍋にグラニュー糖と水を入れて火にかけ、121℃になるまで加熱する。
   * シロップはしっかりと煮詰めること。コンフィチュールを多めに加えるので、煮詰め具合が弱いとイタリアンメレンゲがダレやすくなり、風味も弱くなる。
2. ミキサーボウルに卵白を入れて中高速で撹拌し、①をそそぎながら7分立てにする。
3. ミキサーを止め、コンフィチュール・カシスを加える。ホイッパーですくうとピンと角が立つ状態になるまでふたたび中高速で撹拌する。
4. スミレの香料を加え混ぜる。
   * できるだけ香りがとばないように、最後に香料を加える。

組立て2・仕上げ

1. 口径8mmの丸口金を付けた絞り袋にクレーム・ディプロマットを入れ、組立て1の⑧の上面中央に10gずつ絞る。
2. コンフィチュール・カシスをコルネに入れ、パート・ブリゼの内側の縁に沿ってぐるりと1周絞る。
3. 口径8mmの丸口金を付けた絞り袋にクレーム・シャンティイを入れ、クレーム・ディプロマットの上に約10gずつ絞る。
4. 縦半分に切ったイチゴを切り口を内側にして、クレーム・ディプロマットとクレーム・シャンティイをおおうように並べる。
5. ナパージュ・フレーズをイチゴの表面に刷毛で塗る。
6. パート・ブリゼの側面にデコレーション用の粉糖をふる。
7. 8切の星口金を付けた絞り袋にムラング・カシスを入れ、上面にバラ形に絞る（ロザス絞り）。
8. ムラング・カシスをバーナーで軽くあぶる。
9. ムラング・カシスにスミレの花の砂糖漬けをちらす。

パルファン
Parfum

パティスリー ユウササゲ
Pâtisserie Yu Sasage

上品な香りのバラにフランボワーズを合わせて華やかさを強調し、相乗効果でバラの香りを際立たせた。同じ素材をテクスチャーの異なるパーツに重複させ、香りと素材感を立体的に表現する捧雄介シェフ。メレンゲ、ジュレ、クリーム、コンフィチュールにフランボワーズを用い、メレンゲとジュレ、さらにタルト台に打つシロップにバラのリキュールを配合。ふんわりとしたメレンゲでバラの香りに余韻をもたせ、みずみずしいジュレでフレッシュ感を打ち出す。紅茶が香るタルト台が食感に変化を出しつつ、ローズティーのような印象も与える。

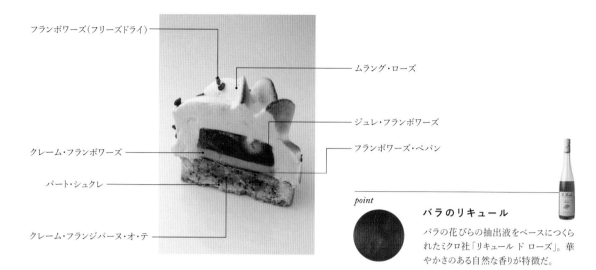

フランボワーズ(フリーズドライ)

ムラング・ローズ

ジュレ・フランボワーズ

フランボワーズ・ペパン

クレーム・フランボワーズ

パート・シュクレ

クレーム・フランジパーヌ・オ・テ

point

バラのリキュール

バラの花びらの抽出液をベースにつくられたミクロ社「リキュール ド ローズ」。華やかさのある自然な香りが特徴だ。

材料

パート・シュクレ

《約100個分》
薄力粉*1···320g
アーモンドパウダー*1···40g
純粉糖···120g
バター···224g
塩···3.2g
全卵···64g
バニラペースト···3g
※材料はすべて冷やす。
*1 それぞれふるう。

クレーム・フランジパーヌ・オ・テ

《10個分》
クレーム・ダマンド
　バター*1···300g
　純粉糖···300g
　全卵*2···300g
　ラム酒*2···25g
　アーモンドパウダー*3···300g
　薄力粉*3···50g
クレーム・パティシエール
　···以下より240g
　牛乳···1kg
　バニラビーンズ*4···1/2本
　卵黄···167g
　グラニュー糖···300g
　強力粉···75g
　バニラエキス···1g
アールグレイの茶葉*5···3g

*1 室温(21℃が目安)にもどす。 *2 合わせて溶き、30℃に温める。
*3 それぞれふるって合わせる。 *4 サヤから種を出す。サヤも使う。
*5 やや細かい粉末(ファニングス)を使用。

ジュレ・フランボワーズ

《約85個分》
板ゼラチン*···18g
フランボワーズのピュレ
　(ラ・フルティエール)···750g
グラニュー糖···135g
バラのリキュール
　(ミクロ「リキュール ド ローズ」)···150g
フランボワーズ(冷凍・ブロークン)···170g
フレーズ・デ・ボワ(冷凍)···170g
*冷水でもどす。

クレーム・フランボワーズ

《約100個分》
フランボワーズのピュレ
　(ラ・フルティエール)···216g
バター···252g
全卵···168g
グラニュー糖···156g
板ゼラチン*···6.2g
*冷水でもどす。

フランボワーズ・ペパン

《つくりやすい分量》
フランボワーズ(冷凍)···400g
グラニュー糖*···300g
水アメ···48g
ペクチン*···3.6g
*グラニュー糖の一部とペクチンを合わせる。

ローズシロップ

《約50個分》
シロップ(ボーメ30度)···50g
バラのリキュール
　(ミクロ「リキュール ド ローズ」)···50g
※すべての材料を混ぜ合わせる

ムラング・ローズ

《約5個分》
フランボワーズのピュレ···18g
水···30g
グラニュー糖A···15g
卵白···75g
グラニュー糖B···90g
バラのリキュール
　(ミクロ「リキュール ド ローズ」)*···12g
フランボワーズの濃縮果汁*···9g
*合わせる。

仕上げ

フランボワーズ
　(フリーズドライ・ブロークン)···適量

つくり方

パート・シュクレ

1 ボウルに薄力粉、アーモンドパウダー、純粉糖、バター、塩を入れ、バターを粉の中に混ぜ込んでいくイメージで、指でバターをつぶす。

2 大きな塊がなくなったら、両手ですり合わせるようにしてサラサラのサブレ（砂）状にする。ミキサーボウルに移す。
 ＊材料をしっかり冷やしておかないと、素材どうしがなじみすぎてしまう。手早く作業すること。
 ＊サブラージュ法でつくると、軽くさっくりとした食感に焼き上がる。手で状態を確認しながら行うことで、バターと粉のベストな合わせ具合を確認できる。

3 全卵とバニラペーストを加え、フックを付けた低速のミキサーで撹拌する。粉けがなくなり、全体が大体まとまったらミキサーを止める。
 ＊高速で撹拌するとグルテンが多く形成されやすく、生地が固くなるので、低速で撹拌する。

4 ラップで包み、手で平らにして（厚さ2～3cm）冷蔵庫に1晩置く。
 ＊状態を均一化し、しっかりとなじませるため、最低1晩は冷蔵庫に置く。なじんでいない生地はもろく、ダレやすい。

5 ④をシーターで厚さ2mmにのばし、ピケする。直径8.5cmの型で抜く。

6 直径6×高さ1.5cmのタルトリングに入れ、まわしながら親指でタルトリングの底まで生地を押し込み、底の角まで隙間ができないように生地をしっかりと密着させる。縁はタルトリングより少し高くなるようにする。冷蔵庫に30分～1時間置く。
 ＊均一な厚さのままタルトリングにしっかりと生地を密着させること。そうしないと、密着していない部分だけ火の通りが悪くなってしまう。生地がダレるとサクサクした食感がなくなり、固くなってしまうので、手早く作業する。

7 少し高くした縁の生地を、内側が少しだけ高くなるようにパレットナイフなどで斜めに切り落とす。冷凍庫で冷やし固める。
 ＊外側は火が入りやすく、すぐに焼き固まる一方、内側は外側に比べて火が入りにくく、焼成中に生地が下がりやすい。焼き固まるまでの時間差を考えて、内側を少し高くすると、きれいな平らに焼き上がる。

クレーム・フランジパーヌ・オ・テ

1 クレーム・ダマンドをつくる。ミキサーボウルにバターと純粉糖を入れ、ビーターで低速で撹拌する。
 ＊つねに低速で撹拌する。高速だと空気が入りすぎて分離しやすくなる。

2 全体がなじんだら、30℃に温めた全卵とラム酒の分量の8～9割を5～6回に分けて加え混ぜる。ときどきミキサーを止め、全体が均一な状態になるようにビーターで底から混ぜる。
 ＊バターと同量の卵が入るため乳化しづらい。生地はつねに24～25℃をキープ。21℃のバターに30℃の全卵とラム酒を加えると、生地は24～25℃を保つことができ、しっかりと乳化しやすくなる。

3 アーモンドパウダーと薄力粉の3分の1量を加え混ぜる。

4 残りの全卵とラム酒を加え混ぜる。
 ＊アーモンドパウダーが水分を吸うので、すんなりと全体が混ざる。

5 残りのアーモンドパウダーと薄力粉を加え混ぜる。

6 クレーム・パティシエールをつくる。鍋に牛乳とバニラビーンズのサヤと種を入れて火にかけ、ひと煮立ちさせる。

7 ボウルに卵黄とグラニュー糖を入れ、泡立て器ですり混ぜ

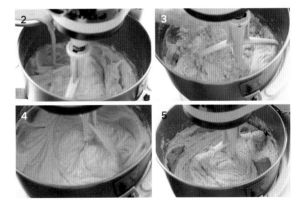

る。強力粉を加え混ぜる。

8 ⑦に⑥を半量加え混ぜ、これを⑥の鍋に戻して火にかけ、83℃になるまで混ぜながら炊く。

9 ⑧をシノワで漉してボウルに移し、バニラエキスを加え混ぜる。氷水にあてて冷やす。

10 ⑨240gを室温にもどして⑤に加え、均一な状態になるまで混ぜる。容器に移して冷蔵庫に2〜3日置く。

＊冷蔵庫に2〜3日置くことで、「つくりたてよりも風味がなじみ、熟成感が増します」（棒シェフ）

11 ⑩200gをボウルに入れ、アールグレーの茶葉を加えてゴムベラで混ぜる。

＊アールグレーは粒子が粗すぎたり、細かすぎたりすると香りが出にくい。やや細かい粉末状のファニングスがおすすめ。

組立て1・焼成

1 クレーム・フランジパーヌ・オ・テを口径12㎜の丸口金を付けた絞り袋に入れ、パート・シュクレに20gずつ絞り入れる。

＊口金を立ててクリームを生地に押し付けるようにして中心から渦巻き状に絞ると平らになる。

2 シルパンを敷いた天板に並べ、165℃のコンベクションオーブンで約25分焼成する。

ジュレ・フランボワーズ

1 耐熱容器に板ゼラチンを入れ、板ゼラチンが浸るくらいまでフランボワーズのピュレを入れる。グラニュー糖を加え、ラップをして電子レンジで板ゼラチンとグラニュー糖を溶かす。

＊温度は40℃が目安。ゼラチンは35〜40℃で溶ける。ピュレを全量入れるとフランボワーズの風味がとんでしまうので、ゼラチンが溶けるのに必要な水分（一部のピュレ）のみでOK。

2 ゴムベラでしっかりと混ぜ、ゼラチンとグラニュー糖を溶かす。

3 ボウルに残りのピュレを入れ、②を加え混ぜる。

4 バラのリキュールを加え混ぜる。

＊リキュールの香りをしっかり出すために多めに入れる。

5 直径4×高さ2㎝のフレキシパンにフランボワーズとフレーズ・デ・ボワを2gずつ冷凍のまま入れる。

＊フレーズ・デ・ボワで酸味を補強する。

6 ④をデポジッターに入れ、⑤に12gずつ流す。急冷する。

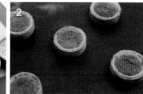

クレーム・フランボワーズ

1 鍋にフランボワーズのピュレとバターを入れて中火にかけ、沸騰させる。

2 ボウルに全卵とグラニュー糖を入れ、泡立て器ですり混ぜる。

3 ②に①の一部を加え混ぜ、これを①の鍋に戻す。

4 ③を中火にかけ、泡立て器で混ぜながら沸騰させる。

＊ここで火を入れるのは卵の殺菌のため。火を入れすぎると分離するので注意すること。

5 板ゼラチンを混ぜ溶かす。

6　ボウルに移し、スティックミキサーでなめらかになるまで撹拌する。スティックミキサーのまわりをゴムベラで混ぜながら撹拌すると効率がよい。

7　氷水にあて、ゴムベラで混ぜながら35℃にする。

　＊冷やしすぎないこと。バターが固まり、流動性がなくなってしまう。

8　⑦をデポジッターに入れ、ジュレ・フランボワーズの上に8gずつ流す。急冷する。

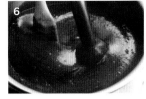

フランボワーズ・ペパン

1　鍋にフランボワーズ、ペクチンと合わせていないグラニュー糖、水アメを入れて火にかける。ゴムベラで果肉をつぶすようにして混ぜながら60℃になるまで加熱する。

2　合わせたグラニュー糖の一部とペクチンを加え、ブリックス60％になるまで煮詰める。

3　ボウルに移し、ラップをかけて密着させる。冷ます。

ムラング・ローズ

1　鍋にフランボワーズのピュレ、水、グラニュー糖Aを入れて火にかけ、115〜116℃になるまで加熱する。

2　①と同時進行でミキサーボウルに卵白とグラニュー糖Bを入れ、ホイッパーで高速で撹拌をはじめる。

3　②が白くふんわりとして、ホイッパーの跡がつくようになったら①を少しずつ加え、ホイッパーですくうとピンと角が立つまで撹拌する。

　＊卵白とグラニュー糖の泡立ち具合とシロップの煮詰め具合がもっともよい状態の時に混ぜられるように、タイミングを合わせること。

4　ボウルにバラのリキュールとフランボワーズの濃縮果汁を入れ、③を加えてゴムベラで均一になるまで混ぜる。

組立て2・仕上げ

1　パート・シュクレに絞って焼いたクレーム・フランジパーヌ・オ・テの表面にシロップを刷毛でたっぷりと打つ。

2　パレットナイフでフランボワーズ・ペパンを2〜3gずつ塗る。

3　重ねて冷凍したジュレ・フランボワーズとクレーム・フランボワーズを型からはずし、冷凍状態のまま、クレーム・フランボワーズを下にして②に重ねる。

　＊冷凍された状態のほうが作業性がよい。

4　キッチンペーパーを敷いた回転台にのせる。サントーレ口金を付けた絞り袋にムラング・ローズを入れ、口金の切り込みがあるほうを上に向け、上面の中央から外側に向かって花びらのように絞る。

5　側面は、回転台をゆっくりとまわしながら、上部に絞ったメレンゲの間から下に向かって少し斜めになるようにして絞る。

6　メレンゲの片側半分を、部分的に色がつくようにバーナーであぶる。

7　バーナーであぶっていない部分にフリーズドライのフランボワーズをちらす。

レヴェイユ

L'éveil

ブロンディール
BLONDIR

味の調和を考えながら、口に入れた瞬間の印象や余韻など計算して完成度を高めていく藤原和彦シェフ。香りも調和を図る上で大切な要素と捉え、ハーブなどの特徴的な香りの素材を用いる時は、合わせる素材や製法の工夫で独特な香りをまろやかに表現する。フランス語で"目覚め"を意味する1品では、爽快感あふれるミントにフローラルな香りのラベンダーのハチミツを合わせて奥行を出しながら、イチゴとグロゼイユの甘味と酸味でミントの風味の輪郭を立たせた。ミントとハチミツは口溶けのよいムースに仕立てることで風味の印象は軽やかに。

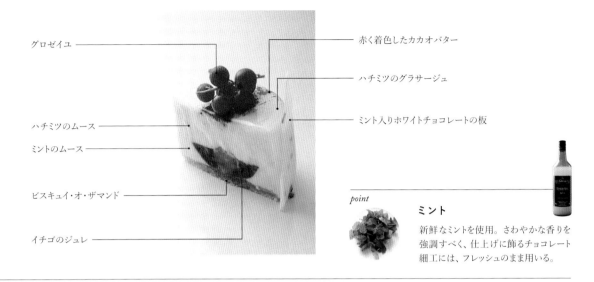

グロゼイユ ——————

ハチミツのムース ——————

ミントのムース ——————

ビスキュイ・オ・ザマンド ——————

イチゴのジュレ ——————

—————— 赤く着色したカカオバター

—————— ハチミツのグラサージュ

—————— ミント入りホワイトチョコレートの板

point

ミント

新鮮なミントを使用。さわやかな香りを強調すべく、仕上げに飾るチョコレート細工には、フレッシュのまま用いる。

材料

ビスキュイ・オ・ザマンド

《60個分》
全卵…60g
卵白*1…67g
塩…少量
グラニュー糖…40g
タン・プール・タン*1…68g
　粉糖…34g
　アーモンドパウダー…34g
準強力粉(日東富士製粉「シャントゥール」)*2…30g

*1 冷やす。 *2 ふるう。

イチゴのジュレ

《30個分》
イチゴのピュレ(シコリ社・冷凍)…250g
板ゼラチン*1…5g
レモン果汁…2g
イチゴ(冷凍・ホール)*2…30個
グロゼイユ(冷凍)…90個

*1 冷水でもどす。 *2 イチゴはセンガセンガナ種。

ミントのムース

《30個分》
牛乳…125g
ミント(フレッシュ)…6g
卵黄…40g
グラニュー糖…68g
板ゼラチン*1…8g
ミントのリキュール(ヴォルフベルジェール「アルザス ミント」)…30g
クレーム・フエッテ*2…245g

*1 冷水でもどす。
*2 生クリーム(乳脂肪分35%)を8分立てにする。

ハチミツのムース

《30個分》
ハチミツのイタリアンメレンゲ
　卵白…125g
　ハチミツ(ラベンダー)…200g
　板ゼラチン*1…14g
クレーム・フエッテ*2…285g

*1 冷水でもどす。
*2 生クリーム(乳脂肪分35%)を8分立てにする。

ハチミツのグラサージュ

《30個分》
ナパージュ・ヌートル…500g
水…150g
ハチミツ(ラベンダー)…60g

ミント入りホワイトチョコレートの板

《つくりやすい分量》
ホワイトチョコレート
(オペラ「コンチェルト」)…150g
ミント(フレッシュ)*…2g

*茎は取り除く。

仕上げ

《1個分》
赤く着色したカカオバター…適量
グロゼイユ(枝付き)…適量

つくり方

ビスキュイ・オ・ザマンド

1　ミキサーボウルに全卵を入れて火にかけ、泡立て器で混ぜな　がら約50℃になるまで加熱する。
　＊撹拌する前に全卵を温めると泡立ちやすくなり、しっかり泡立てるとふんわ　りと焼き上がる。ただし、60℃以上になると凝固しはじめるので注意。
2　①をホイッパーを付けた高速のミキサーで撹拌する。ボリュ　ームが出て白っぽくなったらOK。
3　②と同時進行で別のミキサーボウルに冷やした卵白を入れ、　塩を加えて、ホイッパーを付けた高速のミキサーで撹拌する。
　＊塩を少量加えると気泡が安定する。
4　③にグラニュー糖を加え、ホイッパーですくうとピンと角が立　つ状態になるまで撹拌を続ける。
5　ボウルに②を移し、タン・プール・タンを加えてゴムベラで底　からすくうようにして粉けがなくなるまで混ぜる。
6　⑤に④の3分の1量を加え混ぜる。
7　⑥に準強力粉を加え混ぜる。
8　⑦に④の残りを加え混ぜる。
9　オーブンシートを敷いた60×40cmの天板に流し、L字パレッ　トナイフで手早く広げる。
　＊できるだけ気泡をつぶさないようにして手早く作業すること。平らになれば　OK。気泡が減ると焼成後の生地が固くなってしまう。
10　天板を1枚下に重ね、上火230℃・下火180℃のデッキオー　ブンで10分焼成する。オーブンシートごと網にのせ、室温に　置いて冷ます。オーブンシートをはがす。
　＊薄い生地で下から火が入りやすいので、下火の温度を下げ、天板を2枚　重ねることで、下火のあたりをやわらかくする。

イチゴのジュレ

1　鍋にイチゴのピュレを入れて火にかけ、ときどき泡立て器で　混ぜながら約50℃になるまで加熱する。
2　板ゼラチンを加え混ぜる。
3　板ゼラチンが溶けたら火から下ろし、レモン果汁を加え混ぜる。
　＊センガセンガナ種のイチゴの酸味をレモンの酸味で補強する。
4　直径4.5×高さ2cmの半球形のフレキシパンに、③を半分の　高さまで流し入れる。
5　冷凍のイチゴを1個ずつ中央に入れる。
6　冷凍のグロゼイユを3個ずつ入れる。冷凍庫で冷やし固める。

ミントのムース

1　鍋に牛乳を入れ、ミントを手でちぎって入れる。
　＊牛乳が冷たいうちに、ちぎって加えると、香りが立ちやすい。
2　①を火にかけて沸騰直前まで加熱する。火を止め、ふたを　してそのまま5分おいてミントの香りを抽出する。
　＊煮立たせるとミントの青くささが出るので注意。
3　②をキッチンペーパーをかぶせたシノワで漉してボウルに移す。
4　別のボウルに卵黄とグラニュー糖を入れ、白っぽくふんわりと　するまでまで泡立て器で混ぜる。

5 ④に③を加え混ぜる。

6 鍋に移して火にかけ、ゴムベラで混ぜながら80℃になるまで加熱する。

7 板ゼラチンを加え、混ぜ溶かす。

8 火から下ろし、ミントのリキュールを加え混ぜる。

  ＊自然な香りのミントのリキュールで香りを補強。

9 シノワで漉してボウルに入れ、氷水にあてて粗熱をとりながら、とろみがつくまで泡立て器で混ぜる。

10 8分立てにしたクレーム・フエッテを半量加え、軽く混ぜる。

  ＊できるだけ気泡をつぶさないように、ていねいに混ぜること。

11 大体混ざったらクレーム・フエッテの残り半量を加え、ゴムベラに持ち替えて底からすくうようにして混ぜる。

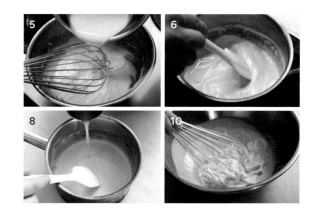

組立て1

1 ビスキュイ・オ・ザマンドを焼き面が上になるようにしてオーブンシートを敷いた作業台に置き、直径6×高さ4cmのセルクルで抜く。セルクルの底に生地を付けたまま、オーブンシートを敷いたプラックに並べる。

2 大きめの口径の丸口金を付けた絞り袋にミントのムースを入れ、①にセルクルの半分の高さくらいまで絞る。

  ＊丸口金は大きめの口径のものをセレクト。小さいと絞り出す時に圧力がかかって気泡がつぶれやすいため。

3 イチゴのジュレをフレキシパンからはずし、②の中央に平らな面を下にして入れる。ミントのムースと高さが同じになるまで、指で軽く押し込む。冷凍庫で冷やし固める。

ハチミツのムース

1 ハチミツのイタリアンメレンゲをつくる。ミキサーボウルに卵白を入れ、ホイッパーで撹拌をはじめる。

  ＊ハチミツのシロップが仕上がった時に、ボリュームが出てふんわりした状態になっているように、撹拌の速度は随時調整する。

2 ①と同時進行で鍋にハチミツを入れて火にかけ、121℃になるまで加熱する。

3 ②に板ゼラチンを加え混ぜる。

4 ①のミキサーを高速にして、③を少しずつ加え混ぜる。

5 粗熱がとれるまで撹拌を続ける。しっかりと角が立つ状態になればOK。

  ＊ホイッパーの跡がつくようになったら、速度を調整しながら粗熱がとれるまで撹拌する。高速のまま撹拌し続けると泡立ちすぎて固くなってしまうので注意。

6 ボウルに8分立てにしたクレーム・フエッテと⑤を入れ、泡立て器でざっと混ぜる。

7 ゴムベラに持ち替え、できるだけ気泡をつぶさないように底からすくうようにして混ぜる。

組立て2

1 大きめの口径の丸口金を付けた絞り袋にハチミツのムースを入れ、組立て1の③のセルクルに高さいっぱいになるまで絞る。
2 パレットナイフで平らにならす。冷凍庫で冷やし固める。

ハチミツのグラサージュ

1 鍋にナパージュ・ヌートルと水を入れて火にかけ、泡立て器で混ぜながら沸騰させる。
2 火から下ろし、ハチミツを加え混ぜる。
3 シノワで漉しながらボウルに移す。使用直前に温めてなめらかにする。
 ＊ ナパージュ・ヌートルがダマになっていることがあるので、シノワで漉すこと。

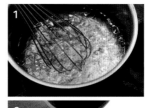

ミント入りのホワイトチョコレートの板

1 ホワイトチョコレートをテンパリングする。ボウルにホワイトチョコレートを入れて湯煎にかけ、ゴムベラで混ぜながら40℃に調整する。25〜26℃まで冷ましたのち、28℃に調整する。
2 ミントを包丁でみじん切りにする。
 ＊ ミントは、口あたりをよくするため、やわらかい葉の部分のみ使用。変色しやすいので、使用直前にきざむこと。
3 ①に②を加え、ゴムベラで混ぜる。
4 プラックを裏返してOPPシートを貼り付け、③を流して広げる。上にOPPシートをかぶせ、麺棒で薄くのばす。そのまま冷蔵庫で冷やし固める。

仕上げ

1 組立て2の②のセルクルをはずす。
2 上面に赤くしたカカオバターを刷毛で塗って模様をつける。
3 温めてなめらかにし、深さのある容器に入れたハチミツのグラサージュに、②をビスキュイ・オ・ザマンドを上にしてムースの部分が隠れるまで浸し、引き上げる。
4 バットに網を重ね、③を手で持ったまま網の上に移動させ、余分なグラサージュを落とす。ビスキュイ・オ・ザマンドを下にして網に並べる。
5 トレーにのせ、模様に沿ってグロゼイユを飾る。
6 ミント入りホワイトチョコレートの板を手で適当な大きさに割り、⑤の側面に飾る。

オリエント

Orient

グラン・ヴァニーユ

grains de vanille

フレッシュなバジルの香りとマラ・デ・ボワ種のイチゴの豊かな甘味を、さわやかなヨーグルトの風味が包み込む。口溶けによる風味の変化を計算し、イチゴとヨーグルトは口の中で最初にほどけるムースに、バジルはイチゴと合わせて口溶けが若干遅いジュレに仕立て、ヨーグルトとイチゴの風味を感じてから、すっきりとしたバジルの香りが追いかけてくる流れをつくった。ビスキュイに混ぜたバジルも香りを補強している。「ハーブはよく使う素材。生菓子ではハーブがあとからふわりと香るような余韻を残す表現が多いです」と津田励祐シェフ。

ピンクペッパー

ヨーグルトのナパージュ

イチゴのコンフィチュール

エディブルフラワー

ヨーグルトのムース

バジルのジュレ

イチゴのムース

バジルのビスキュイ・ジョコンド

point

バジル

さわやかな香りのなかに、ほのかな甘味を感じるスイートバジルをセレクト。フレッシュでやわらかい葉をたっぷり使う。

材料

バジルのビスキュイ・ジョコンド

《150個分》
バジル…91g
オリーブオイル…45g
アーモンドパウダー…318g
純粉糖…318g
卵黄…254g
卵白A…190g
卵白B*…635g
グラニュー糖…381g
薄力粉…286g

＊冷やす。

イチゴのムース

《75個分》
イチゴのピュレ
（キャップフリュイ社・冷凍）*1…261g
グラニュー糖…26g
レモン果汁…12g
キルシュ…36g
板ゼラチン*2…3.9g
イタリアンメレンゲ…でき上がりより60g
　　卵白…61g
　　グラニュー糖…122g
　　水…45g
生クリーム（乳脂肪分35％）…185g

＊1 マラ・デ・ボワ種のもの。
＊2 冷水でもどす。

バジルのジュレ

《75個分》
イチゴのピュレ（キャップフリュイ社・冷凍）*1…254g
バジル…12g
レモン果汁…62g
グラニュー糖…41g
板ゼラチン*2…3.3g
キルシュ…7g

＊1 マラ・デ・ボワ種のもの。
＊2 冷水でもどす。

ヨーグルトのムース

《75個分》
ヨーグルト…276g
濃縮ヨーグルト…506g
グラニュー糖A…142g
卵白…134g
グラニュー糖B…268g
水…75g
板ゼラチン*…15g
ヨーグルトのリキュール（ベレンツェン「トロピカル・ヨーグルト」）…35g
生クリーム（乳脂肪分35％）…458g

＊冷水でもどす。

組立て・仕上げ

《1個分》
純粉糖…適量
アンビバージュ…以下より適量
　　シロップ（ボーメ30度）…180g
　　水…72g
　　キルシュ…90g
ヨーグルトのナパージュ…以下より適量
　　ナパージュ・ヌートル…750g
　　ヨーグルト…102g
イチゴのコンフィチュール…適量
エディブルフラワー（エレガンス）の花びら…3枚
ピンクペッパー…3粒

つくり方

バジルのビスキュイ・ジョコンド

1 バジルとオリーブオイルをミルでペースト状にする。
  * オリーブオイルを加えるとバジルが変色せず、生地が鮮やかな色に焼き上がる。生地の食感もしっとりとする。
2 ミキサーボウルにアーモンドパウダー、純粉糖、卵黄、卵白Aを入れ、白っぽくふんわりとするまでホイッパーを付けた高速のミキサーで撹拌する。
3 ②と同時進行で別のミキサーボウルに卵白Bとグラニュー糖を入れ、ホイッパーを付けた高速のミキサーで角がピンと立つ状態になるまで撹拌する。
  * 8分立てになったら②の様子を確認し、仕上がりのタイミングが一緒になるように速度を調整すること。
4 ②をボウルに移し、①、③の半量を加えてゴムベラで底からすくうようにして混ぜる。
5 薄力粉を少量ずつ加え混ぜる。
6 残りの③を加え混ぜる。
7 オーブンシートを敷いた天板に550gずつ流し、L字パレットナイフで平らにならす。四方の縁を指でぬぐう。
8 220℃のコンベクションオーブンで6分焼成する。途中、3分経ったら天板の手前と奥を入れ替える。そのまま室温に置いて粗熱をとる。

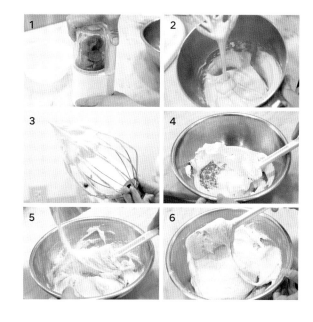

イチゴのムース

1 ボウルに冷凍のイチゴのピュレを入れ、火にかけて溶かす。
2 火から下ろし、グラニュー糖とレモン果汁を加えて泡立て器で混ぜる。
  * マラ・デ・ボワ種のイチゴは甘味が強いので、レモンで酸味をプラス。鮮やかな色もキープできる。
3 キルシュの半量を加え混ぜる。
4 別のボウルに板ゼラチンを入れ、残りのキルシュを加える。湯煎にかけ、ゴムベラで板ゼラチンを混ぜ溶かす。
5 ④に③の少量を加え、湯煎にかけて板ゼラチンをしっかりと混ぜ溶かす。これを③のボウルに戻し、泡立て器で混ぜる。
  * ピュレに火を入れすぎると香りがとぶため、板ゼラチンは溶かして少量のピュレなどと合わせてなじませてから、残りのピュレと混ぜて、ピュレへの火入れを最小限に抑える。
6 ミキサーボウルに卵白を入れ、⑦でシロップが沸きはじめたら、高速で撹拌をはじめる。
7 鍋にグラニュー糖と水を入れ、121℃になるまで加熱する。
8 ⑥に⑦を少量ずつそそぎ入れ、⑨で9〜10分立てにする生クリームと同じくらいの硬さになるまで撹拌する。上面をゴムベラで平らにして冷凍庫で冷やす（20℃弱が目安）。
  * 混ぜ合わせるほかの素材と温度を合わせる。「しっかりと冷えてはいるが、やわらかい状態」にすること。
9 ボウルに生クリームを入れ、泡立て器で9〜10分立てになるまで泡立てる。
10 ⑨に⑧を加え、泡立て器でざっと混ぜる。

11 ⑩に⑤の半量を加え、しっかりと混ぜる。

  ＊ダマがなくなるまで混ぜる。

12 ⑪に残りの⑤を加え、ゴムベラで底からすくうようにして混ぜる。

  ＊ダマが残っていたら、泡立て器に持ち替えて混ぜる。

13 口径10㎜の丸口金を付けた絞り袋に⑫を入れ、長径5×短径3×高さ2㎝の楕円形のフレキシパンに高さ8分目くらいまで絞る。

14 型を揺らして上面を平らにし、急冷する。

バジルのジュレ

1 ボウルに冷凍のイチゴのピュレを入れ、火にかけて溶かす。

2 フードプロセッサーにバジルとレモン果汁を入れ、バジルを細かく粉砕する。

  ＊口あたりをよくするため、できるだけ細かくする。

3 ②に①を少量加え混ぜる。

  ＊仕込み量が少ないと粉砕しづらいため、水分を補う目的でピュレを少量加える。仕込み量が多い場合は入れなくてOK。

4 ①のボウルに③を戻し、グラニュー糖を加えて泡立て器で混ぜる。

5 別のボウルに板ゼラチンを入れ、キルシュを加えて湯煎にかけ、ゴムベラで板ゼラチンを混ぜ溶かす。

6 ⑤に④の少量を加え、湯煎にかけてゴムベラで板ゼラチンをしっかりと混ぜ溶かす。

7 ④のボウルに⑥を戻し、泡立て器で混ぜる。

8 デポジッターに⑦を入れ、急冷したイチゴのムースの上に型の高さいっぱいになるまで流す。急冷する。

ヨーグルトのムース

1 ボウルにヨーグルトと濃縮ヨーグルトを入れ、泡立て器で混ぜる。

  ＊ヨーグルトでフレッシュな風味とまろやかな酸味を表現し、濃縮ヨーグルトで風味を強調させる。

2 グラニュー糖Aを加え混ぜる。

3 ミキサーボウルに卵白を入れ、④でシロップが沸きはじめたら、高速で撹拌をはじめる。

4 鍋にグラニュー糖Bと水を入れ、121℃になるまで加熱する。

5 ③に④を少量ずつそそぎ入れ、⑥で9〜10分立てにする生クリームと同じくらいの硬さになるまで撹拌する。上面をゴムベラで平らにして冷凍庫で冷やす（20℃弱が目安）。

6 別のボウルに板ゼラチンを入れ、ヨーグルトのリキュールを少量加えて湯煎にかけ、ゴムベラで板ゼラチンを混ぜ溶かす。

7 ⑥に②の少量を加え、泡立て器で混ぜる。これを②のボウルに戻して混ぜる。

8 別のボウルに生クリームを入れ、泡立て器で9〜10分立てになるまで泡立てる。

9 ⑧に⑤を加え、泡立て器でざっと混ぜる。

  ＊マーブル状に混ざればOK。

10 ⑨に⑦の半量を加え、ダマがなくなるまでしっかりと混ぜる。

11 ⑩に残りの⑦を加え、ゴムベラで底からすくうようにして混ぜる。

組立て

1 バジルのビスキュイ・ジョコンドのオーブンシートをはがし、四方の端を切り落とす。

2 ①の1枚は17×1.5cmの帯状に切り、焼き面を下にして茶漉しで純粉糖をふる。

3 長径7.5×短径4×高さ4cmの楕円形の型に、②を焼き面を内側にして型の下の縁に添わせるようにして入れる。プラックに並べる。

 ＊粉糖をふると型からはずしやすくなる。解凍すると溶けて消えるので、見た目は気にしなくてOK。

4 ①の1枚は、長径5×短径3cmの型で切り抜く。

5 アンビバージュをつくる。ボーメ30度のシロップ、水、キルシュを混ぜる。

6 ⑤に④をくぐらせ、焼き面を下にして③の型に入れ込む。

7 口径10mmの丸口金を付けた絞り袋にヨーグルトのムースを入れ、⑥の型の高さ8分目程度まで絞る。

 ＊余ったヨーグルトのムースは、最後に補充するぶんとして取っておくこと。

8 重ねて急冷したイチゴのムースとバジルのジュレをフレキシパンからはずし、⑦の中央にイチゴのムースを下にして置いてから、底のバジルのビスキュイ・ジョコンドにあたるくらいまで指でぐっと押し込む。

9 盛り上がったヨーグルトのムースをパレットナイフで型に押し込み、上面に広げて平らにならす。冷凍庫で冷やし固める（約5分が目安）。

10 上面に余ったヨーグルトのムースをのせ、パレットナイフで平らにならす。急冷する。

 ＊冷凍すると空気が抜けて少しだけ落ち込むので、上面が少しだけ盛り上がるくらいまでたっぷりとヨーグルトのムースを補充する。

仕上げ

1 ヨーグルトのナパージュをつくる。ボウルにナパージュ・ヌートルとヨーグルトを入れ、スティックミキサーでなめらかになるまで撹拌する。

2 組立ての⑩で急冷した型からはみ出た余分なヨーグルトのムースを取り除き、上面に筆でイチゴのコンフィチュールを塗って模様をつける。

3 ②の上面に①を少量のせ、パレットナイフで平らにならす。

4 型にバーナーをあて、型をスライドさせてはずす。

5 ピンクペッパーとエディブルフラワーを飾る。

 ＊エディブルフラワーはピンセットを使うと作業しやすい。

2

テクスチャーで印象的に！

食感を知る

監修・神山かおる

お茶の水女子大学理学部化学科卒、京都大学博士（農学）、新潟大学博士（歯学）。農林水産省食品総合研究所（現・国立研究開発法人農業・食品産業技術総合研究機構）に入所し、食品研究部門で食品物理機能ユニット長も務めた。30年以上にわたって食品物性・テクスチャー評価法を専門に研究してきた。

「食感」は口の中で感じる物理感覚

人は「食べる」時、口に入れた食べものを歯や舌を使って完全に飲み込める状態にします。食べものが口の中にとどまる時間は液体では1秒以内、硬い固体でも100秒程度です。このわずかな時間に食べものの特性を検知し、それに適した食べ方をしています。「おいしさ」には、味覚や嗅覚のように化学物質が刺激となる感覚だけでなく、触覚などの物理的な刺激による感覚も大きく関わっているといわれています。英語では、化学感覚をFlavor（フレーバー）、物理感覚をTexture（テクスチャー）と表現します。食べもののテクスチャーは、色や形などの見た目や流動性、調理や咀嚼時の音も含まれると国際的に定義されていますが、口に入れると見えなくなるため、視覚は使えなくなります。音が出ないものも多いので、おもな感覚は触覚となります。「食感」という言葉は、20年ほど前から使われるようになりました。一般的には舌ざわり、歯ごたえ、かみ心地、のど越しといった口の中でのテクスチャー感覚が食感とされています。

食感を感じるメカニズム

唇や舌など口内の器官は、とくに触覚の敏感な場所で、年齢を重ねても感度はほとんど低下しません。「食べる」行為では、次のような作業が無意識に行われています（図1）。①舌と硬口蓋（上あご前方の硬い部分）の間で食べものを押し、テクスチャーを判断する。　②やわらかい→歯を使わずに舌と上あごでつぶす。硬い→舌で奥歯の間に移動させ、歯でひとかみする。　③十分に壊れたら、おもに舌を使って唾液と混ぜながら飲み込みやすい塊（食塊）をつくる。　④塊を喉の奥へ送り、食道から胃へ送り込む（嚥下）。この一連の作業のなかで人は食感を感じ、それに適した食べ方を選んでいきます。人の器官に近い硬さのものは硬度の差を詳しく知覚できますが、たとえば歯が立たないような硬いものはその硬さの程度を判断できません。一方、やわらかいものは1点にかかる刺激は弱いものの、押しつぶしているうちに形状が変わり、広い面積でふれるようになるため、感度はより高まります。舌にも触覚や圧覚を感じるセンサーが分布しています。舌はふれられる感覚（受動的感覚）以上に、自分で積極的にふれにいくことで、感度が数倍も上がり、はるかに小さな触覚の差を感じられるのです。

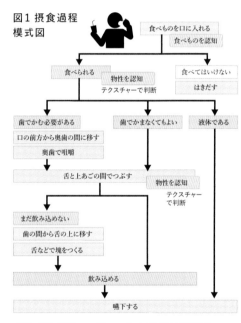

図1 摂食過程模式図

食べものを口に入れる／食べものを認知
食べられる／物性を認知 テクスチャーで判断
食べてはいけない／はきだす
歯でかむ必要がある／口の前方から奥歯の間に移す／奥歯で咀嚼
歯でかまなくてもよい
液体である
舌と上あごの間でつぶす／物性を認知 テクスチャーで判断
まだ飲み込めない／歯の間から舌の上に移す／舌などで塊をつくる
飲み込める
嚥下する

出典・改編：K.Hiiemae, J.Texture Stud., 35, 171-200 (2004)、
神山かおる, 化学と生物,47,133-137 (2009)

食感は「おいしさ」を決める重要な要素

食べものを食べる際、味、におい、温度、テクスチャーといった見た目以外の要素は咀嚼中に感じます。おいしさは咀嚼なしでは語れません。そして、じつは、おいしさを決める第1要素は、触覚によるテクスチャー、いわゆる「食感」ともいわれています。いろいろな食品を食べ、それらから連想する言葉を食品の属性別にした研究（図2）では、食品の性質を決める要素はテクスチャーがもっとも大きく、次に大きいのがフレーバーでした。歯でかんで食べる食べもののおいしさには、味や香りなどの化学感覚よりも、テクスチャーを主体とする物理感覚のほうが強く影響するという研究結果も出ています。固形状の食べものはテクスチャーの影響が大きく、液状の食べものはフレーバーの影響が大きいこともわかってきました。

日本人は食感に敏感？

おいしさには、化学感覚や物理感覚に加え、食文化や環境、体験といった社会的・生理的要素も深く関わってきます。日本語には、「舌ざわり」「歯ごたえ」などのほか、「もちもち」「サクサク」「ふんわり」といった食べもののテクスチャーを表す言葉がたくさんあります。2003年に行われた研究*では、445語ものテクスチャー表現が列記されました。英語やドイツ語で各約100語、フランス語で227語、中国語で144語という外国語の研究結果と比べても、日本語の表現がいかに多いかがわかります。とくに、サクサク、もちもちなどの擬音・擬態語（オノマトペ）が多いのが特徴の1つ。オノマトペは、感覚や微妙なニュアンスを表現するのに非常に便利です。オノマトペ表現は時代によっても変化します。たとえば、「シュワシュワ」や「ジューシー」などは50年前には使われていませんでしたが、最近ではよく耳にする表現です。

食感を表現する語彙が多いということは、多様で複雑な食感を楽しむ文化があるということ。実際、日本では食べものの名前を挙げた時に、まず食感を思い浮かべる人が多いといいます。「ミルフィーユってどんなお菓子？」と聞かれた時、真っ先に何を思い浮かべますか？　多くの人が「サクサク」「層状」などと表現し、最初にカスタードクリームやバニラのフレーバーを語る人は少ないでしょう。菓子のおいしさを構成するさまざまな要素のなかでも、それだけ食感の印象は重要であると言えるでしょう。

*参考：早川文代ら、日本食品科学工学会誌、52、337-346（2005）

図2　食品の属性を決める因子

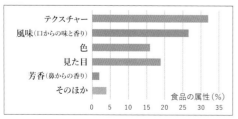

被験者100人が74種類の食品の属性を言葉で表現し、それを分類した調査。青色は物理的な味、赤色は化学的な味に分類される属性。

出典・改編：A.S.Szczesniak and D.H.Kleyn, Food Technology, 17 (1), 74-77 (1963)

食感で風味の感じ方も変わる!?

味や香りは、くだかれたり、押しつぶされたりして食べものの組織が壊された時に放たれるフレーバー物質が体内のセンサーに到達して初めて感じられます。固形状の食品に含まれる味物質は水分や唾液に溶けないと舌にあるセンサーに到達できません。また、風味の強さはフレーバー物質の量だけでは決まりません。量が多いからといって風味を強く感じるわけではないのです。

寒天を使った実験では、寒天濃度が0.5%、1.0%、1.5%、糖濃度が0〜50%の範囲でつくった寒天ゼリーで、食べている時の甘味の変化を調べました（図3）。糖濃度が高いほど甘味の感覚は強くなりましたが、糖濃度40%でそれ以上の甘味を感じられませんでした。また、同じ糖濃度で寒天濃度だけが違うゼリーを比べると、寒天濃度が高い硬いゼリーほど甘味を弱く感じ、逆に寒天濃度が低くてやわらかいゼリーほど甘味を強く感じました。テクスチャーの違いによってフレーバー物質が放出（フレーバーリリース）される量やタイミングも変わります。フレーバー物質の量が同じでも、固体は硬いほど、液体は粘度が高いほど風味を感じにくくなります。これは、フレーバー物質が放出されにくく、放出されても拡散が遅いためと考えられています。一方、硬いものは強い力で咀嚼され、口の中に長くとどまるのでフレーバー物質の放出量が増えたり、フレーバー強度（風味を感じる強さ）が弱くても長く感じられたりする場合があります。

図3　食感で変化する味の感じ方
— 食品テクスチャーによるフレーバーの制御

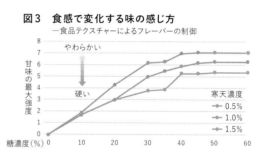

寒天ゼリーを用いた実験。寒天濃度が高いほど食感は硬く、甘味は弱くなる。

出典・改編：K.Kohyamaら、Food Hydrocolloids, 60, 405-414 (2016)

食感で風味をコントロールする

テクスチャーは硬さや組織構造などによって変わります。テクスチャーが変われば、フレーバー物質の放出量やタイミングなども変わり、味や香りの感じ方に影響します。つまり、食べものの物理的な性質を変えられれば、直接的に食感をコントロールでき、間接的に風味をコントロールすることにつながるのです。また、フレーバー物質を不均一に分散させると、均一に入れるよりも、その風味を強く感じます。たとえば粒の大きさの違う岩塩をちらした菓子を食べると、ときどき塩味を感じて岩塩の印象が強く残るはずです。これは粒度の異なる物質（塩や砂糖など）が唾液で溶けるまでに時間差が生じることに加え、同じ風味が続くと飽きることに影響していると考えられます。この効果などを利用すれば、特定の素材（油脂類や糖類など）を減らしても風味をしっかりと感じさせることができるかもしれません。

食感をデザインする

中村 卓

京都大学大学院農学研究科食品工学専攻博士後期課程修了。食品メーカーにて食品素材と加工食品の研究開発などに携わったのち、明治大学農学部農芸化学科に着任。食品工学研究室教授を務める。食品構造工学を研究し、おいしさを食品構造から追究している。

図1　食品構造工学：おいしさを食品構造から追究

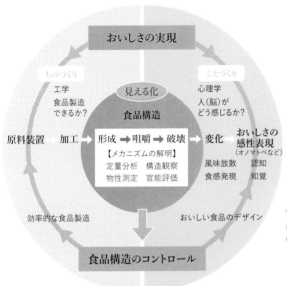

官能評価によるオノマトペ表現を駆使し、同時に、実験を通して食べものの構造や破壊の過程を知ることで、おいしさにつながる食感を研究。

——食感は、おいしさを決める重要な要素の1つですが、おいしいと感じる食感はつくれるそうですね。中村教授が研究している、食べものの構造から"おいしい食感をデザインする"という食品構造工学について教えてください。

　食べものを口に入れて咀嚼すると、その構造が壊れて状態が変化します。食感はそうした変化の過程で感じた刺激であり、それを言葉で表現したものでもあります。食感を決めるのは、食べものの構造なのです。現在の食品開発の世界では「硬い」「やわらかい」などの感覚的な表現だけでなく、「サクサク」「ふんわり」といったオノマトペ（擬音・擬態語）のような感性的な表現が求められます。そこで、私の研究室では「おいしさは変化である」という考えから口の中で食べものの構造が壊れていく過程に着目。おいしさにつながる食感を"見える化"する研究をしています。おいしさは人それぞれ感じ方が違うので定義することは難しいのですが、多くの人が感じる「おいしい食感」を知り、それを「つくる＝デザインする」ことができると考えています。

——食感とおいしさにはどのような関係があるのでしょう？

　おいしさには、化学的要因と物理的要因があります。化学的要因の代表格は「味覚」。舌にあるセンサーが味を感知し、その刺激が脳に送られて「甘い」「しょっぱい」「すっぱい」といった味を感じます。一方、食感は物理的要因です。専用のセンサーがある味覚や嗅覚などとは異なり、食感は皮膚感覚である「触覚」の刺激として食べものを捉えることで「硬い」「やわらかい」などの違いを感じます。そして、食べものの圧縮や破壊された時の変化が大きければ大きいほど、強い刺激を受けることになります。そのため、複雑で不均質な構造の食べものほど、さまざまな種類の食感を感じ、それがおいしさにつながると考えられます。生地やクリームなどが層になっているケーキは、多彩な食感を感じられる食べものですから、食感の組合せの工夫で、おいしさをより魅力的に表現できるでしょう。

　また、刺激を多く感じる食べものは目新しさや珍しさを感じさせ、"おいしい食感"につながることも。もちろん慣れ親しんだ刺激がおいしい食感と捉えられることもあるので、食感がどうおいしさに結びつくかは新奇性と親近性のバランスが重要になるでしょう。

「やわらかさ」と「サクサク」は世界中で愛される食感。日本人は「もちもち」や「ねばねば」も大好き!?

――多くの人に好まれる食感には、どのようなものがありますか?

大きく分けて2つの傾向があります。1つ目は「やわらかさ」。たとえば、パン。大昔のパンは小麦に水を加えて焼いただけのものでした。それがやがて生地を発酵させるようになり、現在食べられているようなパンになりました。硬いパンよりも、やわらかいパンのほうがおいしく感じる、好まれる、ということですね。日本では、明治時代に民俗学者の柳田國男が「最近の日本の食はやわらかくなった、それは煮ものが増えたからだ」と書き記しています。煮ものが増えたということは、やわらかい煮ものが好まれてよく食べられるようになった、ということ。やわらかいものを好むのは、世界共通の傾向なのです。そして、2つ目は「サクサク」。非常に水分の少ない食べものを食べた時の感覚です。口の中で軽やかに壊れていく感覚も、世界共通で好まれています。

世界共通で好まれる食感がある一方で、とりわけ日本人が好む食感もあります。それが「ねばり」です。基本的にねばりは、ものが腐った時の状態であることが多いため、世界的にみると好まれません。しかしながら、日本人の多くが、ねばりのある食べものが好きなのです。これは仮説ですが、日本人がねばりを好むのは、米(ジャポニカ米)を炊いた、ねばりけのあるご飯を食べてきたことが影響しているのではないかとも言われています。

――菓子には「クリーミー」な口あたりを重視したアイテムが多くあります。人はどのような仕組みで"クリーミーさ"を感じるのでしょうか?

クリーミーとは、「なめらか」で「ねばり」があり、「やわらか」な食感であると考えられます。ヨーグルトを使った実験(図2)では、3種類の市販のヨーグルト(A〜C)を対象としました。まず、咀嚼している時間を前半と後半に分けて、「クリーミー」を含む食感表現を8項目つくり、それぞれ7段階で食感の強度を採点する官能評価を実施。さらに、感覚の強度を時間の経過に沿って評価するTI法と、時間経過のなかでもっとも強く感じた食感を選択するTDS法などの官能評価も行いました。また、クリープメーターという食品の状態の変化を測定できる専用機器で、咀嚼時に破壊される力の強度も測定しました。

図2 ヨーグルトのクリーミー食感の見える化

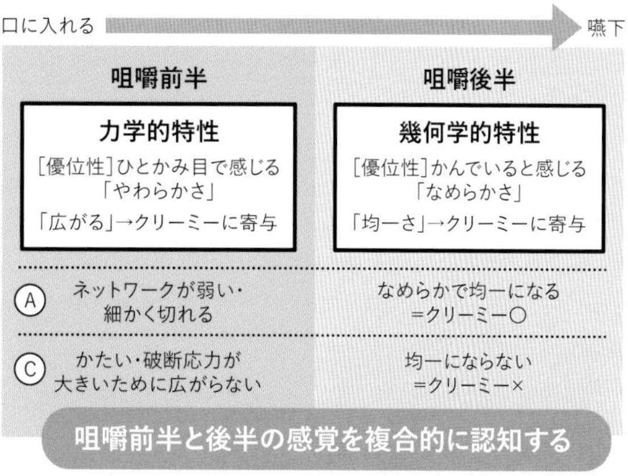

クリーミーな食感をテーマに、3種類の市販のヨーグルトを用いて行った実験の結果。「やわらかさ」と「均一さ」の感覚が大きく関係していた。

食感の強度を採点する官能評価では、「クリーミー」は「舌ざわりのなめらかさ」ともっとも関係が強く、次に「ねばり」「やわらかさ」の順で関係の強さが示されました。どのヨーグルトも口に入れてから6秒間は「やわらかさ」がもっとも多く選ばれたことから、やわらかさは咀嚼の前半に感じることが明らかになりました。それ以降は「均一さ」を感じる人の割合が高くなったことから、ヨーグルトの構造の均一さは咀嚼の後半に感じられることがわかったのです。また、牛乳に含まれるカゼインミセルと呼ばれるタンパク質はヨーグルトにも含まれていて、その粒子のつながりが強いと咀嚼時に大きな破片となります。その破片ができるヨーグルトは、できないヨーグルトに比べてクリーミーさを感じにくくなるという結果も得られました。

この実験から、人は咀嚼の前半の食べものを舌で押しつぶす時に力学的特性としての「やわらかさ」を感じ、咀嚼の後半の押しつぶしたあとに構造の「均一さ」を感じることで、総合的にクリーミーな食感だと判断していました。この研究結果は、ヨーグルトだけでなく、ゼリーなどゲル状の食べものでも、クリーミーさを表現する際の指標になると考えています。

「口どけ」には5種類の"とける現象"があった!食べものによって"口どけのよさ"は違うものになる

――菓子では「口どけ」もおいしさを左右する重要な食感です。口どけとは、どのような状態をさすのでしょうか?

図3　口どけの種類と咀嚼過程における位置づけ

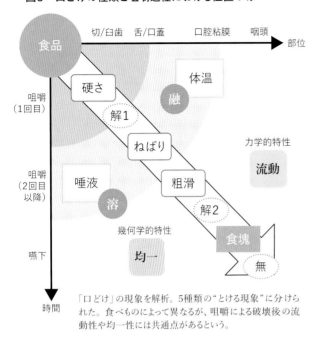

「口どけ」の現象を解析。5種類の"とける現象"に分けられた。食べものによって異なるが、咀嚼による破壊後の流動性や均一性には共通点があるという。

「口どけ」は、「口解け」「口融け」「口溶け」と、使う漢字によって微妙に意味が異なると考えています。「解ける」は塊がゆるくほぐれる、「融ける」は固体から液体へ変化する、「溶ける」は固体が液体に同化する状態です。そこで、どの意味で「口どけ」を使っているのかを時間軸と部位に沿って解析してみました。すると、少なくとも5種類の「とける現象」に分けられたのです（図3）。咀嚼によって食べものの塊がくだけて「解ける」（図3「解1」）、バターなどの固形の脂や氷などが口の中の温度が上がることで「融ける」（同「融」）、油が唾液と混ざる、もしくは乳化して唾液と同化して「溶ける」（同「溶」）、食べものの塊がくずれて解ける（同「解2」）、飲み込んだ（嚥下）あと溶けて口の中からなくなる（同「無」）の5つ。こうした分け方は食べものによって異なるので、食べものごとに考える必要がありますが、咀嚼による破壊後の流動性や均一性には共通点があるはずです。

心地よい口どけを考えると、たとえば、パンや焼き菓子などの水分が少ない食べものでは、唾液と混ざり合った塊に「クチャつく」食感がないことが口どけのよさにつながります。一方、チョコレートやアイスクリームのような結晶を含む食べものは、体温でさっと融ける口どけ、唾液に溶けて広がる濃厚な口どけ、そして、最終的に消えていく口どけを感じられるかが重要になります。また、ゼリーなどのゲル状の食べものには、口に入れるとすぐにやわらかくくずれて広がり、なめらかな舌ざわり、適度なねばりと濃厚さがある「とろり」とした"口どけ感"が好まれます。このように食べものの構造の破壊過程の違いによって"口どけがよい"の意味は変わります。ですから、食品の開発時には、めざす口どけを具体的にイメージすることが大切になるのです。

プリンを使った実験では、複数の学生に市販のプリンを何種類か食べてもらい、そこからイメージした食感を言葉で表現してもらいました。この時は52もの言葉が登場し、大きく3つの系統に分けられました。1つ目は「やわらかい」「ハリがある」など硬さに関係する言葉。2つ目は「ぷるるん」「つるるん」など弾力に関係する言葉。そして3つ目は「くっつく」「とろーり」など口どけに関係する言葉でした。プリンの場合は、舌と上あごでつぶして流動化させますが、この時にすぐに細かい破片になるものは「口どけがよい」とされ、逆に硬くて壊れにくかったり、ザラつきがあったりするものは「口どけがよくない」と判断されていました。咀嚼する時に食べものの構造がどのように壊れていくかを観察すると、食感をどのように感じ、表現しているのかがわかってきます。

―― 具体的に「食感のデザイン」は、どのように行われるのですか？

食品を開発する際は「硬い」「やわらかい」といった触覚による感覚的な食感だけではなく、おいしさにつながる感性的な食感をつくることがポイントとなります。感性的な食感とは「サクサク」「とろり」などのオノマトペで表現される食感のこと。食感は、咀嚼による食べものの構造の変化で生じるものですから、食品の構造をコントロールできれば、おいしいと感じる「感性的な食感をつくる＝デザインする」ことができるのです。そのためには、まず、おいしさにつながる感性的な食感表現を、コントロール可能な食品の属性として「見える化」する必要があります。食感でおいしさをデザインするには、次の3段階のアプローチが必要だと考えています。

①咀嚼過程の意識化
②構造破壊の単純モデル化
③おいしい「感性的食感」の見える化

①の咀嚼過程の意識化は、口の中で変化した食べものの触感をどう感じたか、オノマトペ表現などを駆使して言葉にし、それをその食べものに対応した食感表現とする官能評価を行います。そして、かみはじめてから飲み込む（嚥下）までの時間経過のなかで、その食感をどの部位（歯や舌、上あごなど）で、どの時点で感じたかを特定します。次に、②の構造破壊の単純モデル化を実施。①で意識化した食感に対応した機器を用いて、力学的観点から食べものの構造の破壊を計測するなどして数値化し、破壊時の構造の状態を観察します。最後に、①と②を組み合わせて検証し、③の

図4 おいしい食感のデザイン

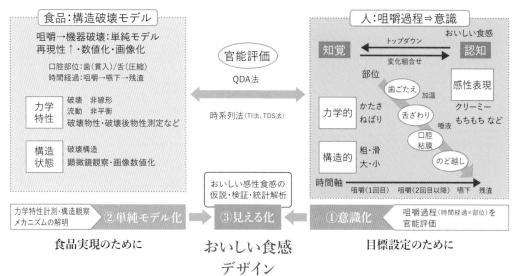

"おいしい食感"のデザインの概念図。
食べものの構造をコントロールすることで、オノマトペで表現される食感をつくる=デザインすることができる。

おいしい「感性的食感」の見える化を行います。

ちなみに、官能評価では、オノマトペ表現の使い方でも、食感のイメージが微妙に異なることがわかります。たとえば、「もっちり」は最初に1回かんで感じた表現ですが、「もちもち」は何度かかんで感じた表現になります。「ふわっ」「パリッ」などの促音や「とろーり」などの長音、「ふわふわ」「サクサク」などのくり返し語は、口の中の食べものの滞在時間の長さや強度を表します。さらに、文字でも、ひらがなとカタカナの違いで受ける印象が変わります。カタカナはシャープなイメージ、ひらがなはやわらかいイメージをもちませんか? 文字の見た目でも食感の違いを感じるのです。感性表現をさらに探究していけば、新しい表現をもつ新しい食感も生まれてくると考えられます。

もちもち、サクとろ、ぷにぷに……
感性に訴えかける
オノマトペ表現を使えば、
新しい食感はイメージしやすい

── 料理でも菓子でも「新食感」を謳った商品がたくさんあります。新しい食感の表現方法には、どのような可能性があると思いますか?

「新食感」という言葉はポジティブな場面で使われることが多いですよね。新食感の表現方法としてよく使われるのは、ほかの食べものには使われているけれど、対象となる食べものには使われていない表現を使う方法、もしくは、食感の表現には使われていない表現を使う方法。後者は、見た目や風合いなどに使われている形容詞などがあてはまりやすいと思います。

たとえば「もちもち」という言葉。以前から「もちもちの肌」などの使い方はされていましたが、この言葉の雰囲気や音、感覚、イメージを口の中でかんだ時の感覚に結びつけたことで、新しい食感表現として定着しました。イメージさえ一致すれば、食べものに使われてこなかった言葉で「新食感」が表現できるのです。また、「サクとろ」など、既存のオノマトペ表現の組合せも新食感の表現方法。「ぱ・ぴ・ぷ・ぺ・ぽ・ぴゃ・ぴゅ・ぴょ」などの半濁音に、触覚のイメージが浮かぶ言葉を合わせるケースも増えています。2012年に「ポニョポニョ」という言葉のイメージをアンケート形式で調査したのですが、イメージする味は「甘み」、食べものは「菓子」という回答が9割を占めました。さらに、「やわらかい」「かみ切りにくい」「流動的」「つるつる」といった食感に近いという回答も多く見られました。この結果から、「ポニョポニョ」という表現に合う食べものの具体例に「かむと中からあふれ出るようなクリームを詰めたシュークリーム」を挙げました。その後、コンビニエンスストアで「もちぽにょ」という新食感を謳ったシュークリームが発売され、以来、「ぷにゃ」「ぷよ」「ぷに」という言葉を使ったネーミングの商品が次々に登場。私自身はこうした商品の開発には関わっていませんが、新食感の表現と具体例が実証されたことをうれしく思っています。

軽さと儚い口溶けの極め方

イデミ スギノ
HIDEMI SUGINO

杉野英実

1953年三重県生まれ。79年に渡欧し、フランスやスイスで修業。82年に帰国し、数店でシェフを務める。92年に兵庫・神戸に「パチシエ イデミ スギノ」を開業。2002年に「イデミ スギノ」に店名を改めて東京・京橋に移転し、2022年に閉店。

口に入れた刹那に溶け出すムース

「僕のお菓子は綱渡り」と言う杉野英実シェフ。ケーキを保形できるギリギリの水分量に挑むなど、不可能を可能にするための製法をつねに探求し、そして進化を続けてきた。本質的にめざしているのは、素材の味の輪郭を際立たせ、しっかりと伝えること。軽さと儚い口溶けは、そのための手段の1つだ。

イギリスの著名なフードジャーナリストであるマイケル・ブース氏は、杉野シェフのムースを口にした時、「一瞬で消えてしまうほど軽い。キメ細かく詰まっているのに、なぜ口溶けがいいのか」と聞いたという。「ムースの軽さと気泡の粗さは比例すると考えています。僕のムースはキメが細かいので、本来はそこまで口溶けはよくないはず。それなのに、すーっと儚く溶けていく。これは、イタリアンメレンゲを加えるタイミングが関係しています。一般的なレシピでは、ピュレやクレーム・アングレーズなどの液体にクレーム・フエッテを混ぜたあと、イタリアンメレンゲを加えます。でも僕は、その掟を破って順番を変え、クレーム・フエッテにイタリアンメレンゲを加えて数回だけ軽く混ぜ、そこにピュレなどを加えてていねいに混ぜ合わせます。こうするとイタリアンメレンゲの粗い気泡はなくなり、きめが細かくなるのです。小さな気泡が密集しているほうが、素材の味や香りが際立ち、ダイレクトに伝わると思うのです」と杉野シェフは語る。

こうした手法を駆使してつくり上げるのが、清涼感と果実感が魅力の「ジェオメトリー」のグレープフルーツのムースや栗と洋ナシが主役の「オートンヌ」のムース・マロン。口あたりの軽さと儚い口溶けとは裏腹に、素材の輪郭をはっきりと感じられる風味が口いっぱいに広がる。

ジェオメトリー
Geometry

グレープフルーツの果肉がさく裂。
フレッシュな果実感が押し寄せる

ルビーグレープフルーツの果汁でつくるムースの中には、一粒ずつほぐしたルビーグレープフルーツの果肉がたっぷり。果肉が炸裂するたびにフレッシュ感とピュアな果実感が押し寄せる。清涼感あふれるミントのムースがハーモニーを奏で、余韻まですっきりさわやかに。細かな気泡が均一に入ったムースのきめ細かさが、素材のもち味をダイレクトに伝えるポイントだ。

グレープフルーツリキュール入りのグラサージュ

ミントのムース

グレープフルーツのムース

ビスキュイ・ショコラ

クラクラン・フランボワーズ

材料

ビスキュイ・ショコラ
《60×40cmの天板1枚分》
アーモンドパウダー…125g
純粉糖…60g
卵黄…125g
卵白…55g
フレンチメレンゲ
  卵白…240g
  微粒グラニュー糖…145g
薄力粉*…105g
カカオパウダー*…40g
バター(溶かす)…50g

*合わせてふるう。

アンビバージュ
《30個分》
シロップ(ボーメ30度)…50g
グレープフルーツリキュール…35g
水…30g

ミントのムース
《40×30cmのカードル1枚分》
ミントの葉…10g
牛乳…135g
卵黄(溶きほぐす)…155g
グラニュー糖…35g
板ゼラチン*1…10g
ミントリキュール(「ペパーミント ジェット27」)…130g
クレーム・フエッテ*2…465g

*1 冷水でもどす。
*2 乳脂肪分35％と38％を同割で合わせ、8分立てにする。

グレープフルーツのムース
《30個分》
グレープフルーツ(ルビー)の果汁…820g
微粒グラニュー糖…15g
レモン果汁…40g
板ゼラチン*1…24g
グレープフルーツリキュール…45g
イタリアンメレンゲ
  水…30g
  グラニュー糖…115g
  卵白…75g
クレーム・フエッテ*2…305g
グレープフルーツ(ルビー)の果肉*3…120g

*1 冷水でもどす。
*2 乳脂肪分35％と38％の生クリームを同割で合わせ、8分立てにする。
*3 房からとり出し、一粒ずつにほぐす。網にのせて余分な汁けをとる。

仕上げ
《30個分》
ナパージュ・ヌートル*…140g
グレープフルーツリキュール*…14g
クラクラン・フランボワーズ…適量

*合わせて混ぜる。

つくり方

ビスキュイ・ショコラ

1　ミキサーボウルにアーモンドパウダーと純粉糖、卵黄、卵白を入れ、ホイッパーで低速で撹拌する。全体がなじんだら中高速に切り替え、つやが出てホイッパーですくうとリボン状に落ちてゆっくりと跡が消える状態になるまで撹拌する。

2　①と同時進行でフレンチメレンゲをつくる。別のミキサーボウルに卵白と少量の微粒グラニュー糖を入れ、ホイッパーで中速で撹拌する。

3　ボリュームが出てきたら残りの微粒グラニュー糖の半量を加える。つやが出てきたら残りの微粒グラニュー糖を加え、ホイッパーですくうとピンと立った角がゆっくりと傾く程度になるまで撹拌する。

4　ボウルに①を入れ、③をゴムベラでふたすくい加え混ぜる。

5　合わせてふるった薄力粉とカカオパウダーをふるいながら④に加え、ゴムベラで切るようにして混ぜる。

6　粉けがなくなったら、溶かしたバターを加え混ぜる。

7　③の残りをざっと混ぜてキメをととのえてから⑥に加え、できるだけ気泡をつぶさないようにさっくりと混ぜる。
　＊ メレンゲは、砂糖の量が少なく、キメが粗くなりがちのため、生地に加える前に全体を混ぜてキメをととのえる。

8　樹脂製マット(もしくはオーブンシート)を敷いた60×40cmの天板に流し、L字パレットナイフで平らにのばし広げる。

9　天板の縁に指を差し入れて1周し、212℃で4分焼成し、天板の手前と奥を入れ替えてさらに4分焼成する。

10　焼き上がったら天板をはずして冷まし、直径4.7cmの丸型で抜く。

ミントのムース

1　ミルにミントの葉を入れ、牛乳の半量を加えてミントの葉がかなり細かくなるまで撹拌する。鍋に移し入れ、残りの牛乳を加えて火にかける。

2　ボウルに卵黄とグラニュー糖を入れ、泡立て器で白っぽくなるまですり混ぜ、①を加え混ぜる。

3　①の鍋に②を戻して中火にかけ、泡立て器で8の字を描くように混ぜながら加熱する。とろみがついて混ぜた跡が残るようになったら、網で漉しながらボウルに移し入れる。

4　板ゼラチンを加え混ぜ、ボウルの底を氷水にあてて人肌程度になるまでゴムベラで混ぜながら冷ます。ミントリキュールを加え、混ぜながら22〜23℃に調整する。

5　別のボウルにクレーム・フエッテを入れ、④を2回に分けて加

えて泡立て器で混ぜる。

6 OPPシートを貼ったトレーにのせて室温に置いていた40×30cmのカードルに⑤を流し、ゴムベラで広げる。トレーごと型を持って作業台にたたきつけ、平らにならす。急冷する。

7 2.5cm角に切り分け、トレーに並べて冷凍庫に入れておく。

グレープフルーツのムース

1 ボウルにグレープフルーツの果汁と微粒グラニュー糖、レモン果汁を入れて混ぜる。

2 別のボウルに板ゼラチンとグレープフルーツリキュールを入れ、湯煎にかけて混ぜる。

3 ②に①を少量加え混ぜ、湯煎からはずす。これを①に糸状にたらしながら戻して混ぜる。ボウルの底を氷水にあて、混ぜながらとろみがつく11〜13℃に調整する。

  * 果汁などを混ぜて溶かしたゼラチンを冷たい果汁などに戻す時は、ゼラチンのダマができないように糸状にたらして少しずつ加えながら混ぜる。

4 イタリアンメレンゲをつくる。鍋に水とグラニュー糖を入れて火にかけ、118℃になるまで加熱する。

5 ミキサーボウルに卵白を入れ、ホイッパーで中速で撹拌する。白っぽくなりボリュームが出てきたら、④をボウルの内側側面に沿わせるようにして少しずつ加えながら撹拌し、人肌より少し温かい程度でミキサーを止める。ボウルに移してゴムベラで中央から外側に向かって広げ、冷凍庫に少しだけ入れて冷ます。

  * 完全に冷めるまで撹拌すると気泡が詰まり、冷たいクレーム・フエッテなどと混ぜる時に締まってダマになりやすい。ミキサーボウルの底をさわって温かく感じる38〜39℃でミキサーを止め、ボウルに広げて冷凍庫でさっと冷やす。

6 別のボウルにクレーム・フエッテを入れ、⑤のイタリアンメレンゲを加え、泡立て器で3回だけさっくりと混ぜる。

7 ⑥に11〜13℃に調整した③を3回に分けて加え、そのつど泡立て器で切るようにして混ぜる。

8 別のボウルにグレープフルーツの果肉を入れ、⑦を少量加えてゴムベラで混ぜる。これを⑦のボウルに戻して切るように混ぜる。

組立て・仕上げ

1 OPPシートを貼ったトレーに並べて冷蔵庫で冷やしておいた直径5.5×高さ4cmのセルクルにアルコール(分量外)を吹きつけ、セルクルの中央にミントのムースを置く。冷凍しておいた天板をトレーの下に敷く。

  * ミントのムースは溶けやすいので、組み立てる直前に冷凍庫から取り出し、セルクルの中央に入れて動かないことを確認してから冷凍しておいた天板をトレーの下に重ね、手早く作業すること。

2 口径13mmの丸口金を付けた絞り袋にグレープフルーツのムースを入れ、①のセルクルの高さ9分目まで絞り入れる。スプーンの背で中央から外側に向かってならし、くぼみをつくる。

3 ビスキュイ・ショコラをアンビバージュに浸し、焼き面を下にして②にのせ、まわしながら軽く押さえる。OPPシートをかぶせ、トレーをのせて上から押さえる。急冷する。

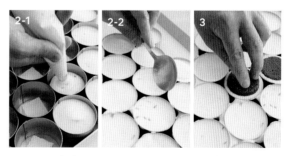

4 トレーごと裏返してトレーとOPPシートをはずし、セルクルの周りをきれいにしてトレーに並べる。冷凍庫に入れておく。

5 ④を1つずつ手に取り、パレットナイフで上面にグラサージュを塗る。冷蔵庫で冷やし固める。

6 バーナーでセルクルを温めてセルクルをはずす。冷蔵庫などで半解凍し、底の縁にクラクラン・フランボワーズを付ける。

オートンヌ
Automne

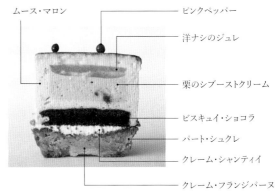

- ムース・マロン
- ピンクペッパー
- 洋ナシのジュレ
- 栗のシブーストクリーム
- ビスキュイ・ショコラ
- パート・シュクレ
- クレーム・シャンティイ
- クレーム・フランジパーヌ

シブーストの軽やかさが
栗の風味の輪郭を際立たせる

秋の味覚を詰め込んだ1品。栗のシブーストクリームは、イタリアンメレンゲをたっぷりと配合してムースに近い軽さと口溶けのよさを表現。なめらかなムース・マロンと交わって栗の素材感が際立つ。みずみずしい洋ナシのジュレが果実味を加え、しっとりとした生地が満足感を与える。ピンクペッパーの華やかな辛味がアクセントだ。

アラビック
Arabique

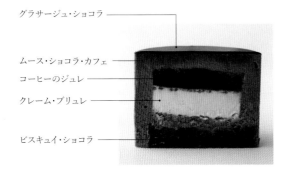

- グラサージュ・ショコラ
- ムース・ショコラ・カフェ
- コーヒーのジュレ
- クレーム・ブリュレ
- ビスキュイ・ショコラ

ほんの数秒の口溶けの違いで
風味が次々と現れては消えていく

ムース・ショコラ・カフェ、クレーム・ブリュレ、コーヒーのジュレの口溶けのよい3つのパーツが、微妙に異なるタイミングで消えていき、チョコレートとコーヒーのビターな味わいを、バニラが香るクレーム・ブリュレのまろやかな風味が包み込む。コーヒーのジュレに使うエスプレッソは使用直前に抽出し、淹れたての香りをとじ込めている。

みずみずしいバタークリームと
フレッシュ感あふれるジュレ

　軽さの追求は、ムースだけにとどまらない。たとえば、「フランボワジエ」のフランボワーズ風味のバタークリームは、離水直前のギリギリまでフランボワーズのピュレを入れたもので、その口溶けのよさはバタークリームの常識を打ち破るほどにみずみずしい。これは、ロングセラーの定番菓子だが、少しずつマイナーチェンジを重ねてきた。その大きな変化の１つが、フリュイ・ルージュのジュレを組み込んだこと。「ジュレはよく使うんです。『オートンヌ』の洋ナシのジュレや、コーヒーとチョコレートを組み合わせた『アラビック』のコーヒーのジュレもそう。みずみずしさを感じるほど軽く仕立てたバタークリームやムースに、さらに水分量が多いジュレを合わせたことで、素材のフレッシュ感をより強く感じられるようになりました」と杉野シェフは語る。

　ジュレを組み込んだのはフランボワジエが初めてだったというが、その発想の原点はフランス修業時代にあった。「修業先だった『ペルティエ』では、シャルロット・ポワールに添えるクーリ・フランボワーズを別容器に入れて販売していたんです。アシェット・デセールの感覚でケーキを提案しているのがとてもいいなと思って。日本に帰国してから同じようにやってみたのですが、当時はまだ時代が早かったようで、お客さまに受け入れてもらえなかった。それなら入れちゃえばいいんだと思って、ソースの要素をジュレにしてケーキに組み入れることにしたんです」

フランボワジエ
Framboisier

フランボワーズのピュレをたっぷり入れて
果実味あふれる軽いバタークリームに

フランボワーズ風味のバタークリームとビスキュイ・ダマンドを7層にし、フリュイ・ルージュのジュレを1層組み込んだ。バタークリームは、バターをしっかりと泡立て、アングレーズを35〜36℃、フランボワーズピュレを20℃、イタリアンメレンゲを人肌よりやや低い温度にして合わせることで、分離するギリギリの水分量を含ませた。クラクランやアンビバージュにもフランボワーズを用いて果実感を最大限に表現している。

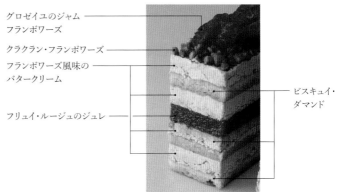

グロゼイユのジャム
フランボワーズ

クラクラン・フランボワーズ

フランボワーズ風味の
バタークリーム

フリュイ・ルージュのジュレ

ビスキュイ・
ダマンド

ヴィトライユ
Vitrail

パリセヴェイユ
Paris S'éveille

多彩な食感で独創性を高める

フランス菓子のクラシックな味わいと製法を踏襲しつつ、現代的なエッセンスや手法を取り入れ、創造性豊かに菓子を表現する金子美明シェフ。食感はおいしさに驚きを与える大切な要素と捉えている。フランス語でステンドグラスを意味する1品は、サクッとこうばしく焼き上げた煎茶入りのパート・シュクレに、みずみずしい煎茶のジュレを流し込み、果実味あふれるさわやかなマンダリンのムースを重ねた斬新な仕立てのタルトだ。煎茶のジュレは、生地とのコントラストを際立たせつつ、ふわっと軽い口溶けのマンダリンのム

ースとの調和を図り、牛乳を加えてとろりとしたクリーミーなテクスチャーに仕上げた。「食感は、驚きを与えるとともに素材の魅力を伝え、味わいを増幅させる役割。各パーツの口の中で溶ける速度や風味の感じ方を計算し、微調整をくり返しました。粉砕した煎茶を混ぜ込んだ2種類の生地からは、かむごとに青みのある風味が広がり、すがすがしく上品な香りが余韻に長く残ります」と金子シェフ。透け感が印象的なデコレーションのごく薄いジュレ2種類は、異なる食感と場所によって変わる風味で流れとリズム感を生む。

クレーム・シャンティイ

2種類のジュレを美しく見せるためのパーツ。全体の風味に大きく影響はしないが、ほのかな乳味となめらかな口あたりが加わる。

ジュレ・ド・マンダリン

濃縮ピュレを加えてマンダリンの風味を強調。とろりとした口あたりで、口溶けとともに風味がパッと広がる。余韻は短く、ムースの風味を邪魔しない。

ジュレ・ド・センチャ

やさしい色合いを狙って牛乳を少量加え、マットな質感に。ぷるんとした口あたり。ジュレ・ド・マンダリンの果実味に苦味を添え、さわやかさを引き出す。

ムース・マンダリン

ゼラチンの量を減らし、メレンゲを合わせることで、シュワッと溶ける軽い口溶けに。生クリームも控えめにし、マンダリンのフレッシュでさわやかな風味をキレよく表現した。

ビスキュイ・ジョコンド・センチャ

粉砕した煎茶を生地に混ぜ込み、繊細な煎茶の風味を最大限に生かした。煎茶の風味をサポートしつつ、芳醇なコニャックでキレを与えるシロップを打ってしっとりとさせることで、ムースやジュレの食感との統一感を図った。

ジュレ・ド・センチャ

ムース・マンダリンの軽やかさと違和感なく調和する、とろけるようにクリーミーな舌ざわり。口溶けが早く、粉砕してしっかりと抽出した煎茶の力強い風味が一気に広がる。

パート・シュクレ・センチャ

煎茶を混ぜ込んでサクッとこうばしく焼き上げた生地から、かむごとにほんのり苦味のある煎茶の風味が力強く膨らみ、すがすがしい余韻を残す。ジュレの水分がしみ込まないように、内側にホワイトチョコレートを薄く塗り、ジュレと対比するパリッとした食感に仕立てた。

材料 　直径20cm・2台分

パート・シュクレ・センチャ

バター*1…162g
粉糖*2…108g
全卵*3…54g
アーモンドパウダー*2…36g
煎茶*4…12g
薄力粉*2…270g

*1 室温にもどす。
*2 それぞれふるう。
*3 室温にもどし、溶きほぐす。
*4 フードプロセッサーで粉砕する。多少粗くてもOK。

ビスキュイ・ジョコンド・センチャ

全卵（溶きほぐす）…280g
転化糖（トリモリン）…16g
アーモンドパウダー*1…207g
粉糖A*1…167g
薄力粉*1…56g
卵白（冷やす）…181g
粉糖B…28g
煎茶*2…28g
バター*3…41g

*1 合わせる
*2 フードプロセッサーで粉砕する。多少粗くてもOK。
*3 溶かして約60℃に調整する。

シロ・ア・アンビベ・センチャ

水…100g
煎茶*…10g
グラニュー糖…80g
コニャック…10g

*フードプロセッサーで粉砕する。多少粗くてもOK。

ジュレ・ド・マンダリン（デコレーション）

《つくりやすい分量》
マンダリンオレンジのピュレ（ボワロン社）…130g
マンダリンオレンジの濃縮ピュレ（ボワロン社）…130g
レモン果汁…12g
グラニュー糖…50g
板ゼラチン*…10g

*冷水でもどす。

ジュレ・ド・センチャ（デコレーション）

《つくりやすい分量》
水…410g
牛乳…80g
煎茶*1…40g
グラニュー糖…80g
板ゼラチン*2…34g

*1 フードプロセッサーで粉砕する。多少粗くてもOK。
*2 冷水でもどす。

クレーム・シャンティイ

生クリーム（乳脂肪分40%）…200g
粉糖…12g

※生クリームに粉糖を加え、7分立てに泡立てる。

ジュレ・ド・センチャ

生クリーム（乳脂肪分35%）…400g
牛乳…200g
水…200g
煎茶*1…100g
グラニュー糖…160g
板ゼラチン*2…25g

*1 フードプロセッサーで粉砕する。多少粗くてもOK。
*2 冷水でもどす。

ムース・マンダリン

卵黄（溶きほぐす）…90g
グラニュー糖…45g
マンダリンオレンジのピュレ…90g
マンダリンオレンジの濃縮ピュレ…180g
板ゼラチン*1…9g
水…25g
グラニュー糖…105g
卵白…85g
オレンジのリキュール（フルクロア
「マンダリン・ナポレオン」）…67g
生クリーム（乳脂肪分35%）*2…270g

*1 冷水でもどす。
*2 7分立てに泡立てる。

組立て・仕上げ

ホワイトチョコレート…200g
カカオバター…20g
ナパージュ・ヌートル…適量

つくり方

パート・シュクレ・センチャ

1　ミキサーボウルにバターを入れ、ビーターを付けた低速のミキサーでポマード状にする。

2　粉糖を加え混ぜる。

3　全卵を5～6回に分けて加え、そのつどしっかりと混ぜて乳化させる。

＊ 全卵を一度に加えると分離してしまう。また、全卵は室温にすること。全卵の温度が高すぎるとバターが溶けてしまい、低すぎるとバターが固まって混ざりにくく乳化しにくい。

4　アーモンドパウダーと煎茶を加え、均一になるまで混ぜる。

＊ 油分のあるアーモンドパウダーを薄力粉より先に混ぜると、薄力粉を加えた時に乳化しやすくなる。ただし、混ぜすぎないように注意。混ぜすぎると油分が出すぎてべったりとしてしまう。

5　薄力粉を加え、粉けがなくなるまで混ぜる。

6　ラップを敷いたバットに移し、手で軽く平らにする。上からラップをかけて密着させ、冷蔵庫に1晩置く。

7　手でやわらかくして四角くし、シーターで厚さ2.75mmにのばす。

8　直径約24cmの丸型で抜く。冷蔵庫で約30分冷やす。

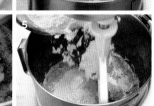

9　直径20×高さ2cmのセルクルの内側側面にポマード状にしたバター（分量外）を塗り、⑧を敷き込む。

＊ 粉砕した煎茶が入っているため、割れやすい。手早くていねいに作業。

10　セルクルからはみ出た余分な生地をペティナイフでそぎ落とす。オーブンシートをかぶせ、重石を敷き詰める。

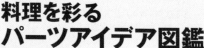

ワンオペ営業のノウハウと工夫、料理91品を詰め込んだ決定版!

バル・ビストロ・レストラン

ワンオペ完全マニュアル

20店が実践する一人で店をまわすための仕事術

柴田書店編　B5判　168頁

●定価2,750円（税込）　▶電子版も配信中

アラカルト主体のバルやビストロから、おまかせコースで勝負する中国料理店や日本料理店、高価格帯のレストランまで、ジャンルも客単価もさまざまなワンオペ店20店を徹底分析。そのノウハウと工夫、料理を余すところなく紹介する。

売れる魚介メニューのヒントが満載

和食店の鮮魚つまみ

刺身の工夫と魚介料理のアイデア150

柴田書店編　B5変型判　176頁

●定価3,080円（税込）　▶電子版も配信中

人気6店の刺身や鮮魚をさまざまに工夫した料理にフォーカス。「刺身は味つけして提供」「酸と油で食べやすく」「発酵漬物を隠し味に」など、テクニックや発想も多種多様な鮮魚つまみ150品を掲載。安価な部位の活用術や魚介の仕入れについて、また魚介に合う日本酒やワインも掲載した。

感覚ではなくロジックで選ぶ、「味わいありき」のペアリングマニュ

ロジカルペアリング

理論で合わせるドリンクペアリング 基本と実践

大越基裕（Ăn Đi）著　B5判　136頁　●予価2,200円（税込）

▶電子版も配信予定　★2023年3月下旬刊行

レストランにすっかり定着したドリンクペアリング。「ロジックで合る」ことを意識すると、より精度の高い組合せが可能になる。本はペアリングの第一人者である著者が、味覚のメカニズムにのっアルコール分やフレーバーなどドリンク特有の要素も加味したング方法を紹介。実際のレストラン営業を前提に、誰もが論理最適解にたどり着ける手法を解説する。

最適な包丁を知ることは、最高の味を作ること

この一冊でもう迷わない
包丁・砥石の選びかた 使いかた 育てかた

柴田書店編　藤原将志監修
B5変型判 144頁 ●定価2,860円（税込）★2023年3月初旬刊行

いかに包丁を選び、使い、育てるか。これを知ることはすなわち、食材の味を根本から変えること。料理のレベルを数段階引き上げること。この一冊で、最適な包丁選びの方法、使い方、メンテナンスの仕方を指南する。

［取材協力］（一社）日本研ぎ文化振興協会／辻調理師専門学校／釜浅商店／（協組）岐阜関刃物会館／㈱スミカマ／三条鍛冶道場／藤次郎㈱／堺刃物商工業協同組合連合会／堺市産業振興センター／中川打刃物／タケフナイフビレッジ／㈱高村刃物製作所

発酵、熟成、フリーズドライ……食の知恵と技の宝庫

古くて新しい**日本の伝統食品**

陸田幸枝著、大橋 弘写真
A5判 560頁 ●定価3,300円（税込）▶電子版も配信中

月刊『専門料理』で連載していた「日本の伝統食品」から梅干し、切干し大根、鯖へしこ、ねさし味噌、栃餅、鰯の焼き干しなど、101の品をまとめた一冊。著者が日本各地を訪ね、集めたつくり手たちの声と姿は貴重で、資料的価値も高い。

人気資格のバイブル、新年度版の登場！

新・フードコーディネーター
教本 2023 3級資格認定試験対応テキスト

日本フードコーディネーター協会著　A5判 352頁 ●定価3,300円（税込）

2023年度版では、文部科学省による「日本食品標準成分表」の改定を受けて、ビタミンと無機質（ミネラル）の一覧表を大幅に刷新。さらに、プロトコール（国際儀礼）や礼装の目安、テーブルマナーについても、これからの時代に合わせて内容をアップデートした。

ご注文方法

① お近くの書店へご注文ください
② 柴田書店カスタマーセンターへご注文ください
　TEL 03-5817-8370　FAX 03-5816-8281（営業時間 平日9:30～17:30）
③ インターネットより柴田書店へご注文ください
　小社ホームページ　https://www.shibatashoten.co.jp

11 165℃のコンベクションオーブンで約10分焼成する。天板の手前と奥を入れ替え、約5分焼成する。いったん取り出してオーブンシートごと重石をはずし、3分焼成する。焼成時間は計約18分。セルクルをはずし、室温で冷ます。

ビスキュイ・ジョコンド・センチャ

1 ボウルに全卵と転化糖を入れて湯煎にかけ、約40℃にする。

2 ミキサーボウルにアーモンドパウダー、粉糖A、薄力粉、①を入れ、ビーターを付けた低速のミキサーで粉けがなくなるまでざっと混ぜる。高速に切り替え、白っぽくふんわりとするまで撹拌する。

＊全卵と転化糖を温めてから粉類と混ぜること。冷たいままだと混ざりにくく、乳化に時間がかかる。撹拌時間が長くなるとアーモンドパウダーから油分が出すぎて、ぺったりした状態になってしまう。

3 中速に切り替えてキメをととのえる。ボウルに移す。

4 別のミキサーボウルに卵白と粉糖Bを入れ、ホイッパーでざっと混ぜ合わせてから、高速のミキサーで撹拌する。ホイッパーですくうとふんわりやわらかい角が立てばOK。

＊砂糖の量が少なめなので、泡立ちは若干ゆるい。

5 ③に煎茶を加え、ゴムベラで混ぜる。すぐに④を5〜6回に分けて加え、そのつど底からすくうようにして混ぜる。

6 約60℃の溶かしバターを加えながら、つやが出て均一な状態になるまで手早く混ぜる。

7 作業台にシルパットを敷き、57×37cm×高さ8mmのシャブロン型をのせる。⑥を流し、L字パレットナイフで平らにならす。

8 バールをシャブロン型にあてながら手前から奥へ、奥から手前へとすべらせるように動かし、平らにならす。

9 シャブロン型を静かにはずし、シルパットごと天板にのせる。

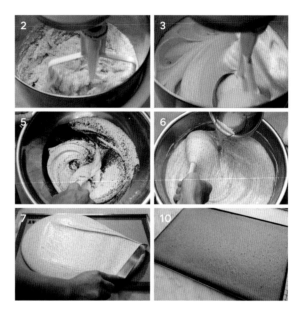

10 180℃のコンベクションオーブンで約9分焼成する。天板の手前と奥を入れ替え、約3分焼成する。焼成時間は計約12分。シルパットごと網にのせ、そのまま室温で冷ます。

シロ・ア・アンビベ・センチャ

1 鍋に水を入れて火にかけ、沸騰したら火を止めて煎茶を加え混ぜる。ふたをして、10分おいて香りを抽出する。

2 網で漉してボウルに移す。網に残った茶葉をゴムベラで上からギュッと押さえて抽出液をしっかりと絞る。

＊しっかりと煎茶のエキスを抽出。煎茶の渋味が少し出るくらいがよい。

3 計量し、水の分量（100g）より足りない分は水を足す。

4 鍋に③とグラニュー糖を入れて火にかけ、沸騰させる。

5 沸騰したらすぐに火から下ろし、ボウルに移して底を氷水にあてて粗熱をとる。コニャックを加え混ぜる。

ジュレ・ド・マンダリン（デコレーション）

1 耐熱容器にマンダリンオレンジのピュレと濃縮ピュレを入れ、電子レンジで約30℃になるまで温める。

2 レモン果汁を加えてゴムベラで混ぜる。

3 グラニュー糖を加え混ぜる。

4 別の耐熱容器に板ゼラチンを入れ、電子レンジで溶かす。③の約3分の1量を加え混ぜる。

5 ③の残りを加え混ぜる。

6 フィルムを張り付けた縁なしのプラックに37×28.5cm×高さ2
mmのシャブロン型をのせ、テープで固定する。⑤を流し、ゴ
ムベラで広げる。急冷する。
 ＊気泡が入った場合は、アルコールスプレーを吹きつけて気泡を消す。
7 ジュレとシャブロン型の間にペティナイフをさし入れて型をは
ずし、直径4cmの丸型で抜く。フィルムごと冷凍する。

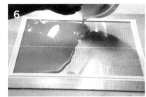

ジュレ・ド・センチャ（デコレーション）

1 鍋に水と牛乳を入れて火にかけ、沸騰したら火を止めて煎
茶を加え混ぜる。ふたをして、10分おいて香りを抽出する。
 ＊牛乳はデコレーションとして少しマットな質感にするために加える。
2 網で漉してボウルに移す。網に残った茶葉をゴムベラでギュ
ッと押さえて抽出液をしっかりと絞る。
 ＊しっかりと煎茶のエキスを抽出。煎茶の渋味が少し出るくらいがよい。
3 計量し、水と牛乳を合わせた分量（490g）に足りない分は同
じ配合率（水41：牛乳8）で水と牛乳を足す。
4 グラニュー糖を加え混ぜる。
5 耐熱容器に板ゼラチンを入れ、電子レンジで溶かす。④の
約3分の1量を加え混ぜる。
6 ④の残りを加え混ぜる。
7 フィルムを貼り付けた縁なしのプラックに37×28.5cm×高さ2
mmのシャブロン型をのせ、テープで固定する。⑥を流し、ゴ
ムベラで広げる。急冷する。
 ＊気泡が入った場合は、アルコールスプレーを吹きつけて気泡を消す。
8 ジュレとシャブロン型の間にペティナイフをさし入れて型をは
ずし、直径4cmの丸型で抜く。フィルムごと冷凍する。
 ＊型抜きの際に割れやすいので型をゆっくり押し付けること。

組立て1

1 フィルムを貼り付けて冷やした縁なしのプラックに、直径20cm
のセルクルを置く。ジュレ・ド・センチャ（デコレーション）を
輪になるように8個並べ、中央に1枚置く。
2 ジュレ・ド・マンダリン（デコレーション）を①のジュレ・ド・
センチャの間に少しずつ重ねるようにして計12枚並べる。
 ＊ねっとりとしてフィルムがはがれにくいが、ていねいに手早くはがす。
3 ②のジュレが少し解凍されて①のジュレに密着するまで室温
に置く。セルクルをはずし、急冷する。
4 ③にシャブロン型を置く。ジュレに7分立てのクレーム・シャ
ンティをのせ、パレットナイフでざっと円形にならす。バール
を両端のシャブロン型にあてながら手前から奥へ、奥から手
前へとすべらせるように動かし、平らにならす。
 ＊クレーム・シャンティは、ジュレが少し透けて見えるくらいの厚さにするこ
と。厚いとジュレが見えず、あとでセルクルをのせる際にジュレの位置が
わからなくなってしまう。

5 ジュレの位置を確認しながら、直径20×高さ2cmのセルクル
をかぶせて押し付ける。そのまま急冷する。

ジュレ・ド・センチャ

1 鍋に生クリーム、牛乳、水を入れて火にかけ、沸騰したら火
を止めて煎茶を加え混ぜる。ふたをして、10分おいて香りを
抽出する。
2 2回に分けて網で漉してボウルに移す。網に残った茶葉をゴ
ムベラでギュッと押さえて抽出液をしっかりと絞る。
 ＊煎茶の量が多いので、2回に分けて漉してしっかりと煎茶のエキスを抽出
する。煎茶の渋味が少し出るくらいがよい。
3 計量し、生クリームと牛乳と水を合わせた分量（800g）に足
りない分は同じ配合率（生クリーム2：牛乳1：水1）で生クリー
ム、牛乳、水を足す。

4 グラニュー糖を加え混ぜる。

5 耐熱容器に板ゼラチンを入れ、電子レンジで溶かす。④を3回に分けて少しずつ加え、そのつど混ぜる。

6 ボウルに移して底を氷水にあて、ゴムベラで混ぜながらとろみがつくまで冷やす。

　＊ 粘度がないと組み立てた際にビスキュイ・ジョコンド・センチャが吸収しすぎてしまう。吸収されすぎないようにとろみをつける。

組立て2

1 耐熱容器にホワイトチョコレートとカカオバターを入れ、電子レンジで溶かし、約35℃に調整する。

2 パート・シュクレ・センチャの内側と縁に①を刷毛で薄く塗り、穴があればふさぐ。室温において固める。

3 ビスキュイ・ジョコンド・センチャを直径18㎝のセルクルで抜く。

4 ②にジュレ・ド・センチャを8分目の高さまで流す。冷蔵庫で冷やし固める。

5 ③を焼き面が下になるようにのせ、指で軽く押さえて密着させる。

6 シロ・ア・アンビベ・センチャを刷毛で打つ。冷蔵庫で冷やし固める。

ムース・マンダリン

1 ボウルに卵黄とグラニュー糖を入れてすり混ぜる。

2 銅鍋にマンダリンオレンジのピュレと濃縮ピュレを入れて火にかけ、ゴムベラで混ぜながら沸騰直前まで加熱する。

3 ①に②の約3分の1量を加え、泡立て器で混ぜる。

4 ②の銅鍋に③を戻し入れて弱火にかけ、クレーム・アングレーズの要領で、ゴムベラで混ぜながら82℃になるまで炊く。

5 火から下ろし、網で漉してボウルに入れる。

　＊ とろみがあって網をとおりにくい。ゴムベラで押さえると手早く漉せる。

6 板ゼラチンを加え混ぜる。ボウルの底を氷水にあてて混ぜながら粗熱をとる。

7 ⑥と同時進行で、銅鍋に水とグラニュー糖を入れて火にかけ、118℃になるまで加熱する。

8 ⑥と同時進行で、ミキサーボウルに卵白を入れ、ホイッパーを付けた低速のミキサーで撹拌する。⑦が100℃に達したら中速に切り替え、白っぽくふんわりとするまで撹拌する。

9 ⑧に⑦をそそぎ入れながら撹拌を続け、⑦をすべて入れたら高速に切り替えてしっかりと泡立てる。中低速に切り替えてキメをととのえ、約40℃になるまで冷ます。ボウルに移す。

　＊ この時点では約40℃にする。しっかりと冷めるまでミキサーで撹拌すると、目の詰まった重いメレンゲになってしまう。

10 ⑥にオレンジのリキュールを加え、ゴムベラで混ぜる。ボウルの底を氷水にあて、約22℃まで冷やす。

11 ⑨に7分立てにした生クリームの約3分の1量を加え、泡立て器でざっと混ぜる。残りの生クリームも加え、ダマにならないように混ぜる。

12 ⑪に⑩を加え混ぜる。ゴムベラに持ち替えてムラなく混ぜる。

組立て3・仕上げ

1 組立て1の⑤にムース・マンダリンを流し、スプーンで平らにならす。急冷する。

　＊ 冷凍すると中央部分が沈むので、中央を少し高くならす。

2 プラックに①を裏返して置き、上からナパージュ・ヌートルを流し、パレットナイフで薄く塗り広げる。急冷する。

3 円柱状の容器に②をのせてセルクルの側面をガスバーナーで軽く温め、セルクルを下にずらしてはずす。

4 組立て2の⑥にのせる。冷蔵庫に置いてゆっくり解凍する。

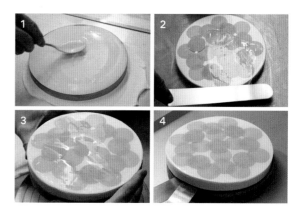

ル・ブラン

Le Blanc

グラン・ヴァニーユ

grains de vanille

質感や色調の異なる白色が上品で美しい。ベルガモットを主役とし、メレンゲ、ムース、ビスキュイの3つのパーツで、そのおだやかな酸味とほのかな苦味を表現した。立体的に飾った厚さ5〜6㎜のメレンゲはベルガモットのピュレをたっぷり加えて焼き、サクッと繊細な歯ざわりとスッと溶ける口溶けを感じると同時に爽快感のある酸味が口いっぱいに広がる仕掛けに。ムースはゼラチンの量を減らし、ホワイトチョコの凝固作用を生かしてまったりとしたテクスチャーにすることで、ほどよく口の中に残り、ホワイトチョコのやさ

しい甘味とヨーグルト特有のさわやかさが柑橘の風味に寄り添う。ふわりとしたビスキュイにはベルガモットの皮をプラス。ゆっくりとほどけて余韻をのばし、最初から最後までベルガモットが印象的に香る。見た目からは想像できない色鮮やかなブルーベリーのエアリーなムースととろりとしたコンポートの濃厚な果実味は味にメリハリを出しつつ、ベルガモットの風味と交じり合う。「主役の素材の魅力をシンプルに伝えたい」と津田励祐シェフ。"素材らしさ"を打ち出しながら風味も食感も調和のとれた菓子を追求している。

エディブルフラワー

真っ白なパーツとの統一感を出しつつ、控えめながら可憐かつ華やかな雰囲気をかもす。

グラサージュ・ブラン・ショコラ

ゼラチンやナパージュ、グルコースなどを配合したムースの口あたりに合うとろりとしたテクスチャー。ホワイトチョコレートと牛乳で、乳味を感じるやさしい甘みを加える。

ビスキュイ・ダマンド

ムースと同じくらい口溶けのよい生地をめざし、フレンチメレンゲをたっぷりと配合。しっかりと甘みを出し、アーモンドのこうばしさを加えることで全体に奥行を与え、食べごたえにもつなげた。外見からはイメージしづらいふわふわの食感が驚きも誘う。

コンポート・ミルティーユ

とろりと流れ出すほどゆるやかなテクスチャーのなかに、ごろっと入ったブルーベリーの実のやわらかな口あたりをところどころで感じ、ジューシーな果実感を印象づける。デザートのソースのようなイメージで組み込んだ。

ムース・ベルガモット

チョコレートの凝固作用を生かして板ゼラチンの量を減らした。板ゼラチンを通常量加えると、プルンとした食感になりがちだが、ホワイトチョコレートを使うことで、とろり、まったりとした食感に。さわやかなベルガモットの風味がゆっくりと花開く。

ムラング・ベルガモット

サクッと軽やかな歯ざわりと、スッと消える口溶けのよさで食感のアクセントに。溶けると同時に放たれるベルガモットの風味が鼻に抜ける。ランダムに割って飾ることで、風味や食感、見た目でもリズムを感じさせる。

ムース・ミルティーユ

卵黄を使わず、イタリアンメレンゲをたっぷり加えることで、キメが細かくエアリーなテクスチャーながら、ブルーベリーのフレッシュな果実味をしっかりと表現。ベリーの甘ずっぱさが柑橘の酸味とハーモニーを奏でる。

材料 　直径6.5cm・30個分

ビスキュイ・ダマンド
《60×40cmの天板1枚分》
アーモンドパウダー…85g
粉糖…85g
ベルガモットの皮…8.8g
卵黄*1…68g
卵白A*1…51g
卵白B*2…170g
グラニュー糖…102g
薄力粉…80.75g
*1 合わせて混ぜる。*2 2～3℃の冷蔵庫で冷やす。

アンビバージュ
シロップ(ボーメ30度)…50g
水…35g
ジン…30g
※ボウルに材料をすべて入れて混ぜる。

ムース・ミルティーユ
ブルーベリーのピュレ
(冷凍・ボワロン社)…264.3g
グラニュー糖A…13.4g
レモン果汁…5.6g
グラニュー糖B…40.3g
水…12.3g
卵白…21.3g
板ゼラチン*1…6.7g
キルシュ…38.1g
生クリーム(乳脂肪分35%)*2…192.6g
*1 冷水でもどす。*2 8分立てに泡立てる。

コンポート・ミルティーユ
ブルーベリー(冷凍)…180g
ブルーベリーのピュレ(冷凍・ボワロン社)…90g
グラニュー糖…75g
板ゼラチン*…3.5g
レモン果汁…6g
*冷水でもどす。

ムース・ベルガモット
ベルガモットのピュレ(ボワロン社)…135.6g
ベルガモットの皮…12.3g
ヨーグルト…135.6g
加糖卵黄(加糖20%)…64g
グラニュー糖…22.4g
板ゼラチン*1…6g
ホワイトチョコレート
(ヴァローナ「オパリス」)…205g
ヨーグルトのリキュール…50g
生クリーム(乳脂肪分35%)*2…450g
*1 冷水でもどす。*2 8分立てに泡立てる。

グラサージュ・ショコラ・ブラン
《つくりやすい分量》
水…80g
牛乳…100g
グラニュー糖…115g
トレハロース…115g
グルコース…214g
板ゼラチン*…16g
ホワイトチョコレート
(ヴァローナ「イヴォワール」)…260g
ミロワール・ナチュール…100g
二酸化チタン…1g
*冷水でもどす。

ムラング・ベルガモット
《つくりやすい分量》
卵白…45g
乾燥卵白(ソーサ社「アルブミナ」)…1g
ベルガモットのピュレ(ボワロン社)…30g
グラニュー糖A…75g
ベルガモットのオイル…0.5g
グラニュー糖B…75g

仕上げ
《1個分》
エディブルフラワー…3個
粉糖…適量

つくり方

ビスキュイ・ダマンド

1　ミキサーボウルにアーモンドパウダーと粉糖、ベルガモットの皮を入れ、卵黄と卵白Aを少しずつ加えながらホイッパーを付けた中速のミキサーで撹拌する。
2　高速に切り替え、白っぽくふんわりとするまで撹拌する。
　＊ ホイッパーですくうとスーッとリボン状に落ちる状態にする。
3　別のミキサーボウルに卵白Bとグラニュー糖を入れ、ホイッパーですくうとピンと角が立つ状態になるまで撹拌する。
　＊ 卵白はかならず冷やすこと。冷えていないと、キメが不均一になって状態が安定しない。
4　ボウルに②と③の3分の1量を入れ、薄力粉を少しずつ加えながらゴムベラで底からすくうようにして混ぜる。
5　③の残りを加え混ぜる。
　＊ できるだけ気泡をつぶさないように、底からすくうようにしてさっくりと混ぜる。天板に流して広げる際に混ざっていくので、多少ムラがあってもOK。
6　オーブンシートを敷いた60×40cmの天板に⑤を流し広げる。
7　220℃のコンベクションオーブンで3分焼成し、天板の手前と

奥を入れ替え、3分焼成する。焼成時間は計6分。オーブンシートごと網にのせ、室温で粗熱をとる。

コンポート・ミルティーユ

1 鍋にブルーベリーとブルーベリーのピュレ、グラニュー糖を入れて火にかけ、ゴムベラで混ぜながらひと煮立ちさせる。
　＊フレッシュな果実味を生かしたいので、ぐつぐつとしたらすぐに火を止める。
2 板ゼラチンとレモン果汁を順に加え、そのつどゴムベラで混ぜる。
3 ボウルの底を氷水にあてて冷ます。
4 直径3×高さ2cmのシリコン型にスプーンで12gずつ入れる。冷凍する。

ムース・ミルティーユ

1 ボウルにブルーベリーのピュレを入れて火にかける。ピュレが溶けたらグラニュー糖Aを加えて泡立て器で混ぜ溶かし、火を止める。レモン果汁を加え混ぜる。
　＊火を入れすぎるとフレッシュな果実味がとんでしまう。冷凍のピュレが溶けたらすぐにグラニュー糖を混ぜ溶かして火を止める。
　＊レモンで酸味を補充する。
2 鍋にグラニュー糖Bと水を入れて火にかけ、ボーメ117度になるまで煮詰める。
3 ミキサーボウルに卵白を入れ、ホイッパーを付けた高速のミキサーで白っぽくふんわりとするまで撹拌する。
4 ②を少しずつ加えながら、ホイッパーですくうとピンと角が立つ状態になるまで撹拌する。ゴムベラでさっくりと混ぜて大きな気泡をつぶし、キメをととのえる。冷凍庫で冷やす。
　＊熱々のシロップを入れたら冷える前にしっかりと泡立て、すぐに冷やすと劣化しにくい。ただし、冷やしすぎるとあとで板ゼラチンを合わせる際に板ゼラチンが溶けなくなってしまうので、指でふれて冷たいと感じる温度にすること。
5 ボウルに板ゼラチンとキルシュを入れ、泡立て器で混ぜる。
6 ⑤に①の半量を加え混ぜる。これを①のボウルに戻して混ぜる。

7 ボウルに8分立てにした生クリームと④を入れ、ざっと混ぜる。
　＊2割くらい混ざればOK。
8 ⑥の3分の1量を加え、全体が均一になるまでしっかりと混ぜる。
　＊ダマができないように、ここでしっかりと混ぜる。
9 ⑥の残り半量を加え、底からゴムベラですくうように混ぜる。
10 ⑥の残りを加え混ぜる。

組立て1

1 ビスキュイ・ダマンドのオーブンシートをはがし、焼き面を上にする。四方の端をナイフで切り落とす。
2 作業台に①を横長に置き、縦にナイフを入れて幅19.5cmずつに切る（3枚できる）。
3 全体に茶漉しで粉糖（分量外）をふる。切り分けた生地のうち1枚を横長に置き、縦にナイフを入れて幅1.7cmずつに切り、19.5×1.7cmの帯状の生地を30本つくる。
4 残りの生地は、直径5cmのセルクルで抜く。
5 直径6.5×高さ2cmのセルクルをプラックに並べる。③に粉糖をふり、セルクルの内側側面に焼き面を内側にして沿わせる。
6 コンポート・ミルティーユを中央に入れる。
7 口径10mmの丸口金を付けた絞り袋にムース・ミルティーユを入れ、生地の高さいっぱいまで絞る。
8 作業台にプラックごと軽く打ちつけて空気を抜く。スプーンで中央が少しへこむようにムースをならす。
　＊このあと底生地になる円形のビスキュイ・ダマンドをのせた時に、ムースがあふれ出ないようにするため、ムースの中央を少しへこませてならす。
9 ボウルにアンビバージュを入れ、④の直径5cmの生地をくぐらせて⑧に焼き面が下になるようにしてのせ、軽く押さえる。
10 フィルムとプラックをかぶせて、上面を平らにする。急冷する。

ムース・ベルガモット

1 鍋にベルガモットのピュレと皮、ヨーグルトを入れて火にかけ、ゴムベラで混ぜながら沸騰させる。
2 ボウルに加糖卵黄とグラニュー糖を入れて泡立て器で混ぜる。
3 ②に①の約3分の1量を加え混ぜる。これを①の鍋に戻す。
4 ③を火にかけ、ひと煮立ちさせる。
　＊ 殺菌のため、沸騰させて卵にしっかりと火を入れる。
5 火から下ろし、板ゼラチンを加え混ぜる。
6 ボウルにホワイトチョコレートを入れ、⑤をシノワで漉して加える。ゴムベラでざっと混ぜ、ホワイトチョコレートを溶かす。
7 スティックミキサーで撹拌し、乳化させる。
8 氷水にあて、ゴムベラで混ぜながら35～36℃に調整する。
9 ヨーグルトのリキュールを加え混ぜる。
10 8分立てにした生クリームを少量入れ、泡立て器で混ぜる。
11 別のボウルに残りの生クリームと⑩の半量を入れて混ぜる。
12 残りの⑩を加え混ぜ、ゴムベラに持ち替えてしっかりと混ぜる。
　＊ とろんとした、やわらかいテクスチャーになる。

13 プラックに直径6.5×高さ1.7cmのセルクルを並べ、内側側面にフィルムを沿わせる。口径10mmの丸口金を付けた絞り袋に⑫を入れ、セルクルに35gずつ絞る。急冷する。
　＊ 丸口金の口径は10mmに。小さすぎると絞っている間に気泡がつぶれやすく、大きすぎると分量の調節がしづらい。

グラサージュ・ショコラ・ブラン

1 鍋に、水、牛乳、グラニュー糖、トレハロースを入れて火にかけ、泡立て器で混ぜながら加熱する。
2 グラニュー糖が溶けたら、グルコースを加えて沸騰させ、ゴムベラで混ぜながらとろみがつくまで加熱する。
3 火から下ろし、板ゼラチンを加え混ぜる。
4 ボウルにホワイトチョコレートを入れ、③をシノワで漉して加える。ゴムベラでざっと混ぜ、ホワイトチョコレートを溶かす。
5 スティックミキサーで撹拌し、乳化させる。

6 ミロワール・ナチュールと二酸化チタンを加え、ゴムベラで均一になるまで混ぜる。ラップをかけて密着させ、冷蔵庫に1晩置く。

ムラング・ベルガモット

1 ミキサーボウルに卵白、乾燥卵白、ベルガモットのピュレを入れ、ホイッパーを付けた高速のミキサーで撹拌する。
　＊ ベルガモットの風味を強調させるため、ピュレをたっぷり配合。水分量が多くなるので、卵白のみだと気泡がつぶれやすく、安定しにくい。気泡をしっかりと抱き込む乾燥卵白を加えることで、安定性を高める。
2 グラニュー糖Aを少しずつ加え混ぜる。
3 ベルガモットのオイルを加え、ホイッパーですくうとピンと角が立つ状態になるまで撹拌する。

4 グラニュー糖Bを加え、ゴムベラでさっくりと混ぜる。
5 オーブンシートを敷いた天板に厚さ5～6mmになるように広げ、95℃のコンベクションオーブンで約90分焼成する。

組立て2・仕上げ

1 ムース・ベルガモットのセルクルを外し、フィルムをはがす。
2 バットに網を重ねて①をのせ、グラサージュ・ショコラ・ブランをかける。
3 パレットナイフで余分なグラサージュ・ショコラ・ブランを除く。
4 組立て1の⑩のセルクルをはずし、裏返して生地が下になるように置く。
5 ④に③をパレットナイフでのせる。
6 ムラング・ベルガモットを適当な大きさに割り、粉糖をふる。
7 エディブルフラワーと⑥をピンセットで飾る。

ポム・プラリネ
Pomme Praliné

モンサンクレール
Mont St. Clair

土台に組み込んだリンゴのギモーブが食感の主役。パフッ、もちもちとしたギモーブは、サクッとしたシュトロイゼルやパリッとしたブロンドチョコレートのコーティング、リンゴやキャラメル、ピーカンナッツで構成したとろっとしたムースやソースとの対比を成しながら、咀嚼するうちに弾力がほどけ、なめらかなクリームのように変化。リンゴやナッツなどの風味の余韻とともに消えていく。「つきたての餅を思わせるギモーブに生菓子のパーツとしての可能性も感じます」と辻口博啓シェフ。日本人になじみ深い食感をフランス菓子に融合させ、独創的な1品に仕立てた。

材料

パータ・シュトロイゼル・ショコラ

《20個分》
バター*1…90g
グラニュー糖…45g
カソナード…45g
塩…1.5g
アーモンドパウダー…72g
薄力粉*2…45g
強力粉*2…45g
カカオパウダー*2…15g

*1 ポマード状にする。*2 合わせてふるう。

ギモーブ・ポム

《つくりやすい量》
A　リンゴジュース
　　（青研「葉とらずりんご」）…85g
　　グラニュー糖…90g
　　トレハロース…45g
　　転化糖A（トリモリン）…50g
　　水アメ（林原「ハローデックス」）…15g
　　レモン果汁…15g
転化糖B（トリモリン）*1…65g
粉ゼラチン*2…10g
水*2…25g
青リンゴのリキュール…12.5g

*1 湯煎にかけてやわらかくする。
*2 合わせて粉ゼラチンをふやかす。

カバーリング・ショコラ・ブロンド

《つくりやすい量》
ブロンドチョコレート
（カレボー「ゴールドチョコレート」
カカオ分30.4%）*1…500g
カカオマス…5g
太白胡麻油…90g
アーモンドダイス（ロースト）…70g
カカオニブ*2…5g

*1 テンパリングする。*2 くだく。

パート・ド・プラリネ・ペカン

《つくりやすい分量》
グラニュー糖…133g
ピーカンナッツ…250g

ソース・プラリネ・ペカン

《21個分》
パート・ド・プラリネ・ペカン
…上記より84g
リンゴジュース…42g

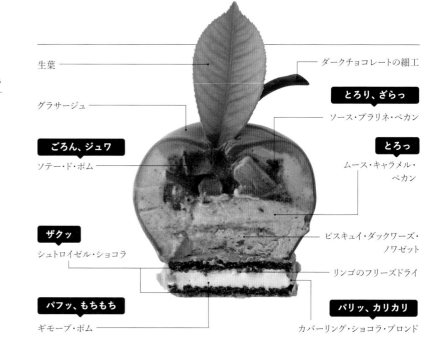

生葉
グラサージュ

ごろん、ジュワ
ソテー・ド・ポム

ザクッ
シュトロイゼル・ショコラ

パフッ、もちもち
ギモーブ・ポム

ダークチョコレートの細工

とろり、ざらっ
ソース・プラリネ・ペカン

とろっ
ムース・キャラメル・
ペカン

ビスキュイ・ダックワーズ・
ノワゼット

リンゴのフリーズドライ

パリッ、カリカリ
カバーリング・ショコラ・ブロンド

ソテー・ド・ポム

《20個分》
グラニュー糖A…18g
バター…18g
リンゴ（紅玉）*…350g
グラニュー糖B…52g
カルバドス…8g
リンゴのコンサントレ（濃縮ピュレ）…135g

*皮をむかずに約1.3cm角に切る。

ビスキュイ・ダックワーズ・ノワゼット

《60×40cmの天板1枚分》
卵白…380g
グラニュー糖…60g
ヘーゼルナッツパウダー*…115g
アーモンドパウダー*…115g
薄力粉*…75g
粉糖*…250g

*合わせてふるう。

ムース・キャラメル・ペカン

《約25個分》
パータ・ボンブ
　グラニュー糖A…120g
　湯（約100℃）…100g
　グラニュー糖B…190g
　卵黄…145g
　ゼラチン・マス*1…以下より60g
　　粉ゼラチン（新田ゼラチン「ゼラチンシルバー」）…48g
　　水…192g
パート・ド・プラリネ・ペカン…左記より90g
カカオバター…30g
クレーム・フエッテ*2…320g

グラサージュ

《つくりやすい量》
生クリーム（乳脂肪分35%）…400g
トレハロース…300g
水アメ（林原「ハローデックス」）…200g
ホワイトチョコレート
（カレボー「ベルベット」）…300g
ゼラチン・マス*…166g
ナパージュ・ヌートル（ピュラトスジャパン
　「ミロワール・ヌートル」）…880g
コンデンスミルク…250g
色素（赤、緑、黄、金、銀）…各適量

*ムース・キャラメル・ペカンの
ゼラチン・マスと同様につくる。

組立て・仕上げ

《1個分》
リンゴのフリーズドライ（自家製）…適量
ダークチョコレート…適量
生葉…1枚

*1 粉ゼラチンと水を合わせて粉ゼラチンをふやかす。
冷蔵で3日間保存可能。
*2 生クリーム（乳脂肪分35%）を7分立てに泡立てる。

つくり方

パータ・シュトロイゼル・ショコラ

1 ミキサーボウルにバターを入れ、ビーターを付けた低速のミキサーで撹拌する。

2 グラニュー糖、カソナード、塩を加え混ぜる。

3 アーモンドパウダーを加え、全体が均一になるまで混ぜる。

4 合わせてふるった薄力粉、強力粉、カカオパウダーを加え、全体が均一になるまで混ぜる。

5 シーターにとおして厚さ2mmにのばし、ピケローラーでピケする。

6 直径4.5cmの丸型で抜く。シルパンを敷いた天板に並べ、上からもシルパンをかぶせる。

7 150℃のコンベクションオーブンで約18分焼成する。

＊平らに焼き上げるため、シルパットをかぶせる。余計な焼き色もつかないので、素材の風味を生かすこともできる。

ギモーブ・ポム

1 鍋にAを入れて強火にかけ、106℃になるまで加熱する。

＊味の決め手はリンゴジュース。しっかりとした風味の製品をセレクトした。レモン果汁で酸味を補うことで、リンゴの酸味の輪郭を引き立てている。

＊トレハロースは甘味を抑えるため、ハローデックスは保湿のために配合。

2 ミキサーボウルに、転化糖Bと水でふやかした粉ゼラチンを入れ、ホイッパーを付けた高速のミキサーで撹拌する。白っぽく泡立ってきたら少しずつ①を加え混ぜる。

3 ツヤが出てきたら、青リンゴのリキュールを加え混ぜる。

カバーリング・ショコラ・ブロンド

1 ボウルにすべての材料を入れ、ゴムベラで混ぜる。

＊リンゴの風味を生かすため、ほんのりキャラメルの風味がするブロンドチョコレートをセレクト。

2 電子レンジで30℃前後に調整する。

組立て1

1 OPPフィルムを敷いたプラックに、パータ・シュトロイゼル・ショコラの半量を並べる。

2 口径10mmの丸口金を付けた絞り袋にギモーブ・ポムを入れ、①のパータ・シュトロイゼル・ショコラの中央に、縁を少しあけて3gずつ球状に絞る。

3 リンゴのフリーズドライを1つまみずつのせる。

4 ③の上にパータ・シュトロイゼル・ショコラの残りを1枚ずつのせ、2枚の生地でギモーブ・ポムを挟む。

5 バットを重ねて④にのせ、しばらく置いて平らにする。

6 ⑤をトランペ用フォークにのせ、ボウルに入れて30℃前後に調整したカバーリング・ショコラ・ブロンドに浸して持ち上げ、OPPシートを敷いた天板に並べる。冷蔵庫で冷やし固める。

パート・ド・プラリネ・ペカン

1 鍋にグラニュー糖を入れて強火にかけ、明るい茶色になるまで加熱してキャラメリゼする。

＊リンゴのやさしい酸味や甘味を生かすため、キャラメリゼは苦味が出ないように浅めに仕上げる。

2 火を止めてピーカンナッツを入れ、ゴムベラでからめる。シルパットに広げ、室温で粗熱をとる。

3 フードプロセッサーでペースト状にする。

ソース・プラリネ・ペカン

1 ボウルにパート・ド・プラリネ・ペカンとリンゴジュースを入れ、ゴムベラで混ぜる。
2 絞り袋に①を入れて先端をハサミで切り、直径4×高さ2cmのシリコン製の丸型に6gずつ絞る。冷蔵庫で冷やし固める。

ソテー・ド・ポム

1 フライパンにグラニュー糖Aを入れて中火にかけ、薄い茶色に色づいたらバターを加えて溶かす。
  ＊バターを加えると全体の温度が下がるので、これ以上は色づかない。
2 約1.3cm角の皮付きのリンゴを加え、ゴムベラでからめる。
3 グラニュー糖Bを加え、全体を混ぜながら、リンゴがやわらかくなるまでソテーする。
  ＊キャラメルの風味を強調させすぎずに、甘味を補強するため、あとからグラニュー糖を加える。キャラメルの風味が強いとリンゴの味わいが弱くなってしまう。
  ＊混ぜるのは焦げ付かないようにするため。リンゴがつぶれないように注意。
4 カルバドスを加え、さっとフランベする。火から下ろす。
  ＊リンゴの香りを補強するためにカルバドスを香らせる。焦がしすぎるとリンゴの風味が弱くなってしまうので、手ばやくフランベすること。
5 リンゴのコンサントレを加え混ぜる。
6 ソース・プラリネ・ペカンを絞り入れた丸型に⑤をスプーンで20gずつ入れる。冷凍庫で冷やし固める。

ビスキュイ・ダックワーズ・ノワゼット

1 ミキサーボウルに卵白とグラニュー糖を入れ、ホイッパーを付けた高速のミキサーで攪拌する。
2 ①に粉類を加え、粉けがなくなるまでゴムベラで混ぜる。
3 オーブンシートを敷いた60×40cmの天板に②を流し、L字パレットナイフで広げて平らにする。
4 200℃のコンベクションオーブンで12～14分焼成する。室温で粗熱をとる。直径3.5cmの丸型で抜く（厚さは約5mm）。

ムース・キャラメル・ペカン

1 パータ・ボンブをつくる。鍋にグラニュー糖Aを入れて中火にかけ、薄い茶色に色づくまで加熱してキャラメリゼする。
2 湯を加え、温度の上昇を抑える。
  ＊焦がしすぎないように注意。
3 グラニュー糖Bを加え、118℃になるまで加熱する。
  ＊ほんのりキャラメルの風味がついたシロップをつくる。
4 ③と同時進行でミキサーボウルに卵黄を入れ、ホイッパーを付けた高速のミキサーで攪拌をはじめる。少し泡立ってきたら③を少しずつ加え、白っぽくなるまで攪拌する。
5 耐熱容器にゼラチン・マスを入れ、電子レンジで温めて溶かす。
6 ④に⑤を加え混ぜ、ミキサーを止める。
7 ボウルにパート・ド・プラリネ・ペカンとカカオバターを入れて湯煎にかけ、ゴムベラで混ぜながら約40℃にする。
8 ⑥に⑦を加え、全体が均一になるまで混ぜる。
9 別のボウルに7分立てにしたクレーム・フエッテを入れ、⑧の半量を加えてゴムベラで底からすくうようにして混ぜる。
10 ⑧の残りを加え混ぜる。

組立て2

1　絞り袋にムース・キャラメル・ペカンを入れて先端をハサミで切り、高さ約5.5㎝のシリコン製のリンゴ形の型に40～45gずつ絞り入れる。

2　①に冷やし固めたソース・プラリネ・ペカンとソテー・ド・ポムを、ソース・プラリネ・ペカンが下になるようにしてのせ、指で押し込む。

3　ビスキュイ・ダックワーズ・ノワゼットを焼き面が下になるようにのせ、型の端と同じ高さになるように指で軽く押し込む。スプーンで余分なムースをとり除き、型の縁できれいにすり切る。冷凍庫で冷やし固める。

グラサージュ

1　鍋に生クリーム、トレハロース、水アメを入れて火にかけ、沸騰させる。

2　ボウルにホワイトチョコレート入れ、①を加えてゴムベラで混ぜ、しっかりと乳化させる。

3　耐熱容器にゼラチン・マスを入れ、電子レンジで温めて溶かす。

4　②に③を加え混ぜる。

5　ナパージュ・ヌートルとコンデンスミルクを加え、全体が均一になるまで混ぜる。

6　赤色、緑色、黄色、白色の4色に着色する。赤色をベースにするため、赤色用は多めに、そのほかは少量ずつにして4つに分けて容器に入れ、赤の色素、緑の色素、黄と金の色素、銀の色素を加え混ぜる。使用直前に約30℃にする。

仕上げ

1　リンゴのヘタを模したダークチョコレートの細工をつくる。室温にもどしたダークチョコレートをフードプロセッサーにかけ、全体がやわらかくなってひとまとまりになるまで撹拌する。

2　①を少量とって丸め、手のひらで転がして棒状にし、片方の先端をとがらせる。カーブをつけ、室温で固める。

3　とがらせていないほうの先端をハサミでカットして長さをととのえる。

4　OPPシートを敷いた天板に直径15～20㎝のセルクルを2つ置き、網をのせる。その上にリンゴ形の型をはずした組立て2の③を並べる。

5　ボウルに赤色のグラサージュを多めに入れて、緑色、黄色、白色のグラサージュを少量ずつ加える。
　＊マーブル模様をつけるため、4色を混ぜ合わせないこと。

6　④に⑤をかける。上面中央のくぼみにたまったグラサージュを指で軽くぬぐう。

7　組立て1の⑥をバットなどに並べる。

8　⑥の上面中央のくぼみに竹串をさして、⑦にのせる。
　＊グラサージュが固まる前に竹串をさすこと。

9　竹串を抜き、竹串をさしてできた穴に③をとがらせた先端が下になるようにする。生葉を添えるようにくぼみにさす。

ピスターシュ・グリオット
Pistache Griotte

アン ヴデット
EN VEDETTE

カリッとした糖衣がけのピスタチオ、空気をたっぷりと含ませたふんわりやわらかなビスキュイとなめらかなバタークリーム、キレと立体感を与えるみずみずしいグリオットのジュレとキルシュ漬けを組み合わせ、ナッツとバターという重たい印象になりがちな味わいをテクスチャー構成の妙で軽やかかつ奥深く仕立てた。バタークリームは厚さ2mmと薄めにビスキュイに塗って重くなりすぎないように工夫し、ジュレにはチェリーの果肉を混ぜてリズム感をプラス。「食感は、重さと軽さのバランスをととのえ、より食べやすくする役割もあると思います」と森 大祐シェフ。

カリッ
ピスタチオの糖衣がけ

ジュワッ
グリオットチェリーのシロップ漬け

軽くなめらか
クレーム・オ・ブール・ピスターシュ

ふんわり
ビスキュイ・ピスターシュ

ジュワッ
ジュレ・グリオット

EN VEDETTE

材料

ビスキュイ・ピスターシュ

《60×40cmの天板1枚分》
ピスタチオパウダー
（池伝「DI ピスタチオパウダー」）*1…250g
粉糖*1…250g
全卵*2…275g
卵白…250g
グラニュー糖…75g
薄力粉*3…75g

*1 合わせてふるう。*2 溶きほぐして40℃に調整する。
*3 ふるう。

ジュレ・グリオット

《約18個分》
グリオットチェリーのピュレ…133g
グラニュー糖…33g
グリオットチェリー（冷凍・ホール）…33g
粉ゼラチン*…2.7g
水*…13.5g
キルシュ…8.7g

*合わせて粉ゼラチンをふやかす。

クレーム・オ・ブール・ピスターシュ

《約18個分》
クレーム・オ・ブール…以下より500g
　クレーム・アングレーズ
　　加糖卵黄（加糖20％）…113g
　　グラニュー糖A…95g
　　牛乳…119g
　イタリアンメレンゲ
　　卵白…72g
　　水…48g
　　グラニュー糖B…144g
　バター*…450g
ピスタチオペースト（バビ社）…25g

*室温にもどしてポマード状にする。

ピスタチオの糖衣がけ

《つくりやすい分量》
水…40g
グラニュー糖…120g
ピスタチオダイス*…300g

*150℃のオーブンで約15分ローストする。

組立て・仕上げ

《約18個分》
グリオットチェリーの
キルシュ漬けのシロップ…30g
グリオットチェリーの
キルシュ漬け*…50〜60個

*分量のうちの18個は飾り用。

つくり方

ビスキュイ・ピスターシュ

1 ミキサーボウルに合わせたピスタチオパウダーと粉糖、40℃にした全卵を入れ、ホイッパーを付けた高速のミキサーで撹拌する。ホイッパーの跡がしっかりとつき、すくうととろっと流れて下に積もる程度になったらOK。

*　全卵を40℃まで温めると泡立ちやすくなる。ピスタチオパウダーが入るので、ふんわりと泡立つことはないが、しっかりと空気を含ませないと焼き上がりがぺったりして、重たい印象の生地になってしまう。

*　色合いで"ピスタチオらしさ"を表現するため、ピスタチオパウダーは発色のよいアメリカ産の池伝「DI ピスタチオパウダー」をセレクト。ペーストよりパウダーのほうが生地に色がつきやすい。

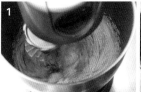 

2 別のミキサーボウルに卵白とグラニュー糖を入れ、ホイッパーを付けた中速のミキサーで撹拌する。ホイッパーですくうとピンと角が立つ状態になったらOK。

*　卵白に対してグラニュー糖の分量が少なく、すぐに泡立つので注意。きめ細かいメレンゲにするため、中速で泡立てること。高速だと気泡が粗く、不均一になってしまう。

3 ①に②の4分の1量を加え、ゴムベラで全体が均一になるまで混ぜる。

*　先にメレンゲを4分の1量加えると、ある程度気泡が入って粉が混ざりやすくなる。

4 薄力粉を加え、ゴムベラで切るようにさっくりと混ぜる。

5 粉けがなくなったら②のメレンゲの残りを入れ、ダマがなくなるまで手早く混ぜる。

6 オーブンシートを敷いた60×40cmの天板に57.5×35.5×高さ4cmのカードルを置き、⑤を流してカードで平らにし、カードルをはずす。

＊一般的には、天板に生地を流し、焼き上がった生地を天板からはがしやすくするために4辺の縁を指でぬぐって生地を取り除いてから焼成するが、カードルを使うと指でぬぐう作業を省略でき、作業効率アップにつながる。

7 170℃のコンベクションオーブンで約16分焼成する。途中で天板の手前と奥を入れ替える。焼き上がったオーブンシートごと網に置いて室温で冷ます。

ジュレ・グリオット

1 鍋にグリオットチェリーのピュレ、グラニュー糖、グリオットチェリーを入れて中火にかけ、鍋の周辺がふつふつと沸いてきたら火を止める。

＊火を入れるのは殺菌のため。加熱しすぎると香りがとぶので注意。

2 水でふやかした粉ゼラチンを加えて溶かす。

3 筒状の容器に移し、スティックミキサーで撹拌し、グリオットチェリーの果肉をざっとつぶす。

＊グリオットチェリーの果肉で果実感をアップ。口あたりをよくし、生地やクリームの食感に合うようにつぶすが、残った果肉が食感のアクセントになる。

4 ③の容器を氷水にあて、40℃になったらキルシュを加える。ボウルに移し、ラップをして冷蔵庫に置く。

クレーム・オ・ブール・ピスターシュ

1 クレーム・アングレーズをつくる。ボウルに加糖卵黄とグラニュー糖Aを入れ、泡立て器ですり混ぜる。

2 鍋に牛乳を入れて火にかけ、沸騰直前まで加熱する。

3 ①に②を入れ、泡立て器で混ぜる。これを②の鍋に戻し、ゴムベラに持ち替えて弱火～中火で絶えず混ぜながらナップ状（80～85℃。ゴムベラですくってゴムベラに指で筋を引き、筋が消えない程度）になるまで加熱する。

4 ③をシノワで漉してボウルに移し、ボウルの底を氷水にあてて室温（約25℃）まで冷ます。

＊約25℃までしっかりと冷ますこと。高温だとバターと合わせる際に、バターが溶けて空気を含むことができなくなり、重い印象になる。また、溶けたバターはふたたび冷え固まっても、もとのなめらかな状態にはもどらない。

5 イタリアンメレンゲをつくる。ミキサーボウルに卵白を入れ、もこもことした状態になるまでホイッパーを付けた中速のミキサーで撹拌する。

＊撹拌速度は中速。砂糖を加えていないので、高速で撹拌するとすぐに泡立ってぼそぼそになってしまう。

6 鍋に水とグラニュー糖Bを入れて中火にかけ、117℃になるまで煮詰める。

7 ⑤を高速に切り替えて⑥を少しずつそそぎ、中低速に切り替えて約30℃になるまで撹拌する。ホイッパーですくうとピンと角が立つ状態になったらOK。

＊あとで合わせるバターが溶けない温度にする。ボウルの底にふれて熱いと思わない温度が目安。

8 別のミキサーボウルにポマード状にしたバターを入れ、④を加えながらビーターを付けた中速のミキサーで撹拌する。しっかりと乳化したらミキサーを止める。

＊撹拌速度は中速。低速だと乳化しづらく、高速だととびちってしまう。

＊バターは空気を含みやすい室温が最適。クレーム・アングレーズも室温に調温する。温度帯をそろえると合わせた時にしっかりと乳化する。また、しっかりと空気を含ませると風味も口あたりも軽くなる。

9 ⑧に⑦を加え、低速で撹拌する。
  ＊メレンゲの温度は約30℃。温度が高いとバターが溶けたようにダレた状態になり、均一に混ざらない。逆に温度が低いとしっかりと乳化しない。
10 ⑨にピスタチオペーストを加え、全体が均一になるまで泡立て器で混ぜる。

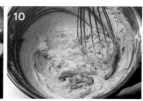

ピスタチオの糖衣がけ

1 鍋に水とグラニュー糖を入れて中火にかけ、107℃になるまで煮詰める。
2 ローストしたピスタチオダイスを加え、白っぽく結晶化するまでヘラでからめる。
  ＊ピスタチオに糖衣がけすることで甘味が加わり、食感のアクセントにもなる。また、湿気にくくなるため、糖衣していないものよりもカリッとした食感を維持できる。

組立て・仕上げ

1 ビスキュイ・ピスターシュのオーブンシートをはがし、別のオーブンシートを敷いた板に焼き面を上にして横長に置く。
  ＊焼き面を内側にして巻く。外側にして巻くと表面がはがれ落ちることがある。
2 グリオットチェリーのキルシュ漬けのシロップを刷毛で打つ。
3 ジュレ・グリオットをL字パレットナイフで塗り広げる。冷凍庫で表面だけ冷やし固める。
  ＊ジュレ・グリオットが冷やし固まっていないと、このあと塗るバタークリームと混ざってしまう。逆に冷えすぎているとバタークリームが固まって広げられなくなる。
4 クレーム・オ・ブール・ピスターシュ400gをL字パレットナイフで塗り広げる。
  ＊手前の端（巻いた時に中心になる部分）のクリームを少し薄めに塗ると巻きやすい。
5 汁けを切ったグリオットチェリーのキルシュ漬けを手前の端に1列に並べ、オーブンシートを持って押し出すようにしながら端から巻く。
6 巻き終わりを下にして置き、オーブンシートを巻いて手でしっかり押さえて形をととのえる。
7 残りのクレーム・オ・ブール・ピスターシュの一部を飾り用に残してゴムベラで表面に薄く塗る。
  ＊表面にクレーム・オ・ブール・ピスターシュを塗るのは、ピスタチオの糖衣がけを接着するため。風味より接着が目的なので、厚くしないこと。
8 ⑦を横長に置き、手で持ちやすいように縦に包丁を入れて半分に切る。これを手で持ってピスタチオの糖衣がけをもう片方の手で全体にまぶす。手のひらでしっかりと押さえて接着する。冷蔵庫で冷やし固める。
9 ⑧を横長に置き、縦に包丁を入れて⑧の切り口ではないほうの端を切り落としてから幅3cmに切り分ける。
10 口径10mm・10切の星口金を付けた絞り袋にクレーム・オ・ブール・ピスターシュの残りを入れ、⑨の上にロザス形に絞る。グリオットチェリーのキルシュ漬けをのせる。

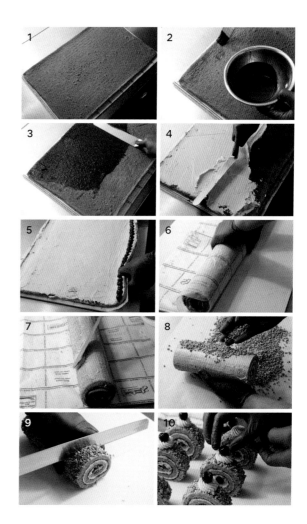

タルト・デテ

Tarte d'été

パティスリー ジュンウジタ
Pâtisserie JUN UJITA

「テクスチャーで風味の感じ方を操れれば、おいしさの表現も広がります」と宇治田 潤シェフ。"夏のタルト"では、白桃のみずみずしさと繊細な甘味を最大限に表現。白桃は、おだやかな酸味のパイナップルとともにバターとハチミツで煮詰めて風味を凝縮し、アーモンド風味のクレーム・シャンティイとアパレイユのふんわり、とろりとした口溶けとまろやかな味わいで包み込む。生のピスタチオのしっとりソフトな歯ざわりが白桃の食感と交わり、咀嚼のたびに広がるナッティな味わいが白桃の甘味を引き出す。生地と糖衣掛けのアーモンドが食感に立体感をプラス。

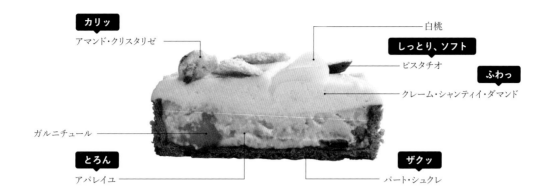

カリッ　アマンド・クリスタリゼ

白桃

しっとり、ソフト

ピスタチオ

ふわっ　クレーム・シャンティイ・ダマンド

ガルニチュール

とろん　アパレイユ

ザクッ　パート・シュクレ

材料

パート・シュクレ

《約30個分》
バター*¹…180g
塩…1.6g
バニラペースト…少々
粉糖…165g
全卵*²…54g
アーモンドパウダー*³…70g
薄力粉*³…315g
塗り卵（全卵）*²…適量

*1 ポマード状にする。　*2 それぞれ溶きほぐす。
*3 それぞれふるって合わせる。

アパレイユ

《約30個分》
パート・ダマンド・クリュ…70g
グラニュー糖…70g
卵黄…140g
生クリーム（乳脂肪分38%）…400g
牛乳…100g
バター…50g
塩…少々
ブランデー（ボージュ
「コニャックV.S.O.P」）…50g

ガルニチュール

《約30個分》
白桃*¹…6〜7個分（正味550g）
パイナップル*²…1/2個分（正味230g）
ハチミツ（アカシア）*³…78g
バター*⁴…23g
ブランデー（ボージュ
「コニャックV.S.O.P」）…約27g

*1 皮と種を除いて1口大にカットする。
*2 皮と芯を除いて1口大にカットする。
*3 白桃とパイナップルを合わせた量の10%。
*4 白桃とパイナップルを合わせた量の約3%。

アマンド・クリスタリゼ

《つくりやすい分量》
グラニュー糖…150g
水…50g
塩…0.5g
スライスアーモンド*…300g

*180℃のオーブンで10分ローストする。

組立て

《約30個分》
ピスタチオ（シシリー産・ホール）…120個

クレーム・シャンティイ・ダマンド

《約30個分》
パート・ダマンド・クリュ…300g
生クリームA（乳脂肪分38%）…150g
ブランデー（ボージュ
「コニャックV.S.O.P」）…90g
生クリームB（乳脂肪分47%）…490g
グラニュー糖…49g

仕上げ

《約30個分》
白桃*¹·²…約30個
レモン果汁*²…適量
シロップ（ボーメ30度）*²…適量
ピスタチオ（ホール）*³…適量
粉糖…適量

*1 厚さ5mmのくし形に切る。
*2 レモン果汁とシロップを合わせて白桃にからめる。
*3 半割にする。

つくり方

パート・シュクレ

1　ミキサーボウルにバター、塩、バニラペースト、粉糖を入れ、ビーターを付けた低速〜中速のミキサーでダマがなくなるまで撹拌する。

2　全卵を一度に加え混ぜ、全体がなめらかになったら低速に切り替える。

3　合わせたアーモンドパウダーと薄力粉を一度に加え、粉けがなくなるまで撹拌する。

4　ラップで包み、厚さ約3cmの正方形にととのえる。冷蔵庫に1晩置く。

5　打ち粉（強力粉・分量外）をしてシーターで厚さ2.5mmにのばす。

6　直径9.5cmの円形に抜き、直径7.5×高さ1.6cmのタルトリングに敷き込む。タルトリングからはみ出た余分な生地をペティナイフで切り落とし、フォークでピケする。

7 シルパットを敷いた天板に並べ、ケーキカップなどを入れて
　重石を入れる。180℃のコンベクションオーブンで25分焼成
　し、カップごと重石をはずして色づくまで10分焼成する。
　＊ 水分量の多いガルニチュールを入れるので、しっかりと色づくまで焼き上
　　げて湿気にくくする。

8 塗り卵を刷毛で内側に塗り、180℃のコンベクションオーブン
　でさらに4〜5分焼成して卵にしっかり火を通す。
　＊ 卵がしっかり乾くまで火を通さないと、冷めてから卵を塗った部分がやわら
　　かくなり、卵の臭みが出てしまう。

アパレイユ

1 ボウルにパート・ダマンド・クリュとグラニュー糖を入れ、ゴム
　ベラで押すようにしながら練り混ぜる。
　＊ アーモンドがしっかりと感じられる濃厚な味わいのアパレイユにするため、
　　アーモンドパウダーではなくパート・ダマンド・クリュを使用する。

2 卵黄の4分の1量を加え、全体がなじんでペースト状になるま
　でゴムベラで押すようにしながら練り混ぜる。

3 残りの卵黄を加えながら均一な状態になるまで泡立て器で混
　ぜる。

4 銅鍋に生クリーム、牛乳、バター、塩を入れて中火にかけ、
　約70℃になるまで加熱する。

5 ③を静かに加え、泡立て器で混ぜる。
　＊ ゆっくりと流し入れること。勢いよく入れると銅鍋の中の液体がとびちって
　　内側側面に付き、そこに火が通ってしまい、それが全体に混ざると風味が
　　変わってしまう。

6 クレーム・アングレーズを炊く要領で火を通す。泡立て器で
　混ぜながら80℃になるまで煮詰めてとろみをつける。火を止
　め、ゴムベラで底からすくうようにして混ぜながら余熱で82〜
　83℃になるまで火を通す。
　＊ 底が焦げないように注意。銅鍋は熱伝導率が高いので、80℃になったら
　　火を止め、余熱で温度を上げるとよい。

7 シノワで漉してボウルに移す。ボウルの底を氷水にあて、とき
　どき混ぜながら粗熱をとる。

8 ブランデーを加え混ぜる。ラップをして冷蔵庫に1晩置く。
　＊ 1晩置くと状態が安定し、混ぜる際に入った気泡が抜けやすくなるとともに
　　口あたりがなめらかになる。

ガルニチュール

1 ボウルに白桃とパイナップルを入れ、ハチミツを加え混ぜる。
　＊ 白桃とパイナップルは、火を通したあとも食感が残る大きさにカットするこ
　　と。ハチミツを加えるのは、コクを出すため。

2 フライパンにバターを入れて強火にかける。バターが溶けた
　ら①を加え、ヘラでときどき混ぜながら火を入れる。
　＊ 火入れは果実味を凝縮させるため。火を入れるとフルーツから出た果汁
　　がバターとハチミツと混ざり合って煮詰まり、濃厚な煮汁となる。この煮汁
　　を火が入ってやわらかくなったフルーツが吸うことで風味がより濃厚にな
　　る。火力が弱いと水分が蒸発するのに時間がかかるので、強火で火を入
　　れること。

3 フルーツが水分を吸って膨らみ、つやが出てきたらブランデ
　ーを加える。アルコール分がとんだら火を止める。

4 ボウルに移し、室温で粗熱をとる。ラップをして冷蔵庫に1晩
　置き、味をしみ込ませる。

アマンド・クリスタリゼ

1 鍋にグラニュー糖、水、塩を入れて中火にかけ、120℃まで煮詰める。

2 ローストしたスライスアーモンドを加え、ヘラで白っぽく結晶化するまで混ぜる。

3 火を止め、プラックに広げて室温で冷ます。

  * 糖衣がけすることで甘味と食感のアクセントが加わる。

組立て

1 シルパットを敷いた60×40cmの天板にパート・シュクレを並べ、ガルニチュールを煮汁を含めて約30gずつスプーンで入れる。

2 ピスタチオを4個ずつ入れる。

  * ピスタチオはローストしないほうが、しっとりソフトな質感やまろやかな味わいが表現でき、白桃の風味に合う。ローストによるこうばしさは、白桃の繊細な味わいを隠してしまう。

3 アパレイユをデポジッターに入れて22gずつ流し入れる。

4 上火・下火ともに170℃のデッキオーブンで約20分焼成する。室温で冷ます。

クレーム・シャンティイ・ダマンド

1 ボウルにパート・ダマンド・クリュと、生クリームAの半量を入れ、ゴムベラで押すようにしながらペースト状になるまで練り混ぜる。

2 生クリームAの残りを加え混ぜる。

  * ⑤でクレーム・シャンティイと合わせる時に分離しやすいので、ここでしっかり混ぜ合わせること。ザラザラとしたパート・ダマンド・クリュの粒が残っていてもOK。

3 ブランデーを加え、泡立て器で混ぜる。

4 別のボウルに生クリームBとグラニュー糖を入れ、泡立て器で10分立てになるまで泡立てる。

  * 10分立てになるまでしっかり泡立てる。⑤で生クリームでのばしてブランデーを加えたパート・ダマンド・クリュと合わせると、やわらかくなって保形性も低くなる。

5 ③に④を加え混ぜ、全体がムラなく混ざったらゴムベラに持ち替えて混ぜ、キメをととのえる。

仕上げ

1 組立ての④にクレーム・シャンティイ・ダマンドを25gずつのせ、パレットナイフで高さ5mmになるようにしながら上面を平らにする。

2 アマンド・クリスタリゼを約10個ずつちらし、レモン果汁とシロップをからめた白桃を1個ずつ中央にのせる。

  * 白桃が小さければ2個のせてもOK。

3 半割のピスタチオを2個ずつ飾り、粉糖をふる。

ねっとり、みずみずしい

トロピコ
Toropicaux

エクラデジュール
Éclat des Jours

テクスチャーの変化で南国フルーツのフレッシュ感を効果的に演出。パッションフルーツ主体のクレムーはバターでコクを出し、ねっとりとした独特な口あたりに。バナナ、マンゴー、パイナップルのジュリエンヌのとろりとした食感とみずみずしさで果実感が際立ち、両者が一体となって口いっぱいに広がる。パイナップルのピュレ入りのクレーム・ダマンドは、ジュリエンヌの果汁の"受け皿"となり、時間が経つとよりしっとりとしてまとまりがよくなる。「テクスチャーは味の延長線上にあるもの。みずみずしさの表現も意識しています」と中山洋平シェフ。

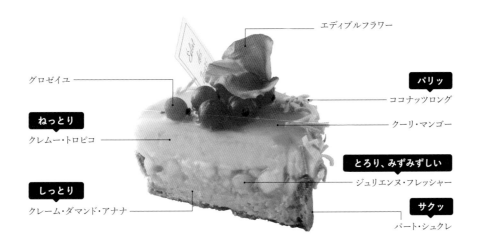

エディブルフラワー

グロゼイユ

パリッ

ココナッツロング

ねっとり

クレムー・トロピコ

クーリ・マンゴー

とろり、みずみずしい

ジュリエンヌ・フレッシャー

しっとり

クレーム・ダマンド・アナナ

サクッ

パート・シュクレ

材料

パート・シュクレ

《つくりやすい分量》
バター*¹…180g
塩…1.5g
粉糖…120g
アーモンドパウダー(皮付き)*²…120g
全卵*³…60g
薄力粉*²…300g

*¹ 室温にもどす。*² それぞれふるう。*³ 溶きほぐす。

クレーム・ダマンド・アナナ

《20個分》
全卵…50g
パイナップルのピュレ…75g
ラム酒…10g
生クリーム(乳脂肪分35%)…75g
アーモンドパウダー(皮なし)*¹…100g
コーンスターチ*¹…10g
粉糖*¹…100g
バター*²…75g

*¹ 合わせてふるう。
*² 溶かして45℃に調整する。

クーリ・マンゴー

《20個分》
マンゴーのピュレ…40g
グラニュー糖*…24g
コーンスターチ*…6g

*混ぜ合わせる。

クレムー・トロピコ

《20個分》
全卵…280g
グラニュー糖*¹…135g
コーンスターチ*¹…14g
パッションフルーツのピュレ…100g
バナナのピュレ…30g
ライムのピュレ…10g
バター*²…200g

*¹ 混ぜ合わせる。
*² 薄切りにして室温にもどす。

ジュリエンヌ・フレッシャー

《20個分》
バナナ(正味)…250g
アップルマンゴー(正味)…150g
パイナップル(正味)…100g
ラム酒(バーディネー「ネグリタ ラム」)…15g

組立て・仕上げ

《20個分》
ナパージュ・ヌートル…適量
ココナッツロング*…適量
グロゼイユ(冷凍)…適量
エディブルフラワー(金魚草)…適量

*170℃のオーブンで15分ローストする。

つくり方

パート・シュクレ

1 ミキサーボウルにバターを入れ、ポマード状になるまで撹拌する。

2 ①に塩、粉糖、アーモンドパウダーを入れ、ビーターを付けた中速のミキサーでダマがなくなるまで撹拌する。

3 全卵を一度に加え混ぜる。
  * ダマのない状態になってから全卵を加えること。バターが最初にポマード状になっていれば、スムーズに混ざり、卵を加えてもきれいになじむ。

4 生地がつながってなめらかになったら低速に切り替え、薄力粉を一度に加え、粉けがなくなるまで撹拌する。
  * しっかりと混ぜるとグルテンの量が増えて生地のつながりがよくなり、時間がたってもサクッとした食感が表現できる。

5 ラップで包み、厚さ約3cmの正方形にととのえ、冷蔵庫に1晩置く。

クレムー・ダマンド・アナナ

1 ボウルに全卵を入れて泡立て器で溶きほぐし、パイナップルのピュレ、ラム酒、生クリームを加え混ぜる。

2 合わせてふるったアーモンドパウダー、コーンスターチ、粉糖を加え、泡立て器で中心から外側に向かって少しずつ粉を液体に吸わせるようにしながら混ぜ合わせる。

  * 全体が混ざればOK。空気を含ませないように混ぜること。泡立てると空気が入り、焼成時に生地が浮いてしまって平らに焼き上がらない。

3 溶かして45℃にしたバターを一度に加え、ムラがなく、なめらかな状態になるまで混ぜる。

  * 溶かしバターを加える製法にしたのは、空気を含ませずに平らに焼き上げたいから。温度が低いとバターが底に沈んでしまって均一に混ざりにくい。逆に温度が高すぎると卵に火が入ってしまうので、バターは45℃が適温。

4 ボウルの内側側面をゴムベラではらい、ラップをして冷蔵庫に1晩置く。

組立て1

1 パート・シュクレに打ち粉（分量外）をし、シーターで厚さ2.5mmにのばす。

2 直径9.5cmの円形に抜き、直径7×高さ2cmのセルクルに敷き込む。セルクルからはみ出た余分な生地をペティナイフで切り落とし、フォークでピケする。冷蔵庫で冷やす。

3 絞り袋にクレーム・ダマンド・アナナを入れて先端をハサミで切り、①に20gずつ絞る。

4 160℃のコンベクションオーブンで20〜25分焼成する。焼き上がったら室温で冷ます。

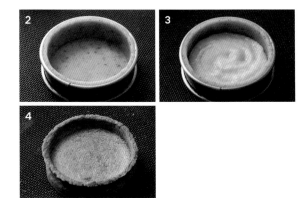

クーリ・マンゴー

1 鍋にマンゴーのピュレと、混ぜ合わせたグラニュー糖とコーンスターチを加えて泡立て器で混ぜる。

  * コーンスターチはダマになりやすいので、あらかじめグラニュー糖と混ぜ合わせる。また、マンゴーのピュレに加えたらすぐに泡立て器で混ぜ、溶きほぐすこと。混ぜないで火にかけると粉の塊が糊状になってダマになってしまう。

2 中火にかけ、泡立て器で絶えず混ぜながら加熱する。

  * コーンスターチでとろみをつけると、歯切れのよい軽い食感に仕上がる。ただし、小麦粉でつくる場合に比べてしっかりと火を入れないと粉っぽい仕上がりになるので注意。

3 沸騰してボコボコと大きな泡が立ってきたら、ゴムベラに持ち替え、焦がさないように底をこそげるようにして混ぜながら、さらにとろみをつける。ゴムベラで混ぜると鍋底が見え、粘度のある大きな泡が立って表面につやが出てきたら火を止める。

4 OPPフィルムを敷いたプラックに広げ、L字パレットナイフで薄く広げる。

5 スプーンの背で斜めに線を入れ、さらに表面に細かくランダムに短い線を重ねるように引いてうろこ状の模様を描く。

6 上に直径7×高さ2cmのセルクルを隙間のないように並べる。冷凍庫で冷やし固める。

クレムー・トロピコ

1. ボウルに全卵を入れて泡立て器で溶きほぐし、合わせたグラニュー糖とコーンスターチを加えてしっかり混ぜる。
    * コーンスターチはダマになりやすいので、あらかじめグラニュー糖と混ぜ合わせる。また、3種類のピュレに加えたらすぐに泡立て器で混ぜ、溶きほぐすこと。混ぜないで火にかけると粉の塊が糊状になってダマになってしまう。
2. 鍋にパッションフルーツ、バナナ、ライムの3種類のピュレを入れて中火にかけ、泡立て器で混ぜながらひと煮立ちさせる。
    * ピュレは火を入れすぎると香りがとんでしまうので、沸騰したらすぐに火を止めること。
3. ①に②を加え混ぜる。
4. ②の鍋に③を戻して強火にかけ、泡立て器で絶えず混ぜながら加熱する。
    * 強火でさっと火を入れる。弱火でじっくり炊き上げるとデンプンの粘りが出やすく、粉っぽい仕上がりになってしまう。
5. 沸騰し、とろみがつきはじめたら、表面の気泡を消すため、いったん火から下ろして混ぜる。
6. ふたたび火にかけ、ボコボコと粘度のある大きな泡が立ち、全体につやが出るまで、泡立て器で混ぜながら加熱する。
    * 固まりそうになったら、いったん火から下ろして混ぜる作業をくりかえす。焦がさないように絶えず泡立て器で混ぜること。
7. ボウルに移し入れ、バターの半量を加え混ぜる。
    * バターを一度に加えると、しっかり混ざりにくい。バターは薄切りにして室温にもどし、全体にちらすように加えると均一に早く混ざる。
8. バターの粒が見えなくなったらバターの残りを加え、均一な状態になるまで混ぜる。ゴムベラでボウルの内側側面をはらう。

9. スティックミキサーでなめらかな状態になるまで撹拌する。
    * 全体が均一になってつやが出ればしっかりと乳化している合図。完全に乳化させることで口溶けのよいクリームに仕上がる。
10. ゴムベラで全体を混ぜてキメをととのえる。
11. 温かいうちにデポジッターに入れ、冷やし固めたクーリ・マンゴーに60gずつ流す。急冷する。

ジュリエンヌ・フレッシャー

1. バナナ、アップルマンゴー、パイナップルをそれぞれ5mm角に切ってボウルに入れる。
2. ラム酒をふりかけ、粘りけが出るまで手で混ぜる。
    * 混ぜてバナナの粘りけを出すことで、風味と食感に一体感が出る。

組立て2・仕上げ

1. 組立て1の④にジュリエンヌ・フレッシャーをこんもりとのせる。
2. パレットナイフで表面を平らにし、タルトの縁ですり切る。
    * 果実のフレッシュ感を出すため、たっぷりと詰める。
3. 重ねて冷やし固めたクーリ・マンゴーとクレムー・トロピコのセルクルをはずし、クーリ・マンゴーが上になるように②に重ねる。
4. 絞り袋にナパージュ・ヌートルを入れて先端を切り、③の中央に絞る。パレットナイフで上面に塗り広げる。
5. クレムー・マンゴーの側面にローストしたココナッツロングを接着する。
6. 上面にグロゼイユとエディブルフラワーを飾る。

ショコラ テトサ

Chocolat thé TOSA

アンフィニ
INFINI

高知県産の和紅茶を主役に据え、その香りにリンクする
ウッディな香りのチョコレートを合わせた。口に入れる
と、ふんわりとしたガナッシュを皮切りに、グラサージュ、
クレムー、クレーム・ブリュレがほどけていき、ちりばめ
られた和紅茶の香りが、なめらかなムース・ショコラの風
味と混ざりながら次々と香り立つ。ねっとりとしたクレー
ム・ブリュレから放たれる和紅茶の力強い香りが余韻に
残り、和紅茶の印象を深める。「テクスチャーの違いで風
味の感じ方に時間差を生めば、シンプルな素材の組合せ
でも流れやメリハリを表現できます」と金井史章シェフ。

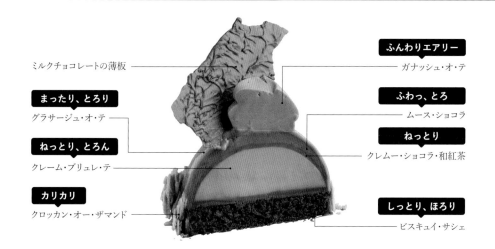

ミルクチョコレートの薄板

まったり、とろり
グラサージュ・オ・テ

ふわっ、とろ
ムース・ショコラ

ねっとり、とろん
クレーム・ブリュレ・テ

ねっとり
クレムー・ショコラ・和紅茶

カリカリ
クロッカン・オー・ザマンド

しっとり、ほろり
ビスキュイ・サシェ

材料

ビスキュイ・サシェ

《60×40cmの天板1枚分・54個分》
ローマジパン…280g
加糖卵黄（加糖20％）…200g
全卵*…100g
卵白…250g
グラニュー糖…130g
粉糖…60g
薄力粉（昭和産業
「ラフィネリュバン」）…85g
カカオパウダー…80g

*混ぜ合わせる。

アンビバージュ

《つくりやすい分量》
水…120g
シロップ（ボーメ30度）…120g
和紅茶（べにふうき・霧山茶業組合
「霧山の和紅茶」）…16g

クレムー・ショコラ・和紅茶

《約8個分》
生クリーム（乳脂肪分35％）…60g
転化糖（トリモリン）…3g
和紅茶
（べにふうき、霧山茶業組合
「霧山の和紅茶」）…2g
ミルクチョコレート（大東カカオ
「スペリオール レガール」
カカオ分38％）…22g
ダークチョコレート（カサルカ
「マランタ」カカオ分61％）…10g
板ゼラチン*…0.2g

*冷水でもどす。

クレーム・ブリュレ・テ

《約10個分》
生クリーム（乳脂肪分35％）…200g
コンパウンドクリーム（タカナシ乳業
「レクレプラス」）…60g
和紅茶（べにふうき、霧山茶業組合
「霧山の和紅茶」）…8g
加糖卵黄（加糖20％）…52g
グラニュー糖…18g
トレハロース…8g

※コンベクションオーブンに湯を張ったボウルを入れて95℃に予熱する。

ムース・ショコラ

《約8個分》
クレーム・アングレーズ…以下より26g
　生クリーム（乳脂肪分35％）…72g
　牛乳…108g
　加糖卵黄（加糖20％）…72g
　トレハロース…11g
板ゼラチン*…0.6g
生クリーム（乳脂肪分35％）…60g
ダークチョコレート（カサルカ「マランタ」
カカオ分61％）…10g
ダークチョコレート（大東カカオ
「スペリオール プラティーク」カカオ分56％）…16g

*冷水でもどす。

グラサージュ・オ・テ

《つくりやすい分量》
牛乳…504g
和紅茶…14g
グラニュー糖…96g
トレハロース…96g
板ゼラチン*1…6g
プードル・ア・クレーム（マルグリット「プードル・ア・クレームEX」）…22g
コンパウンドクリーム（タカナシ乳業「レクレプラス」）*2…40g
ナパージュ・ヌートル（ピュラトス「ハーモニー・スプリモ・ヌートル」）
…適量（炊き上がりの1/5量）

*1 冷水でもどす。 *2 冷やす。

ガナッシュ・オ・テ

《つくりやすい分量》
生クリーム（乳脂肪分35％）…207g
牛乳…45g
トレハロース…10g
水アメ…10g
和紅茶（べにふうき、
霧山茶業組合「霧山の
和紅茶」）…20g
ミルクチョコレート（カカオバリー
「アルンガ」カカオ分41％）…45g
板ゼラチン*1…3.2g
コンパウンドクリーム（タカナシ乳業
「レクレプラス」）*2…95g

*1 冷水でもどす。 *2 冷やす。

クロッカン・オー・ザマンド

《つくりやすい分量》
アーモンドスライス…100g
シロップ（ボーメ30度）*1…17g
粉糖*2…30g

*1 冷ます。 *2 ふるう。

仕上げ

《1個分》
ミルクチョコレートの薄板*…1枚

*ミルクチョコレートをテンパリングし、フィルムで挟んで上から麺棒を転がして薄くする。固まり切る前に上のフィルムをはがす。はがした跡が模様になる。

つくり方

ビスキュイ・サシェ

1 マジパンをラップで包み、電子レンジで人肌より少し温かい
  程度の温度になるまで温める。ボウルに移す。
  * 温めるとやわらかくなり、卵と混ざりやすくなる。

2 混ぜ合わせた加糖卵黄と全卵の半量を数回に分けて加え、
  そのつどダマができないように手で練りながらのばす。とろっ
  と流動性のある状態になったらOK。
  * パート・ダマンドのダマがないことをしっかりと確認すること。ダマがある
    と、焼成後まで残ってしまい、口あたりが悪くなる。

3 ミキサーボウルに②を入れ、全卵の残りを少しずつ加えなが
  らホイッパーを付けた中速のミキサーで撹拌する。空気を含
  んでボリュームが出て白っぽくなったらOK。
  * このあと⑤でつくるメレンゲと同じくらいの固さにする。生地自体が重いの
    で、高速で撹拌すると気泡を抱え込みにくく泡立ちにくい。また泡立てす
    ぎるとパサついた印象になるので、撹拌速度は中速にする。

4 別のミキサーボウルに卵白とグラニュー糖を入れ、ホイッパー
  ですくうとピンと角が立って先端がしなるくらいになるまで、ホ
  イッパーを付けた高速のミキサーで泡立てる。

5 粉糖、薄力粉、カカオパウダーを合わせてふるう。

6 ボウルに③を移し、④の半量を加えてゴムベラでざっと混ぜる。

7 ⑤を加え、ゴムベラで底からすくうようにして混ぜる。混ぜ切
  らなくてOK。

8 ④の残りを加えて、ムラがなくなるまでゴムベラで底からすく
  うようにして混ぜる。

9 オーブンシートを敷いた天板に流し、L字パレットナイフで平
  らにならす。天板の四辺の縁を指でぬぐう。

10 175℃のコンベクションオーブンで約12分焼成する。焼き上
  がったらオーブンシートごと網にのせ、室温で冷ます。

アンビバージュ

1 鍋に水とボーメ30度のシロップを入れて火にかけ、沸騰したら
  火を止める。和紅茶を加え、ふたをして15分アンフュゼする。

2 シノワで漉してボウルに移す。シノワに残った茶葉はゴムベ
  ラでギュッと押さえてしっかりと抽出液を絞る。

クレムー・ショコラ・和紅茶

1 鍋に生クリームと転化糖を入れて火にかけ、沸騰したら火を
  止める。和紅茶を加えてゴムベラで混ぜ、ふたをして、15分
  おいて香りを抽出する。

2 2種のチョコレートをボウルに入れ、電子レンジで温めて溶か
  す。ゴムベラで混ぜる。

3 ①に板ゼラチンを加え混ぜる。

4 シノワで漉してボウルに移す。シノワに残った茶葉はゴムベ
  ラでぎギュッと押さえて抽出液をしっかりと絞る。

5 ②に④を少量ずつ加えながら泡立て器で混ぜ、乳化させる。

クレーム・ブリュレ・テ

1 鍋に生クリームとコンパウンドクリームを入れて火にかけ、沸
  騰したら火を止める。和紅茶を加えてゴムベラで混ぜ、ふた
  をして、15分おいて香りを抽出する。
  * コンパウンドクリームを配合すると、分離しづらくなるなど安定性が高まる。
    また、冷凍耐性も高まる。
  * まろやかな甘味のある紅茶用品種の「べにふうき」は、一般的な紅茶に比
    べて、生クリームなどの脂肪分の多い液体には風味が移りにくいので、浸
    す時間を長めにとる。茶葉の種類によっては煮出してもよい。

2 ①と同時進行でボウルに加糖卵黄、グラニュー糖、トレハ
  ロースを入れて泡立て器ですり混ぜる。
  * 甘さを抑えながら、糖度をある程度上げて冷凍耐性を高めるため、グラ
    ニュー糖の一部をトレハロースに置き換える。

3 ②に①の3分の1量をシノワで漉して加え混ぜる。

4 ③に①の残りを漉して加える。シノワに残った茶葉はゴムベ
  ラでギュッと押さえて抽出液をしっかりと絞る。

5 空気が極力入らないように泡立て器でゆっくりとすり混ぜる。

* 泡がたくさん入ってしまった場合は、ラップを密着させて室温に1〜2時間置く。ラップをはがすとラップに泡が付着し、泡を取り除ける。

6 デポジッターに入れて直径6×高さ3cmの半球形のシリコン型に31gずつ流し入れる。

7 湯を張ったボウルを入れて95℃に予熱しておいたコンベクションオーブンに⑥を入れ、オーブン内にスプレーで水（分量外）をたっぷりと吹きかけてから10分焼成する。

* スプレーで水を吹きかける際は、クレーム・ブリュレ・テの表面にかからないように注意。スチームコンベクションオーブンがあれば湯を張ったボウルやスプレーは不要で、スチームを入れて焼成すればOK。

8 いったんオーブンの扉を開けてオーブン内にスプレーで水（分量外）をたっぷりと吹きかけ、さらに約5分焼成する。

* 型をゆすると表面が少し揺れ、傾けると中央が少したるむ状態が焼き上がりの目安。

9 焼き上がったらそのまま急冷する。

10 型をはずし、フィルムを貼った天板にのせ、冷凍庫で冷やす。

組立て1

1 直径6×高さ3cmの半球形のシリコン型に、クレムー・ショコラ・和紅茶を11gずつ流し入れる。

2 冷凍したクレーム・ブリュレ・テを入れ、指で底まで押し込む。上にあふれ出たガナッシュを、クレーム・ブリュレ・テをおおうようにスプーンでならす。急冷する。

3 型をはずし、裏返してフィルムを貼った天板にのせ、冷凍庫で冷やす。

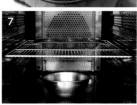

ムース・ショコラ

1 クレーム・アングレーズをつくる。鍋に生クリームと牛乳を入れて火にかけ、沸騰させる。

2 ①と同時進行で別のボウルに加糖卵黄とトレハロースを入れ、泡立て器ですり混ぜる。

3 ②に①の3分の1量を入れて泡立て器で混ぜる。これを①の鍋に戻して弱火にかけ、混ぜながら83℃になるまで炊く。

4 板ゼラチンを加え混ぜる。温かい状態を保つこと。

5 別のボウルに生クリームを入れ、泡立て器で6分立てにする。

* 使用直前に泡立てること。あらかじめ泡立てて、そのまま冷蔵庫に保存しておくと、冷えすぎてしまい、⑧でほかの材料と合わせる際にチョコレートが固まってしまう。

6 耐熱容器に2種類のチョコレートを入れ、電子レンジで温めて溶かす。

7 ⑥に温かい④の3分の1量を加え、泡立て器で混ぜて乳化させる。④の残りを加え混ぜ、しっかりと乳化させる。

* コクを加えるために、卵を使用するクレーム・アングレーズを配合。牛乳を加えてのばしたクレーム・パティシエールでも代用できる。

* 冷めてしまった場合は温めること。乳化しやすくなる。

8 ⑦に⑤を少量加えてざっと混ぜ、⑤の残りを加えて均一になるまで混ぜる。

組立て2

1 口径12mmの丸口金を付けた絞り袋にムース・ショコラを入れ、直径6×高さ3cmの半球形のシリコン型に12gずつ絞る。

2 組立て1の③を平らな面が上になるように入れ、底まで押し込む。あふれたムースをL字パレットナイフで上面にかぶせて平らにする。急冷する。

グラサージュ・オ・テ

1 鍋に牛乳を入れて火にかけ、沸騰したら火を止める。和紅茶を加えてゴムベラで混ぜ、ふたをして、15分おいて香りを抽出する。

2 シノワで漉してボウルに入れる。シノワに残った茶葉はゴムベラでギュッと押さえてしっかりと抽出液を絞る。

3 ①の鍋に②を戻し、グラニュー糖とトレハロースを加えて泡立て器で混ぜる。火にかけて沸騰したら火から下ろす。

4 板ゼラチンを加え混ぜる。

5 ボウルにプードル・ア・クレームとコンパウンドクリームを入れて泡立て器で混ぜる。
  ＊プードル・ア・クレームは、温かいものと合わせると固まってしまうので、コンパウンドクリームは冷やすこと。
6 ④に⑤を加えて火にかけ、泡立て器で混ぜながら沸騰させる。沸騰したらそのまま1分炊く。

ガナッシュ・オ・テ

1 鍋に、生クリーム、牛乳、トレハロース、水アメを入れて火にかけ、沸騰したら火を止める。和紅茶を加えてゴムベラで混ぜ、ふたをして、15分おいて香りを抽出する。
  ＊「べにふうき」は、一般的な紅茶に比べ、脂肪分の多い液体には風味が移りにくいので、浸す時間を長めにとる。
2 ①と同時進行でボウルにミルクチョコレートを入れて電子レンジで温めて溶かす。
3 ①に板ゼラチンを加え混ぜる。
4 ③をシノワで漉して別のボウルに移す。シノワに残った茶葉

はゴムベラでギュッと押さえて抽出液をしっかりと絞る。
5 ②に④を少量ずつ加えながら泡立て器で混ぜて乳化させる。
6 コンパウンドクリームを3回程度に分けて加え、そのつど混ぜて、しっかりと乳化させる。
  ＊和紅茶の風味を最大限に生かしつつ、乳味を抑えてさっぱりと仕上げるためにコンパウンドクリームを併用。冷凍耐性も高まる。
7 ラップを密着させ、冷蔵庫に1晩置く。使用する直前に泡立て器ですくうと角が立って先端がしなるくらいまで泡立てる。

クロッカン・オー・ザマンド

1 ボウルにアーモンドスライスを入れ、冷ましたボーメ30度のシロップを加えてゴムベラでまんべんなく混ぜる。
  ＊キャラメリゼではなく糖衣がけなので、粉糖をあまり溶かさずに粉っぽく仕上げたい。冷たいシロップを使うと、②で粉糖が溶けにくくなる。
2 ①に粉糖を加え混ぜる。
  ＊粉糖のなかにアーモンドをちらすイメージで合わせる。混ぜ終わりはさらっとした状態に。粉糖が足りなければ足す。
3 シルパットを敷いた天板に移し、手でほぐして広げる。
  ＊大きな塊があると、食感が強くなりすぎるので、できるだけほぐすこと。
4 160℃のコンベクションオーブンで、アーモンドが少し色づいて表面に砂糖の質感が残っている状態になるまで7〜8分焼成する。室温で冷ます。

組立て3

1 ビスキュイ・サシェを裏返してオーブンシートをはがし、直径6cmの円形の型で抜く。
2 焼き面を上にして網に並べ、軽くアンビバージュを打つ。
  ＊サクッとした歯切れを保つため、アンビバージュは紅茶の香りをつける程度に軽く打つ。アンビバージュの量が多すぎると、しっとりとしてしまう。
3 ②の中央にグラサージュ・オ・テをパレットナイフで少量塗る。

4 組立て2の②の型をはずして③にのせ、軽く押さえて接着する。 急冷する。

仕上げ

1 耐熱容器にグラサージュ・オ・テを入れ、電子レンジで46〜47℃に温めて溶かす。室温に置いて約40℃になるまで冷ます。
2 フィルムを敷いた天板に網をのせ、組立て3の④をのせる。グラサージュ・オ・テをデポジッターに入れて流す。
3 上面中央に竹串をさして網に軽くこすらせ、余分なグラサージュを落とす。トレーに移す。
  ＊グラサージュが固まる前に手早く作業すること。小型のL字パレットナイフを底にさし入れると作業しやすい。
4 上面中央のグラサージュをパレットナイフで取り除く。
  ＊⑥でガナッシュ・モンテがすべり落ちないようにするため。

5 クロッカン・オー・ザマンドを④の縁に接着する。
6 ボウルにガナッシュ・オ・テを入れ、泡立て器ですくうとピンと角が立ち、先端がしなる状態になるまで泡立て器で混ぜる。長さ1.8cmのバラ口金を付けた絞り袋に入れ、⑤の上面中央に左右に3往復半程度動かしながら絞る。
7 ミルクチョコレートの薄板をガナッシュ・オ・テにさす。

ショコラ キャラメル カフェ

Chocolat Caramel Café

アツシハタエ
Atsushi Hatae

ブラックコーヒーのキレのある風味とのど越しを追求。エスプレッソがジュワッと広がるみずみずしいジュレと、コーヒーが力強く香るとろりとしたクレーム・カフェを、水分量を多くしたやわらかなムース・ショコラでおおってテクスチャーに統一感を出した。クルスティヤンやビスキュイで食べごたえを出し、コニャックの香りで深みをプラス。とろりと溶けるキャラメルのシャンティイとソースが口溶けのよさを印象づける。複雑な構成でも味・香り・食感のバランスをとって調和させつつ、変化を加えて立体的な味わいを構築する波多江篤シェフ。得意とするデザートのような表現にも個性が光る。

材料

シャンティイ・キャラメル・カミュ

《約100個分》
グラニュー糖…125g
バター…20g
生クリームA(乳脂肪分35%)…100g
塩…0.5g
生クリームB(乳脂肪分35%)…250g
コニャック(カミュ)…15g

ビスキュイ・ショコラ・アマンド

《60×40cmの天板1枚分》
全卵(溶きほぐす)…60g
卵黄(溶きほぐす)…100g
アーモンドパウダー*1…85g
粉糖*1…115g
卵白(冷やす)…150g
グラニュー糖…90g
バター*2…50g
薄力粉*3…50g
カカオパウダー*3…50g

*1・3 それぞれ合わせてふるう。
*2 温めて溶かし、約50℃に調整する。

ビスキュイ・ショコラ・サン・ファリーヌ

《57×37cmのカードル1枚分》
卵白(冷やす)…270g
グラニュー糖…360g
卵黄…250g
ダークチョコレート(ヴァローナ「グアナラ」カカオ分70%)…300g
バター(適当な大きさに切る)…200g
カカオパウダー(ふるう)…65g

アンビバージュ

《100個分》
シロップ(ボーメ30度)…50g
エスプレッソ…75g
コニャック(カミュ)…25g

※ボーメ30度のシロップとエスプレッソを混ぜ、冷ましてからコニャックを加え混ぜる。

クレーム・カフェ

《約100個分》
生クリーム(乳脂肪分35%)…600g
バニラビーンズ*1…1本
コーヒー豆…60g
トンカ豆(くだく)…6g
グラニュー糖A…25g
塩…3g
グラニュー糖B…170g
インスタントコーヒー…3g
エスプレッソ…300g
卵黄(溶きほぐす)…200g
板ゼラチン*2…10g
コニャック(カミュ)…45g

*1 サヤから種を出す。サヤも使う。 *2 冷水でもどす。

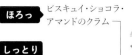

ほろっ　ビスキュイ・ショコラ・アマンドのクラム
しっとり　ビスキュイ・ショコラ・アマンド
とろり　クレーム・カフェ
ジュワッ　ジュレ・エスプレッソ

ディスク・ショコラ　パリッ
ソース・キャラメル・カミュ
とろっ
シャンティイ・キャラメル・カミュ
グラサージュ・ショコラ
ムース・ショコラ　まろやか
ビスキュイ・ショコラ・サン・ファリーヌ　しっとり
クルスティヤン　サクサク、カリカリ

ジュレ・エスプレッソ

《約100個分》
エスプレッソ…700g
インスタントコーヒー…2g
塩…0.7g
グラニュー糖…35g
板ゼラチン*…14g

*冷水でもどす。

クルスティヤン

《57×37cmのカードル1台分》
ノワゼット・キャラメリゼ…以下より150g
　ヘーゼルナッツ(皮なし、ホール)…200g
　グラニュー糖…80g
　水…30g
　バター…適量
クランブル…以下より350g
　バター…100g
　カソナード…50g
　グラニュー糖…50g
　塩…1.5g
　ヘーゼルナッツパウダー(皮付き)*…100g
　薄力粉*…100g
カカオバター…50g
ブロンドチョコレート(ヴァローナ「ドゥルセ」カカオ分35%)…250g
フイヤンティーヌ…100g

*それぞれふるう。

ムース・ショコラ

《約100個分》
ダークチョコレート(ヴァローナ「グアナラ」カカオ分70%)…250g
ダークチョコレート(カカオバリー「ピストール」カカオ分76%)…850g
牛乳…1000g
グラニュー糖…80g
卵黄(溶きほぐす)…100g
板ゼラチン*1…12g
生クリーム(乳脂肪分35%)*2…1500g

*1 冷水でもどす。 *2 6分立てにする。

ソース・キャラメル・カミュ

《50個分》
グラニュー糖…75g
生クリーム(乳脂肪分35%)…75g
エスプレッソ…15g
コニャック(カミュ)…7g

グラサージュ・ショコラ

《つくりやすい分量》
カカオバター…100g
ダークチョコレート
(ヴァローナ「グアナラ」カカオ分70%)…100g
アーモンドダイス(16割)*…適量

*色づくまでローストする。

仕上げ

《1個分》
直径4cmと同3cmのディスク・ショコラ
(ブロンドチョコレート、
ヴァローナ「ドゥルセ」カカオ分35%)…各1枚
直径2.5cmと同2cmのディスク・ショコラ
(ダークチョコレート、
ヴァローナ「グアナラ」カカオ分70%)…各1枚
直径3cmのディスク・ショコラ
(ミルクチョコレート、ベルコラーデ
「レ・セレクシオン」カカオ分34%)…1枚

つくり方

シャンティイ・キャラメル・カミュ

1 鍋にグラニュー糖を入れて中火にかけ、鍋をゆすりながら加熱する。グラニュー糖が溶けたら泡立て器で混ぜ、全体が赤茶色になったら火を止める。

2 ①にバターを加えて混ぜ溶かし、生クリームAを加え混ぜる。
 * 乳脂肪分40%以上の生クリームを使うと濃厚になりすぎるため、同35%の生クリームをセレクト。軽さのなかにも重厚感を与えるため、バターを加える。

3 鍋底を氷水にあてて軽く粗熱をとり、塩と生クリームBの3分の1量を加えてゴムベラで混ぜる。残りの生クリームBを加え混ぜる。

4 コニャックを加え混ぜる。

5 ラップをかけて密着させ、冷蔵庫に1晩置く。使用する直前にミキサーボウルに入れ、8分立て程度になるまで泡立てる。

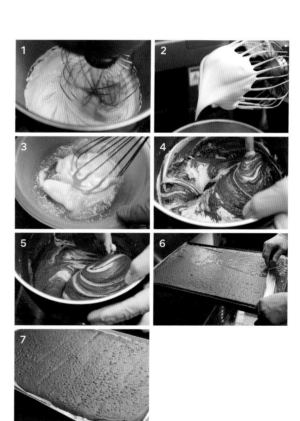

ビスキュイ・ショコラ・アマンド

1 ミキサーボウルに全卵、卵黄、アーモンドパウダーと粉糖を入れ、ホイッパーを付けた高速のミキサーで白っぽくなるまで泡立てる。
 * できるだけ軽いテクスチャーにしたいので、ビーターではなくホイッパーで泡立てる。

2 別のミキサーボウルに卵白を入れ、ホイッパーを付けた高速のミキサーで撹拌する。コシが切れたら中高速に切り替え、グラニュー糖を少量加える。全体が白っぽくふんわりとしてきたら、残りのグラニュー糖の半量を加える。ホイッパーの跡が残る程度になるまで泡立ったら、残りのグラニュー糖を加えて8分立てになるまで泡立てる。
 * 卵白はかならず冷やすこと。冷たい卵白を使うと、気泡がより細かくなる。

3 ボウルに約50℃にした溶かしバターを入れ、①を少量加えて泡立て器で混ぜる。
 * バターの温度が低すぎると、ほかの材料と合わせる時に混ざりづらく、高すぎると焼き上がりがパサついた印象になってしまう。

4 ①の残りに②の約半量と、薄力粉とカカオパウダーを加えてゴムベラでざっと混ぜる。②の残りを半量ずつ加え、そのつどゴムベラで混ぜる。

5 大体混ざったら、③を加えて均一な状態になるまで混ぜる。

6 シルパットを敷いた60×40cmの天板に流し、L字パレットナイフで広げて平らにならす。

7 200℃のコンベクションオーブンで約6分焼成する。焼き上がったら室温で冷ます。

ビスキュイ・ショコラ・サン・ファリーヌ

1 ミキサーボウルに卵白を入れて、ホイッパーを付けた高速のミキサーで撹拌する。コシが切れたら中高速に切り替えて泡立てる。全体が白っぽくふんわりとしてきたら、グラニュー糖を少量加える。気泡がきめ細かくなってきたら、残りのグラニュー糖の半量を加える。ホイッパーの跡がつくようになったら、残りのグラニュー糖を加えて9分立てになるまで泡立てる。

　＊ 一般的なビスキュイ・ショコラの場合は8分立てで十分だが、チョコレートと卵黄の配合が多く、それらの油脂分と水分によって気泡がつぶれやすいので、9分立てになるまでしっかりと泡立てる。

2 ①に卵黄を加えて、気泡をできるだけつぶさないようにさっくりとゴムベラで混ぜる。混ぜ切らなくてOK。

3 ①と同時進行でボウルにダークチョコレートとバターを入れ、電子レンジで溶かして約50℃にする。泡立て器で混ぜる。

　＊ 冷やした卵白を泡立てた温度が低いメレンゲと合わせるので、合わせた時に固まらないようにチョコレートとバターは高めの温度にする。

4 ③にカカオパウダーを加え、泡立て器で混ぜる。

5 ④に②の3分の1量を加えてさっくりと混ぜる。これを②に戻し、ゴムベラで底からすくうようにしてムラなく混ぜる。

　＊ 卵白に対して砂糖の配合が多く、9分立てにしてきめ細かく仕立てたメレンゲなので、気泡はつぶれにくいが、チョコレートが加わると全体が締まる。

6 シルパットを敷いた60×40cmの天板に57×37cmのカードルを置き、⑤を流してL字パレットナイフで広げ、平らにならす。

7 180℃のコンベクションオーブンで約9分焼成する。

クレーム・カフェ

1 鍋に生クリームを入れて火にかけ、約80℃になったら火を止める。バニラビーンズの種とサヤ、コーヒー豆、トンカ豆を入れてふたをする。50℃以上を保ちながら15分おいて香りを抽出（アンフュゼ）し、シノワで漉して別の鍋に移し入れる。

　＊ コーヒーは深煎りで少し酸味のあるものを使用。アンフュゼは15分だけして雑味のない風味だけを抽出する。50℃以下になる場合は、真空パックして低温調理器に入れてアンフュゼしてもよい。

2 ①にグラニュー糖Aと塩を加えて火にかける。

3 別の鍋にグラニュー糖Bを入れて中火にかけ、鍋をゆすりながら加熱する。グラニュー糖が溶けたら泡立て器で混ぜ、全体が赤茶色になったら火を止める。

4 ③に②を少しずつ加えながら泡立て器で混ぜる。

5 ④にインスタントコーヒーを混ぜ溶かし、エスプレッソを加える。

　＊ インスタントコーヒーを少量加え、コーヒーの風味を補強。

6 ⑤を火にかけて沸騰させる。

7 ボウルに卵黄を入れ、⑥の3分の1量を加え混ぜる。

8 ⑥の残りを火にかけ、沸騰したら火を止めて⑦を加え混ぜる。ふたたび数秒加熱し、火から下ろして混ぜる。粗熱がとれたらゴムベラに持ち替えてダマにならないように混ぜる。

　＊ 水分が多いので、火を入れても濃度は高くなりすぎない。加熱しすぎて卵に火が入ると、炒り卵のような状態になるので注意。

9 板ゼラチンを加え混ぜる。鍋底を氷水にあてて粗熱をとり、コニャックを加え混ぜて冷やす。

ジュレ・エスプレッソ

1 ボウルにすべての材料を入れて火にかけ、泡立て器で混ぜ
  ながらひと煮立ちさせる。
  ＊ 塩味を感じない程度の少量の塩を加えて、全体の味を引き締める。
2 ボウルの底を氷水にあて、とろみがつく直前まで冷やす。

組立て1

1 直径4×深さ2cmの円形のフレキシパンにジュレ・エスプレッ
  ソをスプーンで7gずつ流し入れる。急冷する。
2 デポジッターにクレーム・カフェを入れ、10gずつ①に流す。
  急冷する。

クルスティヤン

1 ノワゼット・キャラメリゼをつくる。オーブンシートを敷いた天
  板にヘーゼルナッツを広げ、170℃のオーブンで10～12分
  焼成する。
2 ①と同時進行で鍋にグラニュー糖と水を入れて火にかけ、
  116℃になるまで煮詰める。火を止めて①を加え、ゴムベラ
  で混ぜて全体を白く糖化させる。
  ＊ まわりに絡めるアメが多すぎると、ガリガリとした食感になるので、グラニュー
  糖の量を極力少なくして薄くからめる。
3 ②を強火にかけ、ヘーゼルナッツを底からすくうようにして混
  ぜながら徐々に糖を溶かし、キャラメリゼする。
  ＊ ヘーゼルナッツに火を入れるのではなく、周りにからめた糖を溶かしてキャラメ
  リゼすることが目的なので、強火で一気に加熱してOK。
4 火から下ろし、バターを加え混ぜる。
5 オーブンシートを敷いた作業台に④を広げ、手でひと粒ずつ
  ばらす。室温で冷まし、密閉容器に入れて保存する。
6 クランブルをつくる。ボウルにバターを入れ、電子レンジにか
  けてゴムベラで混ぜ、少し固めのポマード状にする。
7 ⑥にカソナード、グラニュー糖、塩を加え混ぜる。
8 ⑦にヘーゼルナッツパウダーと薄力粉を順に加え、そのつど
  さっくりと均一な状態になるまで混ぜる。
9 ⑧をひとまとめにして2つ折りにしたオーブンシートで挟み、シ
  ーターで厚さ4mmにのばす。冷蔵庫で冷やし固める。
10 上から手のひらで押しつぶすようにして7メッシュの網で漉し、
  オーブンシートを敷いた天板に隙間をあけて広げる。160℃
  のコンベクションオーブンで約10分焼成する。室温で冷ます。
11 ボウルにカカオバターを入れ、電子レンジで温めて溶かす。
  ブロンドチョコレートを加え、ゴムベラで混ぜ溶かす。
  ＊ カカオバターとチョコレートの量が多すぎるとチョコレートの塊を食べているよう
  な印象になってしまうので、パーツに薄くまとわせる最小限の量にすること。
12 オーブンシートを2つ折りにして⑤のノワゼット・キャラメリゼ
  を挟み、鍋底などで上から押しつぶしてだく。
13 ボウルに、⑩、⑫、フイヤンティーヌを入れ、⑪を加えてゴム
  ベラでからめる。
14 60×40cmの天板にフィルムを敷いて密着させ、57×37cmのカ
  ードルをのせる。カードルに⑬を入れ、L字パレットナイフで平
  らにならす。固まらないうちに組立て2の作業に移ること。
  ＊ ほろほろとくずれる食感にするため、やや隙間をあけて敷き詰める。隙間なく
  ぎっちり敷き詰めると板のように固くなってしまう。

chapter 2　テクスチャーで印象的に！──アッシハタエ

組立て2

1 クルスティヤンにビスキュイ・ショコラ・サン・ファリーヌを焼き面を上にして重ね、密着させる。冷凍庫で冷やし固める。

＊ 完全に冷凍して固くなると、抜き型で抜く際に割れることがあるので、クルスティヤンが抜き型に付かない程度に冷え固まった状態にすると抜きやすい。

2 ビスキュイ・ショコラ・アマンドを直径4cmの円形の型で抜く。

3 ②で余った生地を12メッシュの網で漉してクラムにする。密閉容器に入れて冷凍保存する。

＊ 生地を乾燥させてからロボクープにかける方法もあるが、この菓子はクラムをムースに直接まぶすので、クラムが水分を吸ってしっとりやわらかくなることがない。乾燥したクラムはパサついた印象になるので、乾燥させない。

4 ①を直径4.3cmの円形の型で抜く。冷凍庫で冷やす。

ムース・ショコラ

1 ボウルに2種類のチョコレートを入れ、電子レンジにかけて溶かす。

2 鍋に牛乳とグラニュー糖を入れて火にかけ、沸騰させる。

3 ボウルに卵黄を入れ、②を3分の1量加えて泡立て器で混ぜる。

4 ②の残りを火にかけ、沸騰したら③を加え混ぜて数秒加熱する。火から下ろし、ダマにならないようにゴムベラで混ぜる。

5 ④に板ゼラチン加え混ぜる。

＊ 水分量が多いので、ゼラチンを加えて保形性を高める。

6 ①に⑤を少量（7分の1〜6分の1量が目安）加え、泡立て器でよく混ぜる。この作業をあと2回くり返す。

＊ 水分量が多いので、何回かに分けて合わせる。最初は分離した状態になってOK。徐々に乳化させていく。

7 ⑥に⑤の残りを加え混ぜる。

8 スティックミキサーで撹拌し、しっかりと乳化させる。

9 ボウルの底を氷水にあて、約31℃になるまで冷ます。

＊ 一般的なムース・ショコラでは、チョコレートが固まってダマにならないように40〜50℃にして泡立てた生クリームと合わせるが、このムース・ショコラは水分量が多くて固まりにくいので、約31℃と低めに調温する。

10 ⑨に6分立ての生クリームを加え、泡立て器で混ぜる。最後は、ボウルをゆすってムースを波立たせると混ざりやすい。

＊ ⑨を高い温度のまま泡立てた生クリームに混ぜると、気泡が上がってきてつぶれやすくなるので、⑨の温度は低くして気泡をつぶれにくくする。生クリームはしっかり泡立てず、6分立て程度にすると、よりなめらかで口溶けのよいテクスチャーになる。

組立て3

1 オーブンシートを敷いたプラックにビスキュイ・ショコラ・アマンドを焼き面が下になるように並べ、刷毛でアンビバージュを打つ。

2 組立て1の②に、①を裏返してかぶせる（アンビバージュを打った面を下にする）。フレキシパンをはずす。

3 直径5.5×高さ4cmのセルクルの内側側面にフィルムを巻き付け、フィルムを敷いた60×40cmの天板に並べる。絞り袋にムース・ショコラを入れて先端をハサミで切り、セルクルの約半分の高さまで絞る。

4 ③に②をビスキュイ・ショコラ・アマンドが上になるように入れ、指で押し込む。

5 ④にムース・ショコラをセルクルの高さ8分目まで絞る。

6 組立て2の②をビスキュイ・ショコラ・サン・ファリーヌが下になるようにのせ、指で軽く押さえる。

7 フィルムをかぶせ、トレーなどで押さえて平らにし、急冷する。

ソース・キャラメル・カミュ

1 鍋にグラニュー糖を入れて中火にかけ、鍋をゆすりながら加熱する。グラニュー糖が溶けたら泡立て器で混ぜ、全体が赤茶色になったら火を止める。

2 生クリームを少量ずつ加え混ぜる。ボウルに移し入れ、ボウルの底を氷水にあてて冷やす。

3 エスプレッソとコニャックを加え混ぜる。密閉容器に入れて冷蔵庫で保存する。

* 保存期間が長くなると香りがとびやすいので、こまめにつくること。

グラサージュ・ショコラ

1 ボウルにカカオバターを入れ、電子レンジで溶かす。ダークチョコレートを加え、ゴムベラで混ぜる。

* さまざまな材料が合わせてあるチョコレートは、単体のカカオバターよりも溶けやすい。カカオバターは、チョコレートよりも完全に溶けるまで時間がかかるので、先に温めてからチョコレートと合わせるとムラになりにくい。

2 ローストしたアーモンドダイスを加え混ぜる。

仕上げ

1 組立て3の⑦を手に持ち、外側側面をガスバーナーで軽くあぶってセルクルをはずす。側面のフィルムをはがす。

2 上面中央にペティナイフをさして持ち上げ、グラサージュ・ショコラに上面を残して浸す。

3 底を網にこすり、余分なグラサージュ・ショコラを落とす。

* アーモンドダイス入りのため、底にもグラサージュ・ショコラが付いていると、トレーに置いた時に傾いてしまう。

4 上面の余分なグラサージュ・ショコラを、ペティナイフでそぎ落とす。冷蔵庫に入れ、半解凍の状態にする。

5 組立て2の③を上面にのせ、指で軽く押さえて接着する。スプーンで中央のクラムを取り除き、ムースを表面に出す。

6 シャンティイ・キャラメル・カミュを8分立て程度に泡立てる。口径15mmの丸口金を付けた絞り袋に入れ、⑤でクラムを取り除いたところに高さ約3cmに絞る。

7 スプーンをガスバーナーで温め、⑥のシャンティイ・キャラメル・カミュに押しあててくぼみをつける。

8 ⑦のくぼみに、ソース・キャラメルをスプーンで流し入れる。

9 直径4cmのディスク・ショコラ（ブロンド）を、⑧のくぼみに、ふたをするようにかぶせる。それ以外のディスク・ショコラをシャンティイ・キャラメル・ショコラに水平にさす。

ブルーベリー豆腐タルト

Blueberry & Tofu Tart

レス バイ ガブリエレ・リヴァ＆カナコ・サカクラ
LESS by Gabriele Riva & Kanako Sakakura

こうばしさが際立つバター不使用の生地に、味噌や梅干しなどを加えたコク深い豆腐クリームを詰め、みずみずしいブルーベリーを合わせた、ガブリエレ・リヴァシェフと坂倉加奈子シェフの豊かな感性と枠に捉われない素材使いが光るタルト。生地はグルテンの少ないスペルト小麦を使ってごく薄く焼き、ザクザクとくずれる食感を実現。チーズを思わせるなめらかなテクスチャーの豆腐クリームとのコントラストを成す。ブルーベリーは生、コンポート、グレイズにして色や風味の濃淡や食感の違いを出し、果実の印象を深めた。赤シソジェルのシャープな酸味がアクセント。

シソの花穂

ブルーベリーグレイズ

ジューシー

ブルーベリー

赤シソジェル

とろっ、ジュワッ

ブルーベリーのコンポート

ザクザク

なめらか、クリーミー

スペルト小麦タルトシェル

豆腐クリーム

材料

スペルト小麦タルトシェル

《直径6cmのタルトリング約20個分》
A スペルト小麦粉…100g
　　スペルト小麦粉（全粒粉）…100g
　　ベーキングパウダー…1g
　　シナモンパウダー…2g
　　海塩…1g
B メープルシロップ（アンバー）…80g
　　米油…80g
　　アップルヴィネガー…2g
ドリュール*…適量

*卵黄100gを溶きほぐし、生クリーム（乳脂肪分47%）13gを加え混ぜて漉す。

ブルーベリーのコンポート

《35個分》
ブルーベリー*1…250g
グラニュー糖…100g
HMペクチン…7.5g
板ゼラチン*2…1.75g
レモン果汁…27.5g

*1 長野「竹川ファーム」で無農薬栽培されたものを使用。
*2 冷水でもどす。

赤シソジェル

赤シソジュース…以下より300g
　　水…420g
　　赤シソ…67g
　　クエン酸…4.2g
　　グラニュー糖A…56g
寒天粉…2.5g
グラニュー糖B…60g

豆腐クリーム

《12個分》
島豆腐…170g
A 豆乳…78g
　　寒天粉…1.5g
　　バニラビーンズの種…2g
　　メープルシロップ（アンバー）…50g
B レモンの皮（すりおろす）…5g
　　梅干し（自家製）*…5g
　　味噌*…23g
　　葛粉…3g
　　レモン果汁…35g
E.V.オリーブオイル…30g

*塩分が少なめのものを使用する。

ブルーベリーグレイズ

《つくりやすい分量》
リンゴ果汁…214g
水アメ…150g
ブルーベリー（冷凍）*1…250g
寒天粉…1g
葛粉*2…8g
水*2…12g

*1 長野「竹川ファーム」で無農薬栽培されたもので、形がくずれたり、やわらかくなったりしたものを冷凍して使用。冷凍したものを解凍して使うほうが、加工した時に色が出やすい。
*2 葛粉を水で溶く。

仕上げ

ブルーベリー（半分に切る）*…適量
シソの花穂…適量

*長野「竹川ファーム」で無農薬栽培されたものを使用。

つくり方

スペルト小麦タルトシェル

1 ボウルにAを入れ、泡立て器でよく混ぜる。
  ＊ スペルト小麦粉の全粒粉を配合することで、しっかりとしたかみごたえと力強い風味を加える。

2 Bを加え、手で混ぜる。全体がなじんでひとまとまりになったら、ムラがなくなるまでゴムベラで混ぜる。
  ＊ バターではなく米油を使用しているので、手で混ぜるうちに粉が油やシロップを吸って硬く締まってくる。

3 作業台にシルパットを敷いて②をのせる。上にもう1枚シルパットをかぶせ、麺棒で厚さ1cm程度になるまで平らにのばす。

4 作業台にオーブンシートを敷いて③をのせる。上にもう1枚oオーブンシートをかぶせ、シーターで厚さ2mmにのばす。途中、シーターの進行方向と90度異なる向きに麺棒を転がし、生地の幅を広げる。

5 天板にオーブンシートごと④をのせ、冷凍庫で最低2時間、冷蔵庫の場合は最低4時間、いずれもできれば1晩置いて冷やす。
  ＊ スペルト小麦粉はグルテンが非常に少ないので、休ませなくても焼成中に縮むことはほとんどないが、生地のつながりが弱くてもろいため、しっかり冷やし固めて割れにくくする。

6 18.5×2.5cmの帯状に包丁で20個分切る。さらに残りの生地を直径5.5cmの円型で20個分抜く。冷凍庫で冷やす。

7 直径6cmのタルトリングの内側側面に手で少し厚めにバター（分量外）を塗り、シルパットを敷いた天板に並べる。
  ＊ オイルよりもバターを塗ったほうが生地がタルトリングからはがれにくい。

8 ⑦に⑥の帯状の生地をタルトリングの内側側面にぴったりと貼り付け、つなぎ目を指で押さえて接着する。タルトリングからはみ出した生地をペティナイフで切り落とす。
  ＊ 室温に出すと生地がすぐにやわらかくなってしまうので、生地は1枚ずつ冷凍庫から取り出して素早く作業すること。また、一度にたくさんつくらないようにし、必要があればこまめに冷凍庫に入れて保管する。

9 ⑧の上に⑥の円形の生地をのせる。自然に底まで生地が落ちてきたら、上からやさしく手で押さえて底に敷き込み、側面の生地とのつなぎ目を指で押さえて接着する。

10 上火・下火ともに160℃のデッキオーブンで約25分焼成する。室温で冷ます。

11 ドリュールを刷毛で⑩の内側に塗り、上火・下火ともに160℃のデッキオーブンで15〜17分、しっかり色づくまで焼成する。タルトリングをはずし、室温で冷ます。

豆腐クリーム

1 島豆腐を適当な大きさに切って蒸し器にかける。中心まで熱くなったら紙を敷いたボウルに移し、上からも紙をかぶせて手で軽く押さえ、水けをきる。
  ＊ 島豆腐は、一般的な豆腐に比べて固くて水分が少ないため、作業しやすい。木綿豆腐をしっかりと水切りして使用してもOK。寒天粉や葛粉と混ぜる前にしっかりと熱しておくことが大切。ムラなく混ざりやすくなる。

2 鍋にAを入れて火にかけ、泡立て器で混ぜながら沸騰させる。

3 高さのある細い容器にBと①を入れ、②を加える。スティックミキサーでなめらかになるまで撹拌する。

4 レモン果汁を加え、撹拌する。

5 E.V.オリーブオイルを加え、しっかりと乳化するまで撹拌する。

6 絞り袋に⑤を入れて先端をハサミで切り、スペルト小麦タルトシェルに30gずつ絞る。作業台にトントンと軽く打ちつけて平らにし、シルパンを敷いた天板にのせる。ふれても指にクリームが付かなくなるまで、冷蔵庫で冷やし固める。

ブルーベリーのコンポート

1 鍋にブルーベリーとグラニュー糖、HMペクチンを入れる。ゴムベラでブルーベリーを少しつぶしながら混ぜて、にじみ出てきた果汁とグラニュー糖をなじませる。
2 ①を弱火にかけて、ときどきゴムベラで①と同様にして混ぜながら加熱し、沸騰してきたら火から下ろす。
3 ②に板ゼラチンを混ぜ溶かし、レモン果汁を加え混ぜる。
4 ボウルに移し、ラップをかけて密着させ、冷蔵庫で最低4時間冷やす。漉して冷蔵庫に入れておく。

ブルーベリーグレイズ

1 鍋にリンゴ果汁と水アメを入れて火にかけ、ゴムベラで混ぜながら沸騰させる。
2 火を止めてブルーベリーを加え、ラップをかけて室温で30分冷ます。
3 シノワで漉して別のボウルに移す。
  ＊上からゴムベラなどで押さえず、クリアな汁だけを抽出する。
4 鍋に③の汁を戻し入れ、寒天粉を加えて泡立て器で混ぜる。ふたたび火にかけて沸騰させる。
5 火を止めて水で溶いた葛粉を加え、弱火にかけて混ぜながら沸騰させる。
6 ボウルに移し、ラップをかけて密着させ、とろみがつくまで冷蔵庫で最低30分冷やす。

赤シソジェル

1 赤シソジュースをつくる。鍋に水を入れて沸騰させ、火を止めて赤シソを入れる。色が移ったらクエン酸を加え混ぜる。
  ＊クエン酸を入れると発色がよくなる。
2 シノワで漉し、フェルトタイプのクッキングペーパーを敷いたシノワでさらに漉す。
  ＊フェルトタイプのクッキングペーパーは、個体と液体がしっかり分けられ、よりクリアな液体を抽出することができるそう。
3 グラニュー糖Aを加えて、混ぜ溶かす。
4 鍋に③300g、寒天粉、グラニュー糖Bを入れて混ぜ、火にかけて沸騰させる。
5 バットに移し入れ、冷蔵庫に30分以上おいて冷やし固める。7mm角にカットする。

仕上げ

1 豆腐クリームを流して冷やし固めたスペルト小麦タルトシェルに、ブルーベリーのコンポートをパレットナイフでのせて、タルトシェルの高さですり切るようにして薄く平らにならす。
2 ①にブルーベリーを並べ、上から軽く押さえて密着させる。
3 ②のブルーベリーにブルーベリーグレイズを刷毛で塗り、その上にさらにブルーベリーを重ねる。
4 ③のブルーベリーにブルーベリーグレイズを塗り、隙間にも流し込むようにして塗る。
5 ④のブルーベリーグレイズに7mm角にカットした赤シソジェルと縦半分に切ったブルーベリーを2～3切れのせ、接着する。
6 シソの花穂を適宜長さを調整し、ピンセットで飾る。

メレンゲと生クリームの
シンプルなムラング・シャンティイに
白あんのソース

Meringue Chantilly

パティスリー イーズ
Pâtisserie ease

一体感や調和を重視し、似たような
ニュアンスの風味や食感を重ねるこ
とで、強い個性を感じさせずに奥行
きや心地よい余韻を表現する大山
恵介シェフ。サクッと繊細なメレンゲ
には軽快な歯ざわりのアーモンドス
ライスを合わせた。茶色く色づくま
で焼いたこうばしさも両者の共通
点。口の中でスッと消えるメレンゲ
のはかない口あたりとほのかなコク
を、軽い食感と味わいのアーモンド
が際立たせる。軽く口溶けのよいク
レーム・フエッテと白あんのソース
のやさしい風味が全体を包み込む。

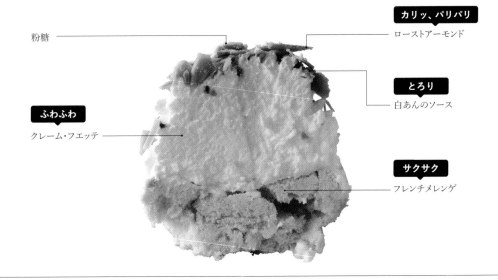

粉糖 ————————

カリッ、パリパリ
———— ローストアーモンド

とろり
———— 白あんのソース

ふわふわ
クレーム・フエッテ ————

サクサク
———— フレンチメレンゲ

材料

フレンチメレンゲ

《12個分》
卵白…80g
グラニュー糖…80g
粉糖A*…80g
粉糖B*…適量

*それぞれふるう。

ローストアーモンド

《つくりやすい分量》
アーモンドスライス…適量

クレーム・フエッテ

《12個分》
生クリーム(乳脂肪分42%)*1…200g
コンパウンドクリーム*2…200g

*1 タカナシ乳業「タカナシ北海道純生クリーム42」を使用。
*2 タカナシ乳業「レクレ33%」を使用。

白あんのソース

《12個分》
キビ砂糖…120g
水…80g
白あん…50g

仕上げ

粉糖…適量

つくり方

フレンチメレンゲ

1 ミキサーボウルに卵白を入れ、グラニュー糖を少量加えてホイッパーを付けた中高速のミキサーで撹拌する。全体が白っぽく泡立ってきたら、残りのグラニュー糖を半量ずつ加えて中速で約20分泡立てる。

  * 卵白に砂糖をしっかりと溶かし込み、きめ細かな気泡が均一に入った口あたりのよいメレンゲにするため、途中で中速に切り替えて時間をかけて泡立てる。高速のまま泡立てると短時間で仕上がるが、大きな気泡が混ざり、ガリガリとした食感に焼き上がってしまう。

2 つやが出てきたら高速に切り替え、ホイッパーですくうとピンと角が立つ状態になるまで撹拌する。

  * 中速のまま最後まで撹拌を続けると、気泡は細かくなるが、固くならないので、最後に高速に切り替えてしっかり泡立てて保形性を高める。

3 ボウルにメレンゲを入れて粉糖Aを加え、できるだけ気泡をつぶさないようにゴムベラで底からすくうようにして、粉けがなくなるまで混ぜる。

  * つぶれにくく、細かな気泡が詰まったメレンゲをつくってから粉糖を合わせ

ることで、軽くきめ細かいテクスチャーに仕上げる。

4 口径14mmの丸口金を付けた絞り袋に③を入れ、シルパットを敷いた天板に直径約5cmの半球状になるように絞る。

  * 時間の経過とともに気泡がつぶれていくので、手早く絞ること。少量(300g以下)ずつ仕込むと絞ってからオーブンに入れるまでの時間を短縮できる。

5 ④に粉糖Bを少し積もる程度に茶漉しでふる。

6 120〜130℃のコンベクションオーブンで約3時間焼成する。

＊焼成中、膨らんでシュー生地のように割れ目が入るが、ツルンとしたきれいな見た目よりも、しっかりと火を入れることを重視。より軽やかな食感が表現できる。

7 焼き上がったらそのまま室温に置いて冷ます。乾燥剤を入れた密閉容器に入れて保管する。

＊焼き上がりは、中まで薄茶色に色づき、キャラメル化した部分もある状態。卵白に対して糖の量が多い配合だが、色づくまでしっかりと焼くと、甘さを抑えられる。ただし、焼きすぎるとキャラメルの風味が増してくどくなるので、ほどよい焼成具合にすること。

ローストアーモンド

1 フッ素加工の天板にアーモンドスライスを広げ、しっかり色づいてこうばしくなるまで、160℃のコンベクションオーブンで焼成する（約15分が目安）。焼き上がったらそのまま室温に置いて冷ます。乾燥剤を入れた密閉容器に入れて保管する。

クレーム・フエッテ

1 ボウルに生クリームとコンパウンドクリームを入れ、乳脂肪分38％に調整する。

＊乳脂肪分42％の生クリームと、練乳のようなミルキーさが持ち味の脂肪分33％のコンパウンドクリームを混ぜ合わせ、ミルキーな風味と乳脂肪分のバランスをとる。

2 泡立て器で10分立てに泡立てる。

＊少しぼそぼそとした質感になってOK。しっかりと泡立てることで、ふわふわとした軽い食感を表現できる。

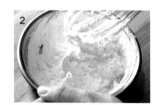

白あんのソース

1 鍋にキビ砂糖と水を入れて沸騰させる。

2 ボウルに白あんを入れ、ゴムベラですくうとスーッと流れ落ちるテクスチャーになるまで、①を少量ずつ適量加え混ぜる。冷蔵庫で冷やす。

＊白あんは、甘味があまり強くないものをセレクト。

仕上げ

1 10切・10番の星口金を付けた絞り袋にクレーム・フエッテを入れ、皿の上に少量絞る。

2 フレンチメレンゲの焼き面を下にし、平らな面に①のクレーム・フエッテをロザス形に3回転させて絞る。

3 ②の上にローストアーモンドをたっぷりとかける。

4 ①に③をのせて接着する。

5 ④に粉糖を茶漉しでたっぷりとふる。

6 白あんのソースを試験管に入れ、⑤に添える。食べ手が好みのタイミングでかける。

chapter 3

デザインで印象的に！

視覚を知る

監修・和田有史

1974年静岡県生まれ。日本大学大学院文学研究科を修了後、国立研究開発法人農業・食品産業技術総合研究機構などを経て、立命館大学 食マネジメント学部教授。東京大学大学院 上級客員研究員も務める。実験心理学、知覚心理学、認知心理学を専門とする。博士（心理学）。専門官能評価士。

"見る"ってどんな仕組み？ 視覚のメカニズム

　視覚、嗅覚、聴覚、触覚、味覚など、私たちはさまざまな感覚機能を通して外界の情報を得ています。このうち、「視覚」は目を通してものの色や形、明るさ、動きなどを見分けたり、認識したりする働きのこと。私たちの目は、色や形といったその物体がもっている構造や性質の情報を含む光のパターンを受け取り、ある程度の情報を網膜で処理したのち、視神経を通して脳へ伝えます。脳ではさまざまな視覚情報が分析・統合され、最終的に目に映っているものがどんな色や形をしているか認識されるのです。さらに脳内では、目から受け取った情報と「赤くて甘い、つぶつぶのある食べ物」といった記憶のなかの情報が統合。その結果、目の前にあるのは「イチゴである」といった判断がくだされます。食べものを口に入れる前に、その情報を脳へ届ける視覚は、その食べものの印象を左右する重要な感覚機能と言えるでしょう。

視覚が食べものの第一印象を決める

　レストランで料理やデザートを選ぶ時、メニュー写真はオーダーを決める大きな決め手になります。また、ショーケースに並ぶケーキを選ぶ際も、見た目で「おいしそうなもの」「食べたいと思うもの」を選ぶ人がほとんどでしょう。それだけ、私たちは、見た目の印象で食べものの魅力を判断しているのです。

　見た目の判断には、色や形、大きさ、盛り付け方、器とのバランス、照明のあたり方と反射など、さまざまな要素が関係しています。たとえば、チャーハンやチキンライスは高くこんもり盛り付けたほうがボリュームが出て、平らに盛った時よりおいしそうに見えるでしょう。

　また、ある実験では、同じ量のアイスクリームを盛る場合には、大きいカップより、小さいカップに盛ったほうが「魅力的に見える」と答えた人が多かったといいます。これは、対象となるもののまわりにより大きなものがあると、その対象が相対的に小さく見えるためです。さらに、図形の角度も見た目の印象を左右する要素のひとつ。正方形の場合は辺を正面にして置くよりも45度回転させて角を正面にするほうが、より大きく印象的に見えることが実験で明らかにされています。ケーキの陳列の際には、見せる角度も意識してみてください。

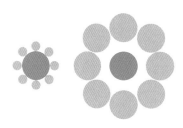

中央の青色の円は左右ともに同じ大きさ。中央の円は、まわりの円が大きいと小さく見え、逆に、まわりの円が小さいと大きく見える。

イチゴはなぜ 赤く見えるのか

　この世界を彩るさまざまな色は、それぞれの物体が反射する光の刺激によってもたらされています。太陽光や電球などの光には波長の異なるさまざまな光線が含まれていて、光に照らされた物体は、それらの波長の光の一部を吸収し、残りの波長を反射しています。たとえば、イチゴの実は赤色の長波長の光を反射し、それ以外の光を吸収しているため、私たちの目には赤く見えます。つまり、物質が反射する光の波長の違いが、物体の色の違いの重要な手がかりとなるのです。

　哺乳類だけでなく、魚や鳥、昆虫も色を見分けていることがわかっていますが、それぞれの認識できる色合いは環境に合わせて異なる進化を遂げました。私たち人間やチンパンジーなど霊長類の場合は、赤、緑、青の波長をとらえて色を判断する「三色型色覚」をもっており、この色覚は、緑の葉のなかから熟した赤い果実を見つけるために発達したとも言われています。この説が正しければ、人の色覚は、よりおいしいものを食べるために進化し、完成したものだと言えるかもしれません。

色が味覚を惑わせる！？

　味覚が視覚の影響を受けやすいことは、さまざまな実験を通しても明らかになっています。たとえば、赤やピンクは「甘味」を、茶色は「苦味」を感じやすい色だと言われています。さまざまな色をつけた温かいスープを使った実験では、同じ温度でも青いスープはほかの色よりも温度を低く感じ、黄色いスープを飲んだ時は、青いスープを飲んだ時よりも実際に体温が上がったという結果も出ています。

形が変われば、味も変わる!?

　イギリスの心理学者、チャールズ・スペンスの著書『「おいしさ」の錯覚』には、菓子の形と味にまつわるこんな逸話が紹介されています。イギリスのチョコレート会社が、ある時、チョコレートバーのフォルムをリニューアル。角ばった形から、角に丸みをつけた形に変えました。すると多くの消費者から「以前より甘くなった」と抗議の手紙が殺到したというのです。しかし、チョコレート会社が変更したのは形だけ。レシピは一切変えていなかったにもかかわらず、丸みのある形に変えたことで、「甘い」と感じる人が増えてしまったそうです。

　形と味覚の関係については、私も研究を進めています。立命館大学の認知デザイン研究室では、「甘い」「苦い」といった味を表現する言葉と形の関連性を分析。おおまかですが、丸い形と「甘い」、尖った形と「苦い」の相関が高いことなどがわかりました。尖った形が「苦さ」を連想させることについて、チャールズ・スペンスは、尖った形状や苦みが「進化の過程で危険と脅威と結びつけて考えられてきた」ことが影響しているのかもしれないと語っていますが、味と形が結びつく理由は残念ながらまだ解明には至っていません。

「デザートは別腹」と視覚の関係

　「もうお腹いっぱい」と思っても、デザートは別腹。甘いものならぺろりと食べられる、というスイーツ好きは多いようです。じつは、私たちが満腹感を感じるのは、胃の中に収まった食べものの量そのものではなく、「食べる」という行為を継続するうちに脳の満腹中枢が刺激されるためだと言われています。ところが、いったん満腹中枢が刺激されても、その刺激を超える「おいしそう」「食べてみたい」という強い刺激が生じると「食べたい」欲求が満腹感を凌駕。「デザートは別腹」とばかりにふたたび食欲が湧いてくるのです。また、食欲が高まることによってオレキシン*が分泌されて消化器官の活動が活発になることも、別腹が生まれる要因の1つと言われています。スイーツに限らず、「おいしそう」と思わせる視覚的な魅力をもった食べものは、見た目だけで食欲をかき立てる罪な存在と言えそうですね。

　一方、色が味の判断を狂わせることもあります。たとえば、フランス・ボルドー大学のワイン醸造学科で、何の情報も与えずに学生たちに赤く着色した白ワインを品評してもらう実験をしたところ、多くの学生が赤ワインと認識し、赤ワインの品評に使われる典型的な言葉を使ったといいます。ワインのプロをめざす学生たちでさえ、色によって味の評価を間違えてしまうわけですから、色が味に及ぼす影響はかなり大きいと言えますね。

記憶のなかの色が食味を左右する

　バナナは黄色、イチゴは赤色、オレンジは橙色……ある食べものをイメージする際、私たちは知らず知らずのうちに、記憶のなかにある食べものの色を思い浮かべています。そういった記憶された色は「典型色」とも呼ばれ、さまざまな食品にそれぞれの典型色が紐づけられています。食べものの典型色は、一般的に実際の色味よりも鮮やかな色として記憶されていることが多く、記憶のなかの色は味や香りの感じ方にも影響を及ぼしていると言われています。たとえば、かき氷のシロップは、実際のレモン果汁やイチゴ果汁より色鮮やかに着色されていますが、これはレモンやイチゴを想起させる典型色に仕上げることで、その食べものの印象を強めた例と言えるでしょう。

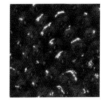

多くの人が「イチゴ＝赤」と認識していることから、イチゴの典型色は赤だと言える。モノクロのイチゴの写真を見ても、イチゴと言われなければ、ひと目で認識するのは難しい。

"つや感"が食品をフレッシュに見せる

　私たちは日ごろ、食品の鮮度を見た目で判断しています。その判断には、色や質感など、さまざまな要素が関係していると考えられますが、「つや感」もそうした手がかりの1つです。

　私の研究グループではイチゴやキャベツの表面を撮影して解析し、時間の経過とともに輝度（単位面積あたりの明るさ）がどのように変化するかを研究したことがあります。その結果、表面の輝度は時間とともに低下してつや感が失われ、その変化に対応して見た目による鮮度の評価も低下していくことがわかりました。菓子づくりではグラサージュやナパージュでつや感を出すことが多いですが、科学的に見てもつや感を演出することで、菓子のフレッシュ感は高まると言えそうです。

イチゴの鮮度評定の変化

0分

75分経過

165分経過

出典：Arce-Lopera,Wada et al.i-Perception（2012）vol.3,338-355

*脳の視床下部の外側部で産生される、食欲や摂食行動、睡眠・覚醒などに関与する神経ペプチド（興奮の伝達・制御に作用する短い鎖状になったアミノ酸の分子）。

認知心理学から探る、菓子のデザイン

冨田大介

1977年愛知県生まれ。 美術大学卒業後、「オテル・ドゥ・ミクニ」（東京・四谷）を経て、「エーグルドゥース」（同・目白）で修業し、スーシェフを約10年務める。2017年に実家の「パティスリー カルチェ・ラタン」（愛知・名古屋）のオーナーシェフに。

和田有史

1974年静岡県生まれ。 立命館大学 食マネジメント学部 教授。 実験心理学、知覚心理学、認知心理学を専門に研究しながら多方面で活躍。『味わいの認知科学 舌の先から脳の向こうまで』（勁草書房）などの共著がある。 食への関心も高く、料理人との交流ももつ。

菓子における視覚的な表現

和田 冨田さんは日ごろ、菓子の形や色をどのように決めていますか？

冨田 レシピを考える際は、つねに「味」からスタートします。まず素材やパーツの組合せを考え、味が決まったらデザインを考えるという具合です。デザイン面では、どうしたらよりその菓子の味を伝えられるかを一番に考えています。お客さまは見た目の印象をもとに味を想像して購入しますから、見た目から思い浮かべる味と実際の味が近いほうが食べた時により「おいしい」と感じてもらえると思うんです。そこに差があると「これは何の味だろう」と探るところから食体験がはじまるので、味覚的な評価をくだすまでに時間がかかり、味の感度が落ちてしまう気がするんですよ。なので、たとえば味が重めの時は色を濃くし、軽めの時は明るい色に仕上げるなど、見た目からもある程度、風味の傾向が伝わるデザインを心がけています。

和田 明るい色調のものほど軽く、暗い色調のものほど重く感じる傾向は実験でも明らかになっているので、理にかなっていますね。食べものの見た目からイメージした味と食べた時の味が一致していると味や香りの印象をより強く感じるということも科学的に研究されていて、食品のパッケージデザインと中身の味の印象について調査した研究では、表現の方向性が一致していると、そうでない場合に比べておいしさをより強く感じるという結果が出ています。外観と中身のイメージの一致のほかに、見た目的にはど

んな点を重視されていますか？

冨田 一番のポイントは、おいしそうに見えるどうかです。なので、お客さまがパッと見て「おいしそう！」と思えるように、親しみやすく、安心できるデザインにすることが多いです。その一方で、コンクールに出品する菓子の場合は、プロの審査員が評価しますから、スタイリッシュだったり、驚きにつながったりする表現が必要になってきます。

和田 なるほど。場面や状況によってデザインの方向性を変えたり、使い分けたりしているわけですね。

冨田 パティスリーの菓子というのは、ちょっといつもと違うハッピーな演出をしたい時に購入することが多いと思うので、特別感や非日常感を感じてもらえるように、ケーキのデザインはもちろん、陳列の仕方などでも期待感や高揚感を盛り上げるようにしています。

和田 食品にアプローチする際は、視覚が入口になることが多いですから、そこでぐっと期待値を上げることも大事ですね。先ほど売り場を拝見しましたが、形も色もきれいなケーキが多く、デザイン的な演出も意識されているんだなと感じました。ケーキも焼き菓子もつや感のあるものが目につきましたが、つやについては、どうお考えですか？

冨田 おいしさを感じさせる要素の1つとして重視しています。ただ、つやが印象に残ったとしたら、それは照明の効果もあるでしょうね。どうしたら商品がよく見えるかを考えて、照明の高さやあて方を決めていますから。

和田 ショーケース内の照明はLEDですか？

冨田 はい。LEDは商品が明るく見えますし、交換不要で

熱も発生しないので菓子には最適だと思います。ただ、光が反射しやすく、光源の点々が大理石やケーキに映り込むことがあるのが、ちょっと気になるところです。

和田　LEDは発光する部分の面積が小さい点光源なので、光が直進してハイライトをつくりやすいんです。そうした特性上、つやを表現するには効果的な光源ですが、点々が気になるようでしたら曇りガラスのようなカバーをつける方法もありますね。ただ、それだとスポットライトの効果が減って、つや感は弱くなるかな。

冨田　つや感は見た目の印象にかなり影響するので、僕らパティシエはナパージュやグラサージュなどを使って、つやを出すことが多いです。

和田　人は食品のつやで鮮度を評価する傾向があるので、つやのある食品を見ると「鮮度が高い」「フレッシュ」というイメージをもちやすいんです。僕らの研究グループでは以前、イチゴやキャベツが劣化していく様子を撮影し、輝度（単位面積あたりの明るさ）の分布状態を測って、つやと鮮度の関係を分析したことがあります。その結果、表面の輝度は時間とともに低下し、分布も乱れていくことがわかりました。さらに、さまざまな輝度分布の画像を見せて鮮度を評価してもらったところ、つや感のある画像ほど鮮度が高いと評価される結果になりました。

冨田　なるほど、果物や野菜はつやがあるとより新鮮に見えますけど、それは科学的にも証明されているんですね。

色と形が味に与える影響

和田　色を見る仕組みについて少しお話しすると、色というのは、その物体がどの波長の光を反射し、どの波長の光を吸収するかで決まります。イチゴが赤く見えるのは、青や緑の光を吸収し、赤い光を反射するから。一方、レモンは赤から緑まで反射するので、赤い光をあてると赤く見え、緑の光をあてると緑に見えます。ただし、イチゴもレモンも青い光は反射しないので、青い光をあてると黒く見えます。

冨田　イチゴのへたは、緑の光をあててもちゃんと緑に見えていますね。

和田　光合成を担う色素のクロロフィルは緑の光を吸収しにくい性質をもっているため、葉は緑色に見えるんです。一説には、霊長類の色覚が赤、緑、青を見分けられるように発達したのは、緑の森の中で熟した果実を見つけやすくするためだとも言われています。この説が正しければ、僕らの色覚は赤と緑を区別するために進化したと言えますね。

冨田　僕は生菓子に原色はあまり使いませんが、観賞用のピエスモンテにはアクセントに赤と緑を使うことが多いです。入れると色彩的にぐっと締まるんですよ。そういえば、修業時代、数種類のフルーツを盛りつけるタルト・フリュイ

冨田シェフが2013年に出場した製菓の世界大会、クープ・デュ・モンド・ドゥ・ラ・パティスリーで披露した作品。左から皿盛りデザート、アントルメ・ショコラ、アントルメ・グラッセ。味でも見た目でもオレンジを表現した。
©Le Fotographe

をつくっていた時、「赤を多めに使うように」と師匠に言われていたのを思い出しました。赤いフルーツが多いと、なぜかとてもおいしそうに見えるんですよね。

和田　理由は1つではないと思いますが、赤＝熟した果実の色という認識があるから、目を引くのかもしれませんね。形についてはどうですか？

冨田　食べやすさや味のバランスを第一に考えますが、伝統的な菓子については昔ながらの形に即してつくることもあれば、構成要素を残しつつ新しいデザインに変えてつくることもあります。アレンジを加えることで、菓子好きの方に「デザインが変わっていて面白い」と思ってもらえるかなと。

和田　僕らは、安心できる、なじみのあるものを好む傾向と、今までにない新しいものに惹かれる傾向と両方をもっているので、伝統と新奇性を一つの菓子で表現するのは、効果的な方法だと思います。ただ、伝統菓子をアレンジした菓子であるということは、それなりの知識や経験をもっていない人にはわからないですよね。

冨田　経験の有無は重要だと思います。僕は、日本のコンクールに出場した時は隠し味を効かせたり、変わった素材を加えて味を増幅させたりして、驚きを与えるようにしていました。でも、文化や歴史、フランス菓子づくりのレベルが異なる国の人たちが審査員を務める世界大会では、ワールドワイドな基準で評価してもらえる菓子をつくる必要があります。たとえば、20ヵ国以上の審査員がジャッジするクープ・デュ・モンド・ドゥ・ラ・パティスリーでは、審査員が食べたことのない食材を使っても高く評価されない可能性があるんです。そのため、僕が出場した時の日本チームは、オレンジをテーマに据え、見た目もオレンジを想起させる菓子を出品しました。20ヵ国強が出場し、2日間にわたって開催される大会ですから、より記憶に残る菓子をつくらなければ勝つことはできません。そこで、味もデザインもオレンジに統一することで印象を強く植え付けようと考えたんです。

和田　結果はいかがでしたか。

[図1] 風味の視覚化による基本図形（抜粋）

Sweet　　Milky　　Fruity　　Bitter　　Cacao

和田教授の研究グループは、食味を視覚的に表すことを目的に、食味を表現する言葉と形状の関連性を分析。明るい⇔暗い、軽い⇔重いなどの対義語を7段階の尺度で評価するセマンティックディファレンシャル（SD）法などから形の印象を測定した。その結果、たとえば「甘い」は丸みをおびた形、「ビター」は角ばった形と相関が高いことが明らかになった。

出典・改編：和田有史ら, 日本官能評価学会誌 25巻, 第2号, 89-91 (2021)

冨田　開催国フランスに次いで、準優勝でした。

和田　すばらしいですね。オレンジ色といえば柑橘、赤色ならベリーなど、人は色とフレーバーを結び付けて記憶しているので、多くの人がイメージする典型的な色を強調すると、よりおいしそうに感じると言われています。見た目にインパクトのあるデザインは、味や香り以上に記憶に残りやすいですし、味はもちろんデザインでもオレンジに統一されたことが、かなり効果的だったのではないでしょうか。

冨田　僕が実践していることはすべて経験から学んできたことですが、科学的なお話を伺うと、なるほどと思うことが多いですね。

和田　僕の研究グループでは、味を視覚的に表現する方法も研究していて、「甘い」「苦い」「フルーティー」といった食味を表現する言葉と近いイメージをもつ図形を選び出し、検証する実験を行っています。たとえば、チョコレートの食味と対応していたのが、図1のような図形でした。さらに、ミルクチョコレートとビターチョコレートを実際に食べてもらい、2つの図形を見せて「どちらのチョコレートに対応すると思いますか」と聞くと、8割以上の人が甘さやミルク感に対応する形をミルクチョコレート、苦みやカカオ感に対応する形をビターチョコレートと回答しました。

冨田　面白いですね。実際に、飾りに使うチョコレートなどは鋭角的なほうがカカオ感や苦みを予感させますし、丸みがあると甘そうに見えます。こうした図形からデザインを考えると、より風味が伝わるかもしれませんね。

和田　今、お話したのは形と風味を対応させた実験ですが、僕らは色と形についても実験を行なっていて、たとえば、ピンク色は丸い形にイメージが近いことがわかっています。

冨田　先ほどのお話にもありましたが、色は味のイメージに影響しますね。とくにチョコレートは色が濃いほうが苦そう、明るめだと甘そうと感じると思います。こういった研究データを拝見すると、味を引き立てる表現としてデザインが大事な要素の一つであることが再確認できますね。

冨田　次回は、今日伺った視覚的な効果を意識したケーキをつくってみたいと思います。

——— ＊ ——— ＊ ——— ＊ ——— ＊ ———

甘味と苦味を見た目で表現

和田　今日は、形と食味の関連性について実際につくっていただいたケーキで検証してみましょう。

冨田　まず、こちらは色と形で苦味・甘味の印象が変わるかどうかというテーマで、チョコレートケーキを4パターンつくってみました。形としては丸いよりも角ばっているほうが、苦そうに見えると僕は思いました。

和田　六角形のものは、先日お話した味の視覚表現の実験で「カカオ」の風味とイメージが近いとされた形に似ていますね。上に飾ってあるチョコレートも、丸より尖った形のほうが苦そうな印象があります。

冨田　色にも濃淡をつけましたが、やはり濃い色のほうがより苦く見えますね。

和田　六角形で鋭角な飾りのケーキと、丸い形で丸い飾りのケーキが、苦味の印象としては対局ですね。形状と色の違いで受ける印象が変わることがわかります。

冨田　もう1つ、こちらの赤いケーキは、形とつやの表現を変えてつくりました。形としては四角いものより丸いほうが甘そうに感じますね。また、つやのあるナパージュをかけたほうがピストレしたマットな質感より、みずみずしく、フレッシュ感があります。

和田　前回お話しした、つや感があるとイチゴがより新鮮

形状と色の濃淡の違い

異なる形状と色の濃淡で印象の違いを検証。形状では角ばっているほうが丸みのあるものよりも苦く感じられ、色では暗いもののほうが明るいものよりも「苦さ」を感じられた。

形状と質感の違い

異なる形状と質感で印象の違いを検証。形状では四角よりも丸いほうが「甘さ」を感じ、質感ではピストレでマットにしたものよりも、ナパージュでつやを出したもののほうがフレッシュさやみずみずしさを感じた。

マント フレーズ

Menthe Fraise

ミントが香るさわやかなババロワとイチゴのコンポートの組合せ。かわいらしいイチゴのデザインが目をひく。丸みのある形がやさしい甘さを、赤いナパージュのつや感がフレッシュさを感じさせる。

に見えるという僕らの研究結果を実際のケーキでも確認できました。

冨田 こうしてみると、丸くてつやのあるケーキが一番みずみずしく、甘そうに感じます。これまで、形状から菓子づくりをスタートすることはほとんどありませんでしたが、今回、和田教授のお話を伺って、形のもつ味のイメージを生かすことで、今以上にデザインで味を伝えることができるようになるのではないかと思いました。

和田 色や質感、形の組合せ方次第で、菓子の表現には無限の可能性がありそうですね。

冨田 次は、店で提供しているケーキです。「ルビー」と「バルケット カフェ」はどちらもチョコレートケーキですが、尖った形をしていて色の濃いバルケット カフェのほうが見た目には苦く感じるのではないかと思います。実際にバルケット カフェはチョコレートとコーヒーの苦味を打ち出していて、なめらかなチョコレートムースの中にフルーツのコンポートが入っているルビーよりも苦味があります。もう一つ、イチゴをデザインした「マント フレーズ」は、つや感を加えてフレッシュさを演出した例です。

和田 さまざまな工夫を凝らして食感のイメージを表現しているんですね。菓子のプロが実践している造形的な表現

方法と、「外見から期待した風味や食感と、食べた時に感じる風味が合致していた場合は、そうでない場合に比べてよりおいしく感じる」という僕らが研究から導き出した説の間に共通性があることがわかりました。

冨田 直感的、感覚的に行っていたことに科学的な裏付けがあると伺って、答え合わせをしているような気分です（笑）。

"ゆらぎ"の効果

冨田 では最後に、職人技が生む"おいしそう感"が詰まっている例として「タルト クレーム オランジュ」を用意しました。このような菓子は、絞り方や焼き具合などに職人の技量や個性が出やすいんです。たとえば、メレンゲの絞り方ひとつとっても、バランスはよいけれど機械のように均一ではなく、手仕事ならではのぬくもりがあります。カチッと型に入れてつくった菓子とは違う、形としての"おいしそう感"があると思うんですよ。

和田 手仕事による造形を「おいしそう」と感じるのは、心地よい微妙なゆらぎを含んでいるからかもしれません。波の音やろうそくの炎のように、規則性と意外性が適度に組み合わさった「1/fゆらぎ」を感じると、人は心が安らぐと言われていますから。

ルビー

Rubis

ムース・ショコラに、甘ずっぱいフランボワーズとチェリーのコンポートを組み込んだ1品。濃い色合いが濃厚なチョコレートの風味をイメージさせる一方、丸い形とつや感がまろやかな印象を与える。

バルケット カフェ

Barquette Café

ほろ苦いコーヒーのガナッシュと濃厚なアーモンドのプラリネを小舟形の生地に詰め、グラサージュ・ショコラとコーヒーのクレーム・シャンティイで仕上げた。シャープな形状とグラサージュ・ショコラの色味が苦味を想起させる。

タルト クレーム オランジュ

Tarte Crème Orange

すっきりさわやかな甘味の
なかに、ほのかに苦味を
感じる甘夏を使ったクリー
ムとコンフィ、メレンゲの
組合せ。立体感のあるメ
レンゲの絞り方や焼き色
の風合いが職人の手仕
事を感じさせる。

冨田　確かに、カチッと決めたデザインのケーキの場合も、
トッピングの角度をちょっとずらして動きを出すとか、そう
いうことは自然とやっていますね。

和田　アシンメトリーの美しさですね。ある研究によれば、
一般的にはバランスのとれた対称的な図形を「美しい」「よ
い」とする人が多いそうですが、日本庭園のように非対称
なデザインならではの美しさも確かにあると思います。

冨田　カチッとした部分と遊びの部分が混在していると、
野暮ったくならずに「おいしそう」につながるのかもしれま
せんね。さらなるおいしさを感じてもらうには形や色の使
い方が重要だと改めて思いました。

和田　美しさはケーキの大事な要素ですし、夢を与えてく
れる食べものですから、視覚的なイメージを高めることも
重要になりそうですね。

五感すべてで味覚を磨く

冨田　話は少しずれますが、僕は1年に1回、小学校で食
育のお話をさせていただいています。その授業では砂糖や
塩、酢、チョコレートで甘味、塩味、酸味、苦味を感じても
らった後にタルトを配って、どんな味がすると思うか聞くんで
す。その際、まずは見た目で甘い、すっぱい、苦い、しょっぱ
いのどれだと思うか挙手してもらうんですけど、チョコレ
ートタルトの場合は毎回、「甘い」と「苦い」が半々くらい。実
際に食べてから聞くと「苦い」という子がほとんどでした。
それで、ちょっと苦すぎたかなとカカオ分を抑えたところ、
今度は「甘い」という答えが圧倒的に多くなったんです。今
回、色や形について考える機会をいただいて、色を濃くす
るとか、カカオパウダーをふるとか、見た目で苦味を表現す
る方法もいろいろあることに改めて気づかされました。

和田　苦味を形や色でイメージさせる菓子なら、子どもた
ちも食べやすいでしょう。冨田さんの授業は、フランスの醸
造家で味覚教育の第一人者であるジャック・ピュイゼ氏の
味覚教育の手法を想起させますね。

冨田　レストランでの修業時代に、フランスの味覚教育の
普及に力を入れていたシェフの「味覚の授業」のアシスタン
トをした経験が今につながっていると思います。

和田　なるほど。僕はピュイゼ氏のセミナーに参加したこと
がありますが、視覚を活用した授業は子どもにもわかりや
すく、興味ももたれやすい。今回つくっていただいたチョコ
レートケーキのサンプルを見せて「どれが一番甘いと思
う？」と聞いたら、やはり丸くて色の薄いケーキが「甘そう」
と答える子が多いと思いますよ。

冨田　食育の授業では自分が何を感じたかが大事で、「甘
い」「しょっぱい」「すっぱい」「苦い」、どう答えても間違い
じゃないんですよね。最終的には、この授業を通じて味とい
うのは、舌で感じるだけでなく、見た目とか、匂いとか、音
とか、いろいろな要素でできているんだということを伝え
られたらと考えています。

和田　人間の視覚や嗅覚、聴覚、味覚、触覚などの感覚は決
して独立して働いているわけではなく、それぞれが影響し
あって「おいしさ」が生まれます。とくに視覚は味や食感の
イメージに大きく影響するので、そうした視覚の働きや見
た目が味の判断に影響する例などを盛り込んだら、さらに
面白い授業になりそうですね。

冨田　僕は、これまでに"味の修業"は山ほどしてきました
が、「見せる」という部分についてはもっと掘り下げていく
必要があると改めて感じました。今まで苦味を表現したい
時はカカオ分のパーセントを上げたり、苦味の強い素材を加
えたりと味の面で調整してきましたが、色や形で味の印象
を強められるとわかったので、今後はデザインも工夫して
効果的に味を表現する方法も考えてみようと思います。

和田　菓子づくりのプロとしての冨田さんの解釈力、表現
力には本当に驚かされました。自分たちの日ごろの研究が
菓子をとおして実際に表現され、効果を確認できたことは
研究者として非常にうれしいです。

視覚の効果と見た目の表現方法

エーグルドゥース
AIGRE DOUCE

　視覚は味を想像させる大切な感覚。視覚的な要素は、ひと目でおいしいとわかる、味につながるファーストコンタクトであり、これまでの食の経験やおいしさの記憶とも結びつくと考えています。インパクトや目新しさよりも素材の質感や自然な色合い、みずみずしさを感じる"シズル感"や、いかにもおいしそうな"グルマンディーズ"な表現を意識し、造形的に美しいばかりではなく、線のやわらかさや"手仕事感"のある見た目も追求しています。また、僕のデコレーションの基本はアシンメトリー(左右非対称)。ととのったなかに計算された自然な"崩し"が加わることで、フランス菓子としての美しさが表現されると考えています。

寺井則彦

1965年神奈川県生まれ。「ルノートル」などを経て渡仏し、アンジェ「ル・トリアノン」、ゲント(ベルギー)「ダム」、ミュールーズ「ジャック」などで修業。帰国後、東京・四谷「オテル・ドゥ・ミクニ」のシェフパティシエを務め、2004年に東京・目白で独立開業。ルレ・デセール会員。

形状から受ける印象を考える

　視覚からおいしそうに感じるかという視点では、形状から受ける印象に大きな違いはないと考えています。ピスタチオのパータ・グラッセをかけた形の異なるプチガトー(左写真)を見ても、食欲をそそられるという意味ではあまり差は感じられません。もちろん形状によってコンポジション(構成)が違えば、味や食感の感じ方には影響します。円柱と三角錐と四角形では、パーツの重ね方が変わることが多いからです。また、パーツの比重の違いが見えたら、形が同じでも印象は変わります。たとえば、タルトの生地がすごく厚かったら、これまでの食の経験や記憶も加わって「食べにくそう」と思いますし、実際に食べにくく、味のバランスが悪いことのほうが多いでしょう。視覚による情報の大部分は、形状よりも色合いや質感、飾りなどから得られると考えています。

直方体　　立方体　　円柱形　　半球形

"おいしそうな見た目"を考える

　視覚だけでおいしさは判断できるのか?　たとえば食品サンプルのイチゴを見比べた時、精巧につくられた食品サンプルと、いかにも偽物だとわかるそれでは、前者のほうがおいしそうに感じます。今までの食の記憶と見た目を結びつけて判断し、色味やつやなどがより本物に近いものがおいしそうに見えるのです。一方、本物と精巧な偽物を見比べた時、かならずしも本物のほうがおいしそうに感じるわけでもなさそうです。たとえ本物でも白い部分が多ければ、硬くて甘くなさそうと感じ、むしろ精巧な食品サンプルのほうがおいしそうに見えてしまう。偽物同士の比較と同じで、色味やつやなどから味を想像するのです。こうした視覚の"危うさ"を理解したうえで、菓子のビジュアルを考えることが大切だと感じています。

一番右がディスプレイ用の偽物で左2個が食品サンプル。右から2番目がアメリカ産イチゴの本物。

本物のイチゴでも、赤いイチゴはおいしそうに、白い部分が多いイチゴは硬くておいしくなさそうに見える。

素材感の表現方法を考える

　"素材らしさ"の視覚的な表現も意識しています。イチゴであれば、赤い色をつければ風味がなくても"イチゴらしい"雰囲気を出せますし、逆にイチゴ風味でも真っ白にしたら視覚的にはイチゴを表現できません。「オテル・ドゥ・ミクニ」のシェフパティシエ時代に、イチゴの外側の赤い部分と中心の白い部分を分け、それぞれ違うパーツにして組み合わせたデザートをつくったことがありました。赤いパーツはイチゴだと予想できますが、白っぽいパーツはイチゴだと判断できない。食べた時に初めてどちらもイチゴだとわかる仕掛けで、視覚をだましたサプライズの演出の一つでした。また、たとえば、イチゴのピュレを使ったなめらかなピンク色のムースよりも、イチゴの果肉を残したプレザーブ入りのピンク色のムースのほうがイチゴのフレッシュ感や果実味を感じますし、それらよりもシズル感のあるジュリフィエのほうがイチゴの凝縮した風味を想像させます。見た目だけで風味の印象を強めることも弱めることもできるのです。

　ベーシックなタルトのひとつであるイチゴが主役の「タルト・オー・フレーズ」では、イチゴの味わいをおいしそうに伝えられる見た目にもこだわっています。動きを出すようにイチゴを盛り、フランボワーズで酸味を補強しながらイチゴの風味を凝縮した色鮮やかなコンフィチュールをたっぷりと塗って色味とつやをプラス。もちろん風味も強くなりますが、見た目からもイチゴの印象を強めました。

上から時計まわりに、色粉で赤くした水、イチゴの香料入りの水、イチゴの白い部分のピュレ、イチゴのピュレ、果肉入りのイチゴのピュレ。

上から時計まわりに、イチゴの香料のみのムース、イチゴのピュレのムース、イチゴの果肉入りピュレのムース、果肉入りのジュリフィエでおおったムース、フレッシュなイチゴ。

タルト・オー・フレーズ
Tarte aux Fraises

果実感を豊かに表現し
イチゴのおいしさを訴求する

追求したのは、"どこまでイチゴの味をおいしく感じさせるか"。ベリーのコンフィチュールを土台にしのばせ、仕上げにもたっぷりと塗ってイチゴの味わいを力強く打ち出した。つやと鮮やかな色合いが果実感やシズル感をアップ。イチゴはやや小ぶりで粒のそろったものを選び、半割にして表面も切り口も見えるように盛ることで、色に変化をつけつつ立体感ももたせた。

ベリーのコンフィチュール — イチゴ

シロップ — クレーム・ディプロマット

フランジパーヌ — アーモンドスライスのクロッカン

パート・シュクレ — ベリーのコンフィチュール

材料

パート・シュクレ

《つくりやすい分量》
全卵（溶きほぐす）…85g
塩…4g
バター（冷やす）…300g
薄力粉…430g
アーモンドパウダー…55g
粉糖…160g
バニラビーンズの種
…0.25本分

ベリーのコンフィチュール

《つくりやすい分量》
グラニュー糖…470g
ペクチン…5.5g
イチゴ（冷凍・ホール）*…500g
フランボワーズ
（冷凍・ブロークン）*…125g

*冷蔵庫で解凍する。

クレーム・ディプロマット

《直径12cmのセルクル2台分》
クレーム・パティシエール*…120g
キルシュ…3g
生クリーム（乳脂肪分45%）…35g
粉糖…3.5g

組立て・仕上げ

《直径12cmのセルクル2台分》
シロップ*[1]…10g
イチゴ*[2]…適量
アプリコット
ジャム*[3]…適量
アーモンドスライスの
クロッカン*[4]…適量
粉糖…適量

フランジパーヌ

《つくりやすい分量》
全卵（溶きほぐす）…100g
グラニュー糖…94g
バター（室温にもどす）…100g
アーモンドパウダー*[1]…100g
薄力粉*[1]…17g
クレーム・パティシエール*[2]…80g
ラム酒…8.3g

*[1] 合わせてふるう。
*[2] 鍋で牛乳500g（つくりやすい分量、以下同）とバニラビーンズのサヤと種0.5本分、グラニュー糖50gを沸騰させる（A）。卵黄120gとグラニュー糖100gをすり混ぜ、フランパウダー45gとAを混ぜる。これをシノワで漉してAの鍋に戻して強火で炊く。急冷する。

*フランジパーヌの材料欄にあるクレーム・パティシエールと同様にしてつくる。

つくり方

パート・シュクレ

1 ボウルに全卵と塩を入れて混ぜる。
2 薄力粉の一部を打ち粉にし、バターを麺棒で叩いてしなやかにする。
3 残りの薄力粉、アーモンドパウダー、粉糖を合わせてふるい、ミキサーボウルに入れ、バニラビーンズの種を加える。
4 ②のバターを入れ、フックを付けた中速のミキサーでサブレ（砂）状になるまで撹拌する。
5 ④に①を加え、低速でひとまとまりになるまで撹拌する。
6 OPPシートで⑤を挟み、平らにする。天板をのせ、冷蔵庫に最低30分〜1時間（できれば1晩）置く。
7 シーターで厚さ1.25mmにのばし、直径16cmのセルクルで抜く。
8 直径12×高さ2cmのセルクルに敷き込む。余分な生地を切り落とし、ピケする。冷蔵庫に最低1時間置く。

フランジパーヌ

1 ボウルに全卵とグラニュー糖を入れ、ボウルの底を直火にあて、泡立て器で混ぜながら約25℃に温めて砂糖を溶かす。
2 別のボウルにバターを入れ、粉類と①を約3回ずつに分けて交互に加え、そのつど泡立て器でなめらかになるまで混ぜる。
3 クレーム・パティシエールとラム酒を混ぜ、②に加え混ぜる。ラップを密着させ、冷蔵庫に2〜3時間置く。

ベリーのコンフィチュール

1 ボウルにグラニュー糖の分量のひとつかみとペクチンを入れて混ぜる。
2 鍋にイチゴとフランボワーズを入れて強火にかけ、泡立て器でつぶし混ぜながら沸騰させる。
3 残りのグラニュー糖を混ぜ、沸騰したら①を加え混ぜる。天板に薄く広げ、室温で冷ます。

組立て

1 口径13mmの丸口金を付けた絞り袋にフランジパーヌを入れ、パート・シュクレの底に少量絞って薄く広げる。
2 ベリーのコンフィチュールを入れ、薄く広げる。
3 ②にフランジパーヌを渦巻き状に絞り、平らにならす。
4 上火180℃・下火175℃のデッキオーブンで約40分焼成する。セルクルをはずし、網にのせて室温で冷ます。

クレーム・ディプロマット

1 クレーム・パティシエールとキルシュを混ぜる。
2 生クリームと粉糖を合わせ、泡立て器でしっかりと泡立てる。
3 ①と②を合わせ、ゴムベラで混ぜる。

仕上げ

1 組立ての④の上面にシロップを刷毛で5gずつ打つ。
2 口径13mmの丸口金を付けた絞り袋にクレーム・ディプロマットを入れ、中央に円錐状に65gずつ絞る。
3 イチゴを不規則にのせ、ドーム状にする。
4 ベリーのコンフィチュールを流れない程度の粘度がある状態まで温め、③のイチゴに刷毛でたっぷり塗る。
5 パート・シュクレの側面にアプリコットジャムを薄く塗ってアーモンドスライスのクロッカンを貼り付け、その上に粉糖をふる。

*[1] ボーメ30度のシロップとキルシュを1対1の割合で混ぜる。
*[2] ヘタを取って縦半分に切る。
*[3] 鍋に市販のアプリコットジャム500g（つくりやすい分量・以下同）とアプリコットのピュレ100gを入れて中火で沸騰させる。使用直前に再度加熱し、ヘラですくうと、たれながら固まる状態になるまで煮詰める。
*[4] アーモンドスライス100g（つくりやすい分量・以下同）とボーメ30度のシロップ28gを絡め、粉糖58gを少しずつ混ぜる。天板に広げ、165℃のオーブンで8〜10分焼く。

デコレーションを考える

パウダー　コンカッセ　エフィレ　プラリネ　マジパン

◎ アーモンド

　フランス菓子に欠かせない素材であるアーモンドには、パウダー、コンカッセ（ダイス）、エフィレ（スライス）、プラリネ、マジパンなどさまざまな形や加工があります。これらをデコレーションに使うと、同じ素材でもじつに多彩な見た目のバリエーションが生まれます。パウダーはふんわりやさしい印象になり、コンカッセはシロップを絡めてキャラメリゼすれば、こうばしさが強調されます。エフィレはある程度規則性をもたせて貼れば、ととのった美しさに。ローストするとパリッとした食感も想像させます。マジパンは薄くのばしてバーナーで軽くあぶれば表情が出ますし、プラリネはカカオバターで流動性を出せば、つるんとした質感も表現できます。1つの素材の表現の引き出しをたくさん持っていればデコレーションの幅も広がり、さらに別の素材を組み合わせれば、バリエーションは無限大です。

◎ チョコレート

　チョコレートもフランス菓子では重要な素材。ホワイト、ミルク、ダーク、ブロンドなど種類によって色味の違いを出せますし、さまざまな加工を施すこともでき、見た目のバリエーションを自由自在に、そして表情豊かに生み出すことができる非常に面白い素材だと思います。ビスキュイやフイユタージュといった生地に使うことも難しくなく、ダークな色味で見た目がぐっと引き締まり、趣もがらりと変わります。しかしながら、視覚的な面でチョコレートの魅力が最大限に発揮されるのは、デコレーションでしょう。グラサージュやピストレで表面をおおったり、クリームやガナッシュにして絞ったり、コポーや薄い板などの細工をのせたり、メレンゲや生地に加えて飾ったり……チョコレートというたった1つの素材で、バリエーションが広がり、素材感を打ち出しながらデザイン性も高めることができるのです。

上から

グラサージュ コポー＆ピストレ パータ・グラッセ	カカオパウダー入り バタークリーム クレーム・ シャンティイ・ ショコラ カカオニブ	ガナッシュ ピストレ プラケット・ ショコラ	カカオパウダー ジェノワーズ・ ショコラのクラム ムラング・ フランセーズ・ ショコラ

◎ メレンゲ

　メレンゲでも視覚の効果について考えてみます。サクッと焼いたムラング・フランセーズは、火入れの加減で見た目に変化をプラス。写真右上は左から白く乾燥焼きしたもの、ほんのり色づくまで焼いたもの、アーモンドパウダーとスライス、粉糖をちらして色づくまで焼いたものです。いずれも"おいしそうな見た目"に差はありませんが、少しの違いで印象は大きく変わりました。また、生地にレモンクリームを詰めてムラング・イタリエンヌを絞るフランス定番菓子の「タルト・オー・シトロン」では、ムラング・イタリエンヌをガスバーナーであぶったものと粉糖をふってオーブンで軽く焼いたものを比較（写真右下）。前者は色の対比はきれいですが、ベタッと重い甘味と口あたりを感じさせる一方で、後者は火が入って膨らみ、全体的にほんのり焼き色がつくため、こうばしさとサクッとした食感を想像させます。この例では、後者のほうがおいしそうな印象を受けますし、実際に軽やかでおいしいと思う人が多いはずです。

　味を追求すると、おのずとおいしそうな見た目になることは多いはず。おいしさの表現のために細部にまでこだわれば、定番の菓子でもほかとは違う印象に仕上がり、味にも見た目にも個性を加えることができるのです。

白く
乾燥焼き　ほんのり
色づくまで焼成　粉糖などを
ふって焼成

表面をガスバーナーで
あぶったもの　粉糖をふってオーブンで
軽く焼いたもの

カカウ
CACAU

パリセヴェイユ
Paris S'éveille

芸術性を高めて美と味を両立

メレンゲで白さと立体感を強調

金子シェフが想像するホワイトカカオの花を表現。エッジをきかせたフレンチメレンゲの花びらを浮かせるようにして立体的に並べ、大きな花を形づくる。粉糖をふって白さを際立たせ、浮かせたことでできる影とのコントラストで神秘的な雰囲気を演出する。

カカオ豆でテーマを明確に

知人の料理人から手渡されたマカンボと呼ばれるホワイトカカオの豆が発想の源。「恐竜の卵を思わせる不思議な見た目にもひかれた」と金子シェフ。ホワイトカカオの豆を飾ってテーマを視覚的に発信しながら、独特な風味と食感で新しい発見と驚きを与える。

ムラング・フランセーズ　　ホワイトカカオのフェーヴ　　クレーム・シャンティイ

ジュレ・ド・フランボワーズ

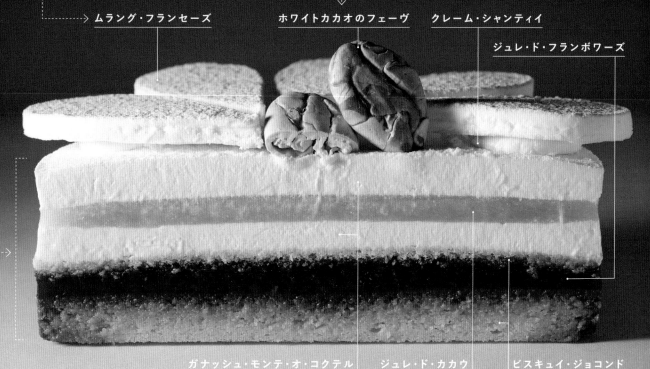

ガナッシュ・モンテ・オ・コクテル　　ジュレ・ド・カカウ　　ビスキュイ・ジョコンド

直線にこだわった美しい層

真上から見た白さとは対照的に、側面は白と赤のコントラストを強調。それぞれの層を冷凍しながら平らに仕上げていく。カカオパルプのライチのような華やかな風味に合わせて選んだフランボワーズは、印象が強くなりすぎないように厚みを計算して組み込んだ。

デザイナーの経歴ももつ金子美明シェフがめざすのは、色あせることのない時代を超えた美しさ。ただし、美しさは理想の味の延長線上にあるという。「デザインも味に影響します。過度な装飾は味の邪魔になることも。余計なものはそぎ落とし、一つひとつ意味のあるものにしたい」と語る。陰影による立体感と線の美しさが際立つアントルメは、ホワイトカカオのフェーヴ（豆）から想像を広げ、空想の世界で咲く神秘的なカカオの花をイメージ。フレンチメレンゲでエッジをきかせた真っ白な花びらをつくり上げた。「透明感と光沢のあるアメ細工も美しいけれど、味と食感の調和を考えたらサクッとした口あたりとスッと儚く消える口溶け、やさしい甘味のメレンゲのほうが理想に近かった」と金子シェフ。浮かせるように飾った花びらの影のニュアンスや直線が際立つ層も菓子の印象を強める。味わいもイメージとつなげて白いカカオパルプのピュレを軸とし、そのライチのようなフルーティな味わいにトロピカルな風味をマッチ。さらに、フランボワーズの果実味と深く鮮やかな赤色を加えてインパクトのある味と見た目のコントラストを打ち出した。

材料 / 直径16cm・2台分

ビスキュイ・ジョコンド

《直径16×高さ2cmのセルクル&
直径15cmのセルクル各2台分》
全卵…130g
トリモリン…8g
アーモンドパウダー*1…97g
純粉糖*1…78g
薄力粉*1…27g
卵白(冷やす)…85g
グラニュー糖…14g
バター*2…19g

*1 合わせてふるう。
*2 溶かして約60℃に調整する。

ジュレ・ド・カカウ

カカオパルプのピュレ(フルッタフルッタ
「冷凍パルプ カカオ」)*1…280g
グラニュー糖…20g
レモン果汁…16g
板ゼラチン*2…6g

*1 室温にもどす。*2 冷水でもどす。

シロ・ア・アンビベ・フランボワーズ

シロップ*…180g
フランボワーズのピュレ…190g
グレナデンシロップ…27g

※すべての材料を混ぜ合わせる。
*鍋に水1000gとグラニュー糖1200gを入れて火にかけ、
沸騰させてグラニュー糖を溶かす。冷ましてから使用する。

ムラング・フランセーズ

《長さ約7.8×幅約3.8cmの花びら形8枚のシャブロン型2台分》
卵白(冷やす)…100g
グラニュー糖…100g
純粉糖(ふるう)…100g

シロ・ア・アンビベ・ジン

シロップ*…20g
ジン…10g

※すべての材料を混ぜ合わせる。
*鍋に水1000gとグラニュー糖1200gを入れて火にかけ、
沸騰させてグラニュー糖を溶かす。冷ましてから使用する。

ジュレ・ド・フランボワーズ

フランボワーズのピュレ*1…280g
グラニュー糖…30g
レモン果汁…16g
板ゼラチン*2…6g

*1 室温にもどす。*2 冷水でもどす。

ガナッシュ・モンテ・オ・コクテル

ホワイトチョコレート
(ヴァローナ「イボワール」)…144g
生クリーム(乳脂肪分35%)…530g
板ゼラチン*1…4g
カクテルのピュレ(ボワロン
「コクテル カライブ オ オロム」)*2…120g
パイナップルのピュレ…40g
ライム果汁…50g

*1 冷水でもどす。
*2 パイナップル、ココナッツ、ライム、ラム酒のピュレ。

組立て・仕上げ

ホワイトチョコレート
(ヴァローナ「イボワール」)…適量
カカオバター…適量
シュークル・デコール*1…適量
クレーム・シャンティイ*2…適量
ホワイトカカオのフェーヴ…適量

*1 純粉糖150gと市販のデコレーション用粉糖350g
を合わせてふるったもの。
*2 生クリーム(乳脂肪分35%)100gに粉糖6gを加
え、泡立て器でしっかり泡立てる。

つくり方

ビスキュイ・ジョコンド

1 ボウルに全卵を入れて溶きほぐし、トリモリンを加えて湯煎に
かけ、約40℃になるまで温める。ミキサーボウルに移す。
2 アーモンドパウダー、純粉糖、薄力粉を加え、ビーターを付
けた低速のミキサーで撹拌する。ざっと混ざったら高速に切
り替え、もったりした状態になるまで泡立てる。
3 中速→低速と速度を落としてキメをととのえ、ボウルに移す。
4 ミキサーボウルに卵白を入れ、グラニュー糖を加えながらホイ
ッパーを付けた高速のミキサーで撹拌する。ホイッパーですく
うと角が立つ状態になればOK。
  * 砂糖の配合が少ないので、ふんわりした質感で、角はやっと立つ程度に
  なる。
5 ③に④を5〜6回に分けて加え、そのつどゴムベラで混ぜる。
6 ⑤に約60℃にした溶かしバターを加えながら、均一でつや
のある状態になるまでゴムベラで手早く混ぜる。
7 60×40cmの天板にシルパットを敷き、直径16×高さ2cmのセ
ルクルをのせる。その中に⑥を150gずつ流し、カードでごく
浅いすり鉢状にならす。
  * 平らにならすと、焼成中にあふれてしまう。

8 180℃のコンベクションオーブンで8分焼成し、天板の手前と
奥を入れ替えて約3分焼成する。室温で冷ます。
9 シルパットに57×37×高さ5mmのシャブロン型を置き、⑦の残
りを流してパレットナイフで平らにならす。
10 シルパットごと天板にのせて、200℃のコンベクションオーブ
ンで5分焼成し、天板の手前と奥を入れ替えてさらに3分焼
成する。シルパットごと網にのせ、室温で冷ます。
11 シルパットをはがし、直径15cmのセルクルで抜く。

ジュレ・ド・カカウ

1 ボウルにカカオパルプのピュレを入れ、グラニュー糖とレモン果汁を加えてゴムベラで混ぜる。
2 耐熱容器に板ゼラチンを入れ、電子レンジにかけて溶かす。
3 ②に①の5分の1量を少しずつ加えながらゴムベラで混ぜる。これを①のボウルに戻して混ぜる。
4 直径16×高さ2cmのセルクルの底にラップをピンと張って側面にゴムをかけて留め、天板にのせる。
5 ③を半量ずつ流し入れ、急冷する。

組立て1

1 セルクルに流して焼いたビスキュイ・ジョコンドをセルクルからはずし、直径15cmのセルクルをのせ、外側側面に沿って波刃のペティナイフを入れて切る。焼き面から数ミリ下に波刃のペティナイフを水平に入れて切り、焼き面を取り除く。バットにのせる。
2 シロ・ア・アンビベ・フランボワーズを100gずつ刷毛で打つ。
  ＊シロップの濃度が高いため、生地にしみ込みにくい。刷毛で軽く叩き込んだり、バットごと作業台に軽く打ちつけたりしながら、じっくりていねいに作業し、できるだけシロップをしっかりと染み込ませる。
3 OPPフィルムを貼った天板に直径15×高さ5cmのセルクルを置き、②を入れる。
  ＊シロップがたっぷり染み込んだ生地は壊れやすい。幅の広い三角パレットなどを使って、ていねいに扱うこと。
4 小型のL字パレットナイフで表面をなでるようにして、ビスキュイ・ジョコンドの表面に浮いたシロ・ア・アンビベ・フランボワーズを生地に染み込ませながら、生地を平らにする。
  ＊層になるパーツをしっかりと平らにして組むことで、美しい断面ができる。

5 セルクルの内側側面に付いた余分なシロ・ア・アンビベ・フランボワーズをキッチンペーパーなどでふき取る。急冷する。
  ＊側面の美しさにもこだわり、セルクルの内側側面がシロップやジュレ、ガナッシュなどで汚れたら、キッチンペーパーなどできれいにふき取る。

ムラング・フランセーズ

1 ミキサーボウルに卵白を入れ、グラニュー糖の3分の1量を加えてホイッパーを付けた高速のミキサーで撹拌する。キメが細かくなってホイッパーの跡が見えるようになったら残りのグラニュー糖の半量を加えて撹拌を続ける。
2 つやが出て、ボリュームが出てきたら残りのグラニュー糖を加えて泡立てる。完全にしっかりと泡立つ一歩手前で止める。
  ＊通常のメレンゲよりも砂糖を入れるタイミングを少し早めにすると、よりキメ細かくてつやのあるメレンゲになる。
3 粉糖を加えて高速でざっと混ぜる。
4 粉けがなくなり、少し粘りが出てくるまでゴムベラで底からすくうようにして混ぜる。
5 オーブンシートを敷いた天板に長さ約7.8×幅約3.8cmの花びら形8個のシャブロン型を置く。口径8mmの丸口金を付けた絞り袋に④を入れ、シャブロン型に絞る。
  ＊花びら形の側面に沿って絞ってから、中央に一直線になるように絞って隙間をしっかりと埋めること。
6 L字パレットナイフで上面をすり切り、余分なムラング・フランセーズを取り除く。

7 型とムラング・フランセーズ間に、水で濡らした竹串を刺し入れて側面に沿って動かし、隙間を開ける。

8 型をゆっくりと上に持ち上げてはずす。純粉糖を軽くふる。

9 上火・下火ともに100℃にしておいたデッキオーブンの火を止め、⑧を入れる。そのまま1晩入れておき、余熱で乾燥焼きする。乾燥剤と一緒に密閉容器に入れて保存する。

　＊ 先端が壊れやすいので、取扱いに注意すること。

ジュレ・ド・フランボワーズ

1 ボウルにフランボワーズのピュレを入れ、グラニュー糖とレモン果汁を順に加えてゴムベラで混ぜる。

2 耐熱容器に板ゼラチンを入れ、電子レンジにかけて溶かす。

3 ②に①の5分の1量を少しずつ加えながらゴムベラで混ぜる。これを①のボウルに戻して混ぜる。

4 ボウルの底を氷水にあて、混ぜながら約15℃に調整する。

組立て2

1 組立て1の⑤のビスキュイ・ジョコンドの上に、ジュレ・ド・フランボワーズを150gずつ流し入れる。スプーンの背で静かにたたくようにして平らにし、急冷する。

　＊ ジュレ・ド・フランボワーズは濃度が高いので、流したままの状態だと中央部分が盛り上がってしまう。

2 ①のジュレ・ド・フランボワーズが固まりかけたら、直径15cmの円形に抜いたビスキュイ・ジョコンドを焼き面が下になるように重ねる。平らな円盤状の型などで押さえて密着させる。

3 ②の上面にシロ・ア・アンビベ・ジンを刷毛で15gずつ打つ。急冷する。

ガナッシュ・モンテ・オ・コクテル

1 ボウルにホワイトチョコレートを入れ、湯煎にかけて3分の1量ほど溶かす。

　＊ ホワイトチョコレートはすべて完全に溶かすと固まりにくくなる。ここでは完全に溶かさなくてOK。

2 鍋に生クリームを入れて火にかけ、泡立て器で混ぜながら70℃になるまで加熱する。板ゼラチンを加え、混ぜ溶かす。

3 ①に②を約72g（①の半量分）入れ、泡立て器で中心から徐々に範囲を広げながら混ぜ、均一になるまでよく混ぜる。高さのある容器に移す。

4 スティックミキサーで撹拌し、乳化させる。

5 ④に②を約72g加え、スティックミキサーで撹拌してつやのあるなめらかな状態になるまで乳化させる。

6 ボウルに移し、残りの②を3分の1量ずつ加え、そのつど泡立て器でよく混ぜる。

　＊ ③〜⑤でホワイトチョコレートに加えるゼラチン入りの生クリームの役割はしっかりと乳化させるため。一方の⑥で加えるゼラチン入りの生クリームの役割は、翌日にしっかり泡立つようにするため。後者は混ざり合っていればOKなので、スティックミキサーで乳化させなくてOK。

7 耐熱容器にカクテルのピュレ、パイナップルのピュレ、ライム果汁を入れて混ぜ、電子レンジにかけて約40℃にする。

8 ⑥に⑦を加えながら泡立て器で混ぜる。ラップをかけて密着させ、冷蔵庫に1晩置く。

　＊ ピュレに酸が含まれていて、ヨーグルトのように少しとろみがつく。

組立て3・仕上げ

1 耐熱容器にホワイトチョコレートと、その10％量にあたるカカオ
バターを入れ、電子レンジにかけてゴムベラで混ぜて溶かす。

2 ムラング・フランセーズの片面に、①を刷毛で薄く塗り、その
面を上にしてオーブンシートを敷いた天板にのせる。すぐに
乾燥剤をのせてふたをし、保管する。

　＊ 湿気ないようにカカオバターを加えたホワイトチョコレートを塗るが、湿気に
　よってやわらかくなった部分もメレンゲのおいしさと考え、湿気防止のコー
　ティングは片面のみにしている。

3 ミキサーボウルにガナッシュ・モンテ・オ・コクテルを入れ、
ホイッパーを付けた高速のミキサーで撹拌する。少し泡立っ
てとろみがついてきたらミキサーを止め、ホイッパーを手で持
って全体を混ぜる。ふたたびホイッパーを付けて高速で泡立
てる。

　＊ ホイッパーが行き届いている部分とそうでない部分を最後に混ぜて均一に
　するよりも、途中でも全体を混ぜたほうがより均一になり、口あたりのなめ
　らかさが増す。

4 口径12㎜の丸口金を付けた絞り袋に③を入れ、組立て2の
③のビスキュイ・ジョコンドに、縁から中心へと渦巻き状に
100gずつ絞り入れる。

5 小型のL字パレットナイフで平らにならす。セルクルの内側
側面に付いたガナッシュ・モンテ・オ・コクテルはきれいにぬ
ぐい取る。

　＊ ガナッシュ・モンテは、クリームやムースと比べて固さがあるため、このあと
　にジュレ・ド・カカウをのせて上から押さえてもきれいに平らにならない可
　能性がある。絞った跡が残って隙間もできやすいので、パレットナイフで
　しっかりと平らにならす。

6 ジュレ・ド・カカウをセルクルごと板に置き、そのままおいて
少し温度を上げる。⑤をセルクルごと裏返してかぶせる。

7 ⑤を手で上からぐっと押してジュレ・ド・カカウを抜き、裏返
す。ジュレ・ド・カカウのセルクルをはずす。

　＊ ジュレ・ド・カカウを置いていた板ごと裏返すと作業しやすい。

　＊ ⑤のセルクルにジュレ・ド・カカウを流し入れる組立ての方法にするとき
　いな平らにならないため、ジュレ・ド・カカウは別で仕込む。⑤と同じサイ
　ズのセルクルで仕込むと、たとえ同じサイズだったとしても、多少のゆがみ
　などで隙間なくぴったりと重ならないことがあるので、⑤のセルクルよりもひ
　とまわり大きなセルクルで仕込み、⑤のセルクルで型抜きをしながら重ね
　る。この時点では、ジュレ・ド・カカウとガナッシュ・モンテ・オ・コクテル
　はまだ密着していない。

8 セルクルの縁に付いた余分なジュレ・ド・カカウをパレットナ
イフなどで取り除く。

9 ジュレ・ド・カカウにペティナイフでピケする。

10 ラップをふわりとかけて平らな円盤状の型などで上からゆっく
りと押して、ジュレ・ド・カカウを徐々に下へと落としていき、
④のガナッシュ・モンテ・オ・コクテルに密着させる。小型の
L字パレットナイフで表面をならし、セルクルの内側側面に
付いたジュレをきれいにぬぐい取る。

11 ④の残りのガナッシュ・モンテ・オ・コクテルを型の高さいっ
ぱいに絞り、L字パレットナイフで平らにならす。急冷する。

12 バーナーで⑪のセルクルの外側側面を軽く温めて型をはず
し、天板にのせる。

13 ②のムラング・フランセーズを取り出し、側面にでっぱりがあ
れば、波刃のペティナイフでそぎ落とす。

14 ⑬をカカオバターを加えたホワイトチョコレートを塗った面が
下になるように紙の上に並べ、シュークル・デコールをふる。

15 ⑫の上面にシュークル・デコールをまんべんなくふる。

16 縁から約2㎝内側のところの上面を1ヵ所ペティナイフで削り
取る。口径8㎜の丸口金を付けた絞り袋にクレーム・シャン
ティイを入れ、削り取った場所に少量絞る。

17 クレーム・シャンティイの上に⑮を先端が中心になるようにの
せ、軽く押さえて接着する。これをくり返し、⑮を計9枚均等
にのせて花の形にする。

18 中央にホワイトカカオの豆を3粒のせる。

パッションフルーツ

Passion Fruit

帝国ホテル 東京 ガルガンチュワ
IMPERIAL HOTEL, TOKYO, GARGANTUA

パッションフルーツと見紛う見た目で驚きを演出。形も色も本物と見比べながら調整するなどリアリティを徹底的に追求した。赤みがかった茶色のチョコレートの殻を割ると、クリーミーなガナッシュ・パッションが現れ、ローズマリーやオリーブオイル、白バルサミコ酢がすがすがしく香るパッションフルーツとマンゴーのジュレがとろりと流れ出る。「固定概念に捉われず、ときには料理の手法も駆使して完成度を高めていく。視覚も大切な要素です」と東京料理長の杉本 雄氏。開発は、杉本氏の発想にはじまり、ペストリーシェフの齋藤有希氏らと行っている。

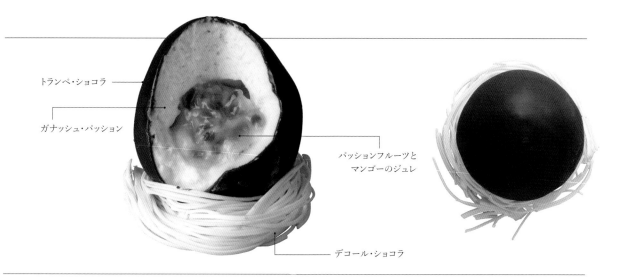

トランペ・ショコラ

ガナッシュ・パッション

パッションフルーツと
マンゴーのジュレ

デコール・ショコラ

材料

ガナッシュ・パッション

《50個分》
生クリーム（乳脂肪分35％）…769g
パッションフルーツのピュレ…769g
ホワイトチョコレート（カカオ分34％）…215g
粉ゼラチン*…3g
水*…15g
E.V.オリーブオイル…7.6g

*粉ゼラチンと水を合わせて粉ゼラチンをふやかす。

パッションフルーツとマンゴーのジュレ

《50個分》
マンゴーの果肉*1…256g（正味）
パッションフルーツの果汁*2…224g
E.V.オリーブオイル…45g
ローズマリー…1〜2枝
レモン果汁…112g
水…208g
グラニュー糖*3…184g
ペクチンLM-SN*3…3.2g
アガー（ソーサ社「アガーアガー」）*2…10g
白バルサミコ酢…25g
パッションフルーツの種と果肉*2…291g

*1 ざっときざむ。
*2 パッションフルーツを半分に切って果肉を取り出し、網で漉して果汁と種および果肉を分ける。沖縄産を使用。
*3 混ぜ合わせる。

デコール・ショコラ

《つくりやすい分量》
ホワイトチョコレート（カカオ分34％）*…適量

*テンパリングする。

トランペ・ショコラ

《つくりやすい分量》
ダークチョコレート（カカオ分56％）…50g
ホワイトチョコレート（カカオ分35％）…75g
カカオバター…125g
色素入リカカオバター（赤）…20g
色素入リカカオバター（青）…6g

*パッションフルーツは時期や産地によって色が異なる。配合は上記を目安とし、実際のパッションフルーツと比較しながら色合いを調整する。

つくり方

ガナッシュ・パッション

1 鍋に生クリームを入れて火にかけ、ゴムベラで混ぜながら沸騰させる。
2 別の鍋にパッションフルーツのピュレを入れて火にかけ、沸騰させる。ボウルに移す。

3 深さのある容器にホワイトチョコレート、水でふやかした粉ゼ
ラチン、E.V.オリーブオイルを入れ、①を加えてスティックミキ
サーで撹拌して乳化させる。

* 一般的なガナッシュに加えることが多いバターは不使用。バターは口あた
りをよくするが、このガナッシュに入れるとバター特有の風味が全体の味わ
いに影響してしまう。そこで、バターの代わりにオリーブオイルを使ってな
めらかさを表現。ジュレにもオリーブオイルを使うため、ジュレとの香りの
親和性も高まる。

4 ②に③を加え、しばらくそのままおいてホワイトチョコレートを
ある程度なじませる。

5 スティックミキサーで撹拌して乳化させる。

6 ラップをかけて密着させ、ボウルの底を氷水にあてて粗熱を
とる。冷蔵庫に1晩置く。

パッションフルーツとマンゴーのジュレ

1 ざっときざんだマンゴーの果肉とパッションフルーツの果汁をミ
キサーボウルに入れ、とろりとしたピュレになるまで撹拌する。

* パッションフルーツだけだと酸味が強すぎてしまうため、マンゴーを加えて
甘味を補強する。

2 鍋にE.V.オリーブオイルとローズマリーを入れて火にかけ、
ホイッパーでローズマリーを浸しながら加熱して香りを出す。

* オリーブオイルとローズマリーは隠し味。さわやかな香りに複雑味が加わ
る。風味の主張が強すぎないオリーブオイルは、適度にコクを補う。

3 ②に①を加え、全体がなじむまでゴムベラで混ぜる。

4 レモン果汁を加え、混ぜながら沸騰させる。

* パッションフルーツとレモンの酸が強いので、沸騰させて酸をとばす。酸を
ある程度除かないと、あとでアガーを混ぜて固める時にムラができてしまう。

5 ④をブレンダーにかけ、ローズマリーを粉砕する。

6 ⑤をシノワで漉しながら鍋に入れる。

* とろみがあるので、ゴムベラを使ってギュッと押さえながら漉す。

7 ⑥に水を加えて火にかけ、泡立て器で混ぜて沸騰させる。

8 混ぜ合わせたグラニュー糖とペクチンとアガーを加え、泡立
て器で混ぜながら、沸騰させる。

* ブクブクと大きな泡が立ってきたら火を止める。

9 白バルサミコ酢を加え混ぜる。

* すっきりとした甘味とマイルドな口あたりが特徴の白バルサミコ酢で酸味に
奥行を出す。明るい色合いのため、マンゴーとパッションフルーツの色味
の邪魔にもならない。

10 ボウルに⑨を移し、ラップをかけて密着させる。ボウルの底
を氷水にあてて粗熱をとり、冷蔵庫で冷やし固める。

11 ロボクープに⑩を入れて撹拌し、とろりとなめらかなピュレ状
にする。

12 ボウルにパッションフルーツの種と果肉を入れ、⑪を加えて
ゴムベラで混ぜる。

13 絞り袋に⑫を入れて先端をハサミで切り、直径約4cmの球状
のシリコン型に絞り入れる。冷蔵庫で冷やし固める。

組立て

1 ミキサーボウルにガナッシュ・パッションを入れ、ホイッパーを
付けた低速のミキサーで泡立てる。

* ホイッパーの跡が残るようになるまで泡立てる。

2 絞り袋に①を入れて先端をハサミで切り、直径6cmの半球形
のシリコン型に3分の2程度の高さになるまで絞る。

3 小型のパレットナイフで型の縁に向かってガナッシュ・パッシ
ョンを広げてくぼみをつくる。

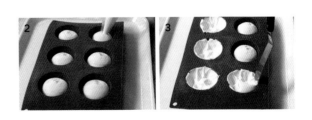

4 パッションフルーツとマンゴーのジュレを型からはずし、③の中央に入れる。指で軽く押さえ、ジュレの半分くらいをガナッシュ・パッションに沈める。

5 パッションフルーツとマンゴーのジュレの周りのガナッシュ・パッションを小型のパレットナイフでジュレに沿わせて隙間を埋める。急冷する。

6 絞り袋に①の残りを入れて先端をハサミで切り、直径6cmの半球形のシリコン型に3分の2程度の高さまで絞る。

7 ⑤を型からはずし、ひっくり返して⑥にかぶせる。手で押さえてしっかりと接着させる。

8 小型のパレットナイフで接着部分からあふれたガナッシュ・パッションを拭い取る。急冷する。

9 ⑧に⑥の残りのガナッシュ・パッションを適量絞り、小型のパレットナイフで形をととのえる。急冷する。

 ＊ 少し多めにガナッシュ・パッションを絞ると、あとで形をととのえる際に調整しやすい。

10 ⑨を型からはずし、ピーラーで表面を少しずつ削って形をととのえる。

 ＊ 本物のパッションフルーツと見比べながらピーラーで削る。適宜手でこすったりして形をととのえる。

11 表面を手でこすり、手の熱で表面を少し溶かして⑩で削った跡を消すように磨く。

デコール・ショコラ

1 コルネにテンパリングしたホワイトチョコレートを入れて先端をハサミで切る。冷凍庫でしっかり冷やしておいたマーブル台（大理石）に素早く筋状になるように絞る（パイピングする）。

2 ①が完全に固まる前にカードを使って輪にする。

 ＊ 鳥の巣のようなイメージで形をととのえる。

トランペ・ショコラ

1 ボウルにすべての材料を入れ、湯煎にかけて溶かす。

 ＊ 色粉は、本物のパッションフルーツの色に合わせて調整する。

2 深さのある容器に①を移し、スティックミキサーでできるだけ気泡が入らないように撹拌して乳化させる。

2 目の細かい網で漉し、約38℃に調整する。

仕上げ

1 組立ての⑪の表面をふたたび手でこすり、表面をなめらかにする。

 ＊ ここで手でこするのは、形をととのえるためではなく、なめらかな表面にするため。表面がなめらかでないと、トランペ・ショコラをコーティングする時に気泡が入り、きれいに仕上がらない。

2 底になる部分に竹串を刺す。

3 約38℃に調整したトランペ・ショコラに全体を浸す。

4 ゆっくりと引き上げる。

 ＊ 引き上げる速度は一定にすること。途中で速くなったり、遅くなったりすると、均一な厚さにコーティングできない。

5 トランペ・ショコラが固まったら竹串をはずす。

6 デコール・ショコラの中央にクレーム・フエッテ（分量外）を絞り、竹串を刺していたほうを下にしてのせる。

カプチーノ ノワ

Cappuccino Noix

コンフェクト-コンセプト
CONFECT-CONCEPT

フィリピン産の黒糖、マスコバド糖を加えた牛乳がコーヒー牛乳のような味だったことから発想。基本の構成はそのままにデザインを3回変え、ホワイトチョコのグラサージュとシャンティイで飾った棒状や俵形から、コーヒーが香るメレンゲでカプチーノの泡を模したデザインに刷新した。これにより甘味と乳味を抑え、コーヒーのムースの量を増やすなどパーツの比率を調整してコーヒーの風味を引き立てた。飾りのスプーン形のチョコとコーヒー豆も味を想像させる要素だ。「打ち出したい風味の表現のため、構成に加えて形や飾りも意識しています」と遠藤淳史シェフ。

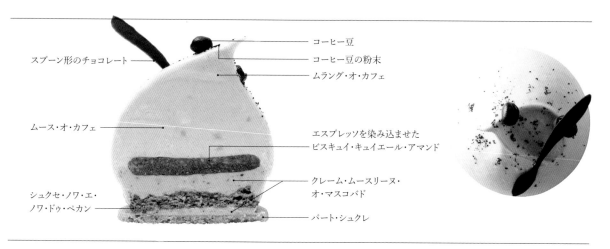

スプーン形のチョコレート

コーヒー豆
コーヒー豆の粉末
ムラング・オ・カフェ

ムース・オ・カフェ

エスプレッソを染み込ませた
ビスキュイ・キュイエール・アマンド

クレーム・ムースリーヌ・
オ・マスコバド

シュクセ・ノワ・エ・
ノワ・ドゥ・ペカン

パート・シュクレ

材料

パート・シュクレ

《つくりやすい分量》
バター*1…450g
塩…2.5g
粉糖…287.5g
バニラペースト…6.25g
全卵…143.75g
薄力粉(ニップン「モントレ」)*2…562.5g
準強力粉(ミノトリー・ヴィロン
「ラ・トラディション・フランセーズ」)*2…187.5g
アーモンドパウダー*3…100g
エスプレッソ用のコーヒー豆(粉末)*4…9g

*1 ポマード状にする。
*2 合わせてふるう。
*3 ふるう。
*4 タンザニア産ピーベリー種を中煎りにしたものを使用。

ビスキュイ・キュイエール・アマンド

《60×40cmの天板1枚分》
卵白…210g
グラニュー糖…96.6g
加糖卵黄(加糖20%)…192g
準強力粉(日清製粉「リスドオル」)*…43.2g
アーモンドパウダー(シチリア産)*…72g

*それぞれふるって合わせる。

タン・プール・タン・ノワ・エ・
ノワ・ドゥ・ペカン

《つくりやすい分量》
クルミ(皮付き)…500g
ピーカンナッツ(皮付き)…500g
マスコバド糖…1000g

シュクセ・ノワ・エ・ノワ・ドゥ・ペカン

《約150個分》
準強力粉(日清製粉「リスドオル」)*1…20g
アーモンドパウダー*1…88g
粉糖A*1…88g
エスプレッソ用のコーヒー豆(粉末)*2…3g
タン・プール・タン・
ノワ・エ・ノワ・ドゥ・ペカン…176g
卵白…210g
グラニュー糖*3…70g
乾燥卵白*3…3g
粉糖B…適量

*1 それぞれふるう。
*2 タンザニア産ピーベリー種を中煎りにしたものを使用。
*3 合わせてよく混ぜる。

クレーム・ムースリーヌ・
オ・マスコバド

《約60個分》
クレーム・パティシエール*1…以下より345g
　牛乳…550g
　バニラペースト…0.4g
　加糖卵黄(加糖20%)…180g
　グラニュー糖…117g
　トレハロース…10g
　バター*2…27g
　薄力粉*3…40g
　コーンスターチ*3…16g
クレーム・アングレーズ
　牛乳…84g
　マスコバド糖…36g
　加糖卵黄(加糖20%)…81g
イタリアンメレンゲ
　水…35g
　グラニュー糖…105g
　卵白…52g
バター*4…375g
タン・プール・タン・
ノワ・エ・ノワ・ドゥ・ペカン…140g

*1 室温にもどす。
*2 溶かして人肌の温度(35～37℃)に調整する。
*3 合わせてふるう。 *4 ポマード状にする。

ムース・オ・カフェ

《約15個分》
エスプレッソ用のコーヒー豆*1…24g
牛乳…24g
生クリーム(乳脂肪分35%)…240g
板ゼラチン*2…4.4g
エスプレッソ*1…30g
ホワイトチョコレート
(ショコラトリー・ド・オペラ
「コンチェルト」)*3…50g
パータ・ボンブ
　水…16g
　グラニュー糖…37g
　加糖卵黄(加糖20%)…46.4g
　全卵…16.2g

*1 タンザニア産ピーベリー種を中煎りにしたもの。
*2 冷水でもどす。
*3 溶かして40℃に調整する。

ムラング・オ・カフェ

《50～60個分》
エスプレッソ…72g
板ゼラチン*…3.6g
ラム酒(ディロン
「トレヴューラムV.S.O.P」)…5g
イタリアンメレンゲ
　水…70g
　グラニュー糖…200g
　卵白…140g

*冷水でもどす。

組立て・仕上げ

《1個分》
エスプレッソ*1…適量
エスプレッソ用のコーヒー豆
(ホール・粉末)*1…適量
スプーン形のチョコレート細工*2…1個

*1 タンザニア産ピーベリー種を中煎りにしたものを使用。
*2 OPPフィルムを敷いた板に長さ約5cmのスプーンの形に切り抜いた厚さ1mmのクリアシートを置き、テンパリングしたダークチョコレート(カカオ分65%)を流してL字パレットナイフで平らにならす。固まりかけたら型をはずし、冷蔵庫でしっかりと冷やし固める。

つくり方

パート・シュクレ

1 ミキサーボウルにバター、塩、粉糖、バニラペーストを入れ、ビーターを付けた低速〜中速のミキサーでダマがなくなるまで撹拌する。
2 全卵を一度に加え、全体がなめらかになるまで撹拌する。
3 低速に切り替え、合わせてふるった薄力粉と準強力粉、ふるったアーモンドパウダー、エスプレッソ用のコーヒー豆を合わせて一度に加え、粉けがなくなるまで撹拌する。
4 ひとまとめにしてラップで包み、厚さ約3cmの正方形にととのえる。冷蔵庫に1晩置く。

ビスキュイ・キュイエール・アマンド

1 ミキサーボウルに卵白を入れ、ホイッパーを付けた中速のミキサーで撹拌して卵白をほぐす。
2 高速に切り替え、グラニュー糖を3回に分けて加え、ホイッパーですくうとピンと角が立つまで撹拌する。
3 ボウルに加糖卵黄を入れ、②を加えてゴムベラ混ぜる。

組立て1

1 ビスキュイ・キュイエール・アマンドを直径5cmの円形に抜き、OPPフィルムを敷いたトレーに焼き面を下にして並べる。
2 ボウルにエスプレッソを入れ、①を焼き面が下になるようにして入れる。生地がエスプレッソを吸い込むまでそのまま置き、生地全体が色づいたら手で引き上げる。
　＊ シロップではなく、無糖のエスプレッソを染み込ませるのは、甘さを抑えるため。砂糖を加えるとエスプレッソの香りやキレのある味わいが弱くなり、全体も甘ったるい印象になってしまう。
　＊ エスプレッソは生地の中心までしっかりと染み込ませる。生地に白い部分が残ると、芯になって、食べる時にフォークが引っかかってしまう。

タン・プール・タン・ノワ・エ・ノワ・ドゥ・ペカン

1 クルミとピーカンナッツを135℃のコンベクションオーブンで約30分焼成する。そのまま室温で冷ます。
　＊ 皮付きは焦げやすく苦味が出やすいので、低めの温度でローストする。

シュクセ・ノワ・エ・ノワ・ドゥ・ペカン

1 ボウルに準強力粉、アーモンドパウダー、粉糖A、エスプレッソ用のコーヒー豆、タン・プール・タン・ノワ・エ・ノワ・ドゥ・ペカンを入れ、泡立て器で混ぜる。
　＊ アーモンドパウダーを加えるのは、全量をクルミとピーカンナッツのタン・プール・タンにすると油脂分が多くなり、メレンゲの気泡を殺してしまうため。生地の状態を安定させるために一部をアーモンドパウダーにしている。
2 ①をストレーナーでふるう。ストレーナーに残ったタン・プール・タンの粒は、別に取り分けておく。
3 ミキサーボウルに卵白を入れ、ホイッパーを付けた中速のミキサーで撹拌する。白っぽくふんわりとしてきたら、グラニュー糖と乾燥卵白を加えて高速に切り替え、ホイッパーですくうとピンと角が立つまで撹拌する。
4 ③をボウルに移し、ふるった②を一度に加えてゴムベラで混

5 打ち粉(強力粉・分量外)をしてシーターで厚さ2mmにのばす。
6 直径5cmの円形に抜く。オーブンシートを敷いてシルパンを重ねた天板に並べ、135℃のコンベクションオーブンでダンパーを開けて約18分焼成する。室温で粗熱をとる。
　＊ シルパンの下にオーブンシートを敷くのは、天板とシルパンが油脂で汚れるのを防ぐため。掃除の手間が省ける。

4 準強力粉とアーモンドパウダーを加え、さっくりと混ぜる。
5 オーブンシートを敷いた60×40cmの天板に流してL字パレットナイフで平らに広げる。170℃のコンベクションオーブンでダンパーを半分開けて約14分焼成する。途中で天板の手前と奥を入れ替える。室温で冷ます。

3 焼き面が上になるようにボウルの側面に貼り付けて、余分なエスプレッソが自然に下に落ちるまでおく。OPPフィルムを敷いたトレーに焼き面を上にして並べる。エスプレッソは1枚につき約8g染み込ませる。

2 フードプロセッサーに①とマスコバド糖を入れて粉砕し、粉末状にする。多少粒が残っていてもOK。

ぜる。カードに持ち替え、つやが出るまで混ぜる。
　＊ ムラがあるとダレて絞りにくくなるので、しっかりと混ぜ合わせること。
5 口径8mmの丸口金を付けた絞り袋に④を入れ、天板に敷いたオーブンシートに描いた直径5cmの円に合わせて中心から渦巻き状に絞る。
6 ②でストレーナーに残ったタン・プール・タンの粒をちらす。
7 茶漉しで粉糖Bを全体にふる。

8 粉糖が溶けたら、170℃のコンベクションオーブンで10分焼成後、140℃にして5分、100℃にして10分焼成する。そのまま室温で冷ます。

クレーム・ムースリーヌ・オ・マスコバド

1 クレーム・パティシエールをつくる。鍋に牛乳とバニラペーストを入れて弱火にかけ、沸騰させる。

2 ボウルに加糖卵黄とグラニュー糖、トレハロースを入れて泡立て器で白っぽくなるまですり混ぜる。

3 溶かして人肌程度に調整したバターを加え混ぜる。
   ＊ 粉類よりも先に溶かしたバターを加えることで、バターの油脂分が卵黄に含まれるレシチンと結合して締まりがよくなり、口溶けがなめらかになる。また、冷やした時にバターの粒の塊が出きにくくなる。

4 薄力粉とコーンスターチを加え、粉けがなくなるまで混ぜる。

5 ④に①を加え混ぜる。これを①の鍋に戻して強火にかけ、泡立て器で絶えず混ぜながら炊く。沸騰してとろみがつき、さらにコシが切れてつやが出てきたら火を止める。

6 ラップの上に流して薄く広げ、上からもラップでおおって密着させる。粗熱がとれたら急冷する。

7 クレーム・アングレーズをつくる。鍋に牛乳とマスコバド糖を入れて中火にかけ、ゴムベラで混ぜながら加熱する。

8 マスコバド糖が溶けたら加糖卵黄を加え、焦げないように鍋底をこするように混ぜながら、82℃になるまで加熱する。
   ＊ クレーム・アングレーズは、一般的にはボウルですり混ぜた卵と砂糖に温めた牛乳を加え混ぜてから鍋で炊くが、少量の場合は、効率を考えて鍋に直接加糖卵黄を加える手法にしている。

9 ボウルに移し、ときどき混ぜながら40℃まで冷ます。
   ＊ 量が多くて急ぐ時は、ボウルの底を氷水にあてる。

10 ⑦と同時進行でイタリアンメレンゲをつくる。鍋に水とグラニュー糖を入れて強火にかけ、118℃になるまで煮詰める。

11 ⑩が沸騰しはじめたらミキサーボウルに卵白を入れ、ホイッパーを付けた中高速のミキサーで泡立てはじめる。白っぽくふんわりしてきたら、⑩をミキサーボウルの内側側面に沿わせるようにして少しずつ加える。

12 高速に切り替え、つやが出て、ホイッパーですくうとピンと角が立つまで撹拌する。

13 中速に切り替え、30℃になるまで撹拌する。
   ＊ 粗熱がとれ、気泡が落ち着く温度まで冷ます。

14 ボウルにバターを入れ、40℃にした⑨を一度に加え混ぜる。
   ＊ バターは、ポマード状でも、溶け出さないギリギリの非常にやわらかい状態にすることが、口溶けのよいクレーム・ムースリーヌに仕上げるコツ。また、バターは泡立てないように注意。空気を含むと、冷えて固まった時に気泡によって口の中の温度が伝わりづらくなり、口溶けが悪くなる。クレーム・アングレーズと合わせた時の温度が27〜28℃になるのが理想。

15 ボウルにクレーム・パティシエールを入れ、湯煎にかけてゴムベラで混ぜながら26〜27℃に調整する。

16 ⑭に⑬のイタリアンメレンゲを加え、ゴムベラでざっと混ぜる。

17 ⑯に⑮のクレーム・パティシエールを加え、できるだけ気泡をつぶさないように混ぜる。つやのある状態になればOK。
   ＊ バターを合わせたクレーム・アングレーズが27〜28℃、イタリアンメレンゲが30℃、クレーム・パティシエールが26〜27℃が、均一に混ざり合う温度。温度帯を合わせることが、口溶けのよさにつながる。

18 ⑰にタン・プール・タン・ノワ・エ・ノワ・ドゥ・ペカンを一度に加え、泡立て器で混ぜる。

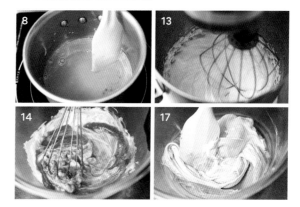

組立て2

1 直径6×深さ1.7cmのフラン型の底にシュクセ・ノワ・エ・ノワ・ドゥ・ペカンを焼き面が上になるように入れる。

2 クレーム・ムースリーヌ・オ・マスコバドを絞り袋に入れて先端をカットし、①に18gずつ縁から中央に向かって渦巻き状に絞る。この時、絞り口で生地を平らにならすように絞る。

3 カードの丸い辺を使い、縁に向かってクリームをなだらかにせり上げる。

4 エスプレッソを染み込ませたビスキュイ・キュイエール・アマンドを焼き面が下になるようにのせる。急冷する。

5 パート・シュクレをブラックに並べ、クレーム・ムースリーヌ・オ・マスコバドを接着用に少量絞る。

6 ④を型からはずし、ビスキュイ・キュイエール・アマンドが上になるように⑤にのせ、指で軽く押さえて接着する。冷凍庫で中心まで冷やし固める。

ムース・オ・カフェ

1 エスプレッソ用のコーヒー豆を140℃のコンベクションオーブンで10分焼成する。焼き上がったら熱いうちに牛乳に浸し、そのまま約5分おいて粗熱をとる。生クリームを加えてラップをかけて密着させ、冷蔵庫に1晩置く。

＊コーヒー豆をローストして香りを高め、熱々のうちに少量の牛乳に浸して落ち着かせてから生クリームに浸すと、牛乳の水分を一定量吸収するため、生クリームの水分量や乳脂肪のブレが少なくなる。また、コーヒー豆の色素や雑味をできるだけ移さずに風味を抽出できる。

2 ミキサーボウルに①をシノワで漉しながら加える。

＊シノワに残ったコーヒー豆はゴムベラでギュッと押さえる。

3 ホイッパーを付けた中高速のミキサーで8分立てになるまで泡立てる。ボウルに移し、使用直前まで冷蔵庫で冷やす。

＊生クリームの一部を牛乳に代えてつくるクレーム・フエッテ。乳脂肪分が低くなり、さっぱりとみずみずしい印象の味わいになる。

4 ボウルに板ゼラチンとエスプレッソを入れ、湯煎にかけて溶かしながら40℃に調整する。

5 40℃のホワイトチョコレートに④を4〜5回に分けて加え、そのつど泡立て器で混ぜる。

＊固まらないように、使用するまでときどき混ぜること。

＊ホワイトチョコレートでミルキーさと保形性をプラス。保形性が上がるため、ゼラチンの量を減らすことができ、口溶けもなめらかになる。

6 パータ・ボンブをつくる。鍋に水とグラニュー糖を入れて強火にかけ、118℃になるまで煮詰める。

7 ボウルに加糖卵黄と全卵を入れて泡立て器で溶きほぐし、湯煎にかけて35℃まで温める。

＊温めることで泡立ちやすくなる。

8 ミキサーボウルに⑦を移し、ホイッパーを付けた中速のミキサーで撹拌する。白っぽくなったら、⑥をボウルの内側側面に

沿わせるようにしてそそぐ。高速に切り替え、白っぽくなり、ホイッパーの跡がついてふんわりとするまで撹拌する。中速に切り替え、35℃になるまで撹拌する。

9 冷やした③のクレーム・フエッテを、泡立て器で混ぜて8分立ての状態に戻す。この時の温度は13℃。大きいボウルに移す。

10 ⑤を湯煎にかけ、混ぜながら30℃に調整する。

11 ⑩に35℃にした⑧のパータ・ボンブを半量加え、泡立て器でしっかりと混ぜる。

12 ⑨に残りのパータ・ボンブを加え、ゴムベラでざっと混ぜる。⑪を加え、ゴムベラで底からすくうようにして混ぜる。

＊ゼラチン入りのホワイトチョコレートと冷たいクレーム・フエッテを混ぜると、クレーム・フエッテのほうが分量が多いため、ゼラチンが急に固まってダマになってしまう。そこで、パータ・ボンブとゼラチン入りのホワイトチョコレートそれぞれに半量ずつ加えてから、両者を合わせる。両者の質感も同じようになって混ざりやすくなるのもメリット。

組立て3

1 口径8mmの丸口金を付けた絞り袋にムース・オ・カフェを入れ、直径6×深さ6.5cmのドーム型に28gずつ絞る。

2 ①に組立て2の⑥をパート・シュクレが上になるようにのせ、軽く押さえて接着する。冷凍庫で冷やし固める。

ムラング・オ・カフェ

1 ボウルにエスプレッソ、板ゼラチン、ラム酒を入れて湯煎にかけ、板ゼラチンを溶かす。

2 イタリアンメレンゲをクレーム・ムースリーヌ・オ・マスコバドと同様にしてつくり、30℃になるまで撹拌する。

3 ①のボウルの底を氷水にあてながら泡立て器でしっかりと混ぜる。

＊少しとろみがつきはじめる24〜25℃になったら氷水からはずしてOK。

4 ③に③と同量の②を加え、泡立て器で混ぜる。これを②に2回に分けて戻し、そのつどゴムベラでボウルの底からすくうようにして混ぜ、均一でなめらかな状態にする。

仕上げ

1 組立て3の②を型からはずし、裏返してパート・シュクレの縁を手で持ち、ムラング・オ・カフェにクレーム・ムースリーヌ・オ・マスコバドの半分ほどの高さの位置まで沈める。

2 ゆっくりと引き上げ、ピンと角が立った状態のままひっくり返す。冷蔵庫で冷やす。

3 エスプレッソ用のコーヒー豆の粉末をふりかけ、コーヒー豆とスプーン形のチョコレートを飾る。

シャルリーヌ

Charline

パティスリー ラパージュ
pâtisserie la page

"見て美しく、食べておいしい"を信条に、味わいも装い
も華やかでフェミニンな唯一無二の菓子を理想に掲げる
松井 基シェフ。直径2.2cmの球体を並べたシックな雰囲気
のタルトにも独創性が光る。球体は、赤ワインが香る赤紫
色のグラサージュでおおったムース・ショコラ。赤紫色に
して統一感と華やかさを出したパート・シュクレには、果
実味あふれるカシスのコンフィチュールとイチジクのコン
ポート、みずみずしい赤ワインのジュレを詰めて濃厚なチ
ョコレートの風味と調和させ、奥深い味を表現した。色合
いはカシスやイチジク、赤ワインとリンクさせている。

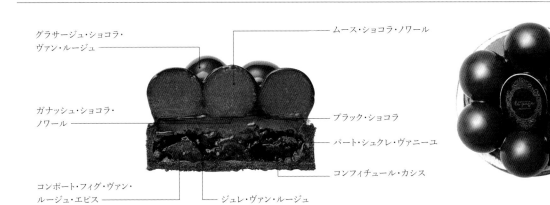

グラサージュ・ショコラ・ヴァン・ルージュ

ムース・ショコラ・ノワール

ガナッシュ・ショコラ・ノワール

ブラック・ショコラ

パート・シュクレ・ヴァニーユ

コンフィチュール・カシス

コンポート・フィグ・ヴァン・ルージュ・エピス

ジュレ・ヴァン・ルージュ

材料

パート・シュクレ・ヴァニーユ

《直径9.5cmのセルクル約30個分》
粉糖[1]…175g
薄力粉(日清製粉
「スーパーバイオレット」)[1]…467g
バニラパウダー[1,2]…1g
バター(明治「明治バター
(食塩不使用)」)[3]…280g
全卵[4]…88g
赤色シロップ[5]…適量
青色シロップ[5]…適量

[1] 合わせてふるう。
[2] 使用済みのバニラビーンズのサヤを洗って乾燥させ、細かく粉砕したもの。
[3] 冷やして約2.2cm角に切る。
[4] 溶きほぐす。
[5] ボーメ30度のシロップ100g(つくりやすい分量、以下同)に、赤の色粉(紅清「食用色素 赤2号」)、青の色粉(同「食用色素 青」)をそれぞれ9g混ぜ合わせたもの。

コンポート・フィグ・ヴァン・ルージュ・エピス

《約50個分》
白イチジクA(ドライ)[1]…375g
白イチジクB(セミドライ)[2]…375g
赤ワイン…375g
グラニュー糖…187.5g
シナモンスティック…1/8本
アニスパウダー(ギャバン
「アニスパウダー」)[3]…0.25g

[1] トルコ産。オスマン アクチャ社「ドライ白イチジクホール」(デルタインターナショナル)を使用。
[2] トルコ産。メゾン・ルカディル社「セミドライ フィグ」(デルスールジャパン)を使用。
[3] ホールを使用してもよい。

コンフィチュール・カシス

《約40個分》
カシスのピュレ
(シコリ「冷凍カシスピューレ」)…200g
水アメ…90g
トリモリン…25g
グラニュー糖…80g
NHペクチン…5g
クエン酸水[*]…30g

[*] クエン酸と水を1対1で混ぜ合わせたもの。

ジュレ・ヴァン・ルージュ

《約40個分》
赤ワイン(フルボディ、
フランス・ボルドー産)…400g
グラニュー糖…120g
NHペクチン[*]…10g

[*] 混ぜ合わせる。

ガナッシュ・ショコラ・ノワール

《約40個分》
ダークチョコレート(カサルカ
「サンタンデール70」カカオ分70%)…300g
生クリーム(乳脂肪分36%)[1]…500g
水アメ…80g
板ゼラチン[2]…2g

[1] タカナシ乳業「スーパーフレッシュ36」を使用。
[1] 冷水でもどす。

ムース・ショコラ・ノワール

《約17個分》
生クリームA(乳脂肪分36%)[1]…260g
ダークチョコレート(ルカカオ
「サンタンデール」カカオ分70%)…295g
生クリームB(乳脂肪分35%)[2]…200g
板ゼラチン[3]…3g

[1] タカナシ乳業「スーパーフレッシュ36」を使用。
[2] タカナシ乳業「クレームドゥース」を使用。
[3] 冷水でもどす。

グラサージュ・ショコラ・ヴァン・ルージュ

《約40個分》
赤ワイン…100g
水アメ…200g
コンデンスミルク…67g
グラニュー糖…200g
板ゼラチン[1]…5.3g
ダークチョコレート(不二製油
「クーベルチュール エクストラビター80」
カカオ分80%)…200g
シロップ・ヴァン・ルージュ…以下から90g
　赤ワイン[2]…50g
　グラニュー糖[2]…50g
赤色シロップ[3]…適量

[1] 冷水でもどす。
[2] 合わせて火にかけ、沸騰させる。
[3] ボーメ30度のシロップ100g(つくりやすい分量、以下同)と赤の色粉(紅清「食用色素 赤2号」)9gを混ぜ合わせたもの。

組立て・仕上げ

《つくりやすい分量》
ダークチョコレート(不二製油
「クーベルチュール ノワール55 フレーク」
カカオ分55%)[1]…100g
チョコレート用植物性油脂(不二製油
「メラノバターSS」)[1]…50g
ブラック・ショコラ[2]…1枚／1個
粉糖…適量

[1] ダークチョコレートとショコレート用植物性油脂を1対2の割合で混ぜて溶かす。
[2] ダークチョコレート(不二製油「クーベルチュール ノワール55 フレーク」カカオ分55%)をテンパリングしてフィルムを敷いた板の上に薄くのばし、完全に固まる直前に直径6cmの丸型で抜いたもの。

つくり方

パート・シュクレ・ヴァニーユ

1 ミキサーボウルに粉糖、薄力粉、バニラパウダー、バターを入れ、ビーターを付けた中低速のミキサーでサラサラとしたサブレ（砂）状になるまで撹拌する。

2 全卵を加え、クリーム状になるまで撹拌する。

3 赤色シロップと青色シロップを加え、全体が均一になるまで撹拌する。ラップをかけて冷蔵庫に1晩置く。

 * 「パティスリー ラパージュ」では、パート・シュクレ・ヴァニーユは複数の菓子に使える汎用性の高い基本の生地。完成した生地に色粉入りのシロップを加えて色味を付ける手法は、大きな手間にならずに個性を出せるため、採用することも多いそう。

4 ③を適当な大きさにちぎってミキサーボウルに入れ、フックを付けた中低速のミキサーで、しなやかになるまで撹拌する。

 * 冷やして落ち着かせてから、もう一度練り直すことで、よりしっかりとした生地になり、焼成時に生地がダレるのを防げる。

5 600gずつに分割し、25×20cm程度の長方形にざっととととのえる。ラップで包み、冷蔵庫に2晩置く。

 * しっかり休ませることで、生地が芯まで締まる。

6 シーターで厚さ約2mmにのばし、ラップをかけて冷蔵庫に1晩置く。

7 直径9.6cmの丸型で抜き、直径7×高さ1.5cmのセルクルに敷き込む。オーブンシートを敷いた天板に並べ、冷蔵庫で冷やし固める。

8 側面がギザギザのシリコンパーチ（紙ケース）をぴったりはめ込み、側面を指で押さえてギザギザの側面が生地に少し食い込む程度に密着させる。

 * シリコンパーチは、タルトの内径にぴったり合うサイズを選択。ギザギザとした側面が生地を支え、焼成中も生地が変形しにくくなる。シリコンパーチを何度も使いまわすと、生地を支える力が弱まるので、2〜3回使用したら新しいものに替えている。生地を冷やさずに行うとシリコンパーチが生地に食い込みすぎてしまうので注意。

9 重石（玄米を使用）をシリコンパーチの高さいっぱいまで入れる。

10 ダンパーを開けた上火・下火ともに150℃のデッキオーブンで約20分焼き、天板の手前と奥を入れ替えてさらに約10分焼く。シリコンパーチと重石をはずし、そのまま室温で冷ます。

 * 生地の色合いを生かすため、焼き色が付きすぎないように低めの温度で焼く。「パティスリー ラパージュ」では、気密性の高いデッキオーブンを使用しているため、低温で焼成時間を長めにしているそう。焼きが浅い場合は、150℃のコンベクションオーブンで乾燥焼きする。

コンポート・フィグ・ヴァン・ルージュ・エピス

1 2種類の白イチジクを約1.5cm角程度に切る。

2 鍋に赤ワイン、グラニュー糖、シナモンスティック、アニスパウダーを入れ、泡立て器で混ぜながら沸騰させる。

 * このあと加えるドライとセミドライのイチジクにも甘味があるので、砂糖の量は控えめにしている。

3 火を止め、①を加える。

4 ラップをかけて密着させ、1日1回程度混ぜながら室温に3日間置いて漬ける。

コンフィチュール・カシス

1 鍋にカシスのピュレと水アメ、トリモリンを入れて火にかけ、50℃になるまで加熱する。

2 高さのある容器に移し、グラニュー糖とNHペクチンを加えてスティックミキサーで混ぜる。

 * NHペクチンは溶けにくいので、粉砕するようにしてできるだけ溶かし込むこと。溶け残りが多い状態で加熱すると、固まり方が弱くなることがある。

3 ①の鍋に戻して火にかけ、泡立て器で混ぜながら糖度がブリックス62％になるまで加熱する。火から下ろし、クエン酸水を加えてよく混ぜる。

4 ミキサーボウルに入れ、ビーターを付けた低速のミキサーで撹拌しながら室温程度になるまで冷ます。

 * ミキサーで撹拌しながら冷ますと、なめらかな状態をキープでき、漉す手間が省ける。

ジュレ・ヴァン・ルージュ

1 鍋に赤ワインを入れて火にかけ、約50℃になるまで加熱する。
2 ①を高さのある容器に移し入れ、グラニュー糖とNHペクチン
　を加えてスティックミキサーで混ぜる。
　＊NHペクチンは溶けにくいので、粉砕するようにしてできるだけ溶かし込む
　　こと。溶け残りが多い状態で加熱すると、固まり方が弱くなることがある。
3 ②を①の鍋に戻して火にかけ、泡立て器で混ぜながらひと煮
　立ちさせる。
4 容器に移してラップをかけて密着させ、粗熱がとれたら冷蔵
　庫で冷やす。

ガナッシュ・ショコラ・ノワール

1 耐熱ボウルにダークチョコレートを入れ、電子レンジにかけ
　て溶かす。温度の目安は40～45℃。
2 鍋に生クリームと水アメを入れて火にかけ、泡立て器で混ぜ
　ながらひと煮立ちさせる。火から下ろし、板ゼラチンを加えて
　混ぜ溶かす。
　＊一般的なガナッシュはバターを加えて乳化させることが多いが、この菓子
　　は赤ワインの香りを強調させたいので、香りをマスキングしてしまうバター
　　は加えず、分離しないようにゼラチンでつないでいる。
3 ①に②を加え、スティックミキサーで撹拌して乳化させる。
　＊「溶かしたチョコレートに生クリーム類を少しずつ加え混ぜるよりも、一度に
　　加えるほうが口溶けよく仕上がります」と松井シェフ。
4 天板に広げ、ラップをかけて密着させる。冷蔵庫で冷やす。

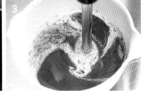

ムース・ショコラ・ノワール

1 ミキサーボウルに生クリームAを入れ、ホイッパーを付けた高
　速のミキサーで8分立てになるまで泡立てる。冷蔵庫で約10
　℃まで冷やす。
2 耐熱ボウルにダークチョコレートを入れ、電子レンジにかけ
　て溶かす。温度の目安は40～45℃。
3 鍋に生クリームBを入れて火にかけ、泡立て器で混ぜながら
　ひと煮立ちさせる。火から下ろし、板ゼラチンを混ぜ溶かす。
4 ②に③を加え、スティックミキサーで撹拌して軽く乳化させる。
　約45℃になるまで冷ます。
　＊生クリームに対してチョコレートの量が多いので乳化しやすい。ここでしっ
　　かり乳化させすぎると、仕上がったムースが締まって固めの質感になってし
　　まうので、乳化は軽くでOK。撹拌の際に空気が多少入っても問題ない。
5 ④に①を3～4回に分けて加え、そのつど泡立て器で底から
　すくうようにして混ぜる。①をすべて加え混ぜたら、ゴムベラ
　に持ち替えて、全体が均一になるま混ぜる。
6 絞り袋に⑤を入れて先端をハサミで切り、直径2.2cmの球状
　の型に絞り入れる。急冷する。

グラサージュ・ショコラ・ヴァン・ルージュ

1 鍋に赤ワインと水アメを入れて火にかけ、泡立て器で混ぜながら水アメを溶かす。

2 コンデンスミルクとグラニュー糖を加え、混ぜながら沸騰させる。

3 火から下ろし、板ゼラチンを加えて混ぜ溶かす。

4 耐熱ボウルにダークチョコレートを入れ、電子レンジにかけて溶かす。温度の目安は35～40℃。

5 ④に③を加え、スティックミキサーで撹拌して乳化させる。
   ＊空気を抜いていくイメージで撹拌する。

6 シロップ・ヴァン・ルージュを加えながら、つやが出てなめらかな状態になるまで撹拌し、しっかりと乳化させる。

7 赤色シロップを加え、スティックミキサーで撹拌する。容器に移してラップをかけて密着させ、冷蔵庫で保管する。使用時は、電子レンジにかけて55℃に調整し、スティックミキサーで撹拌してなめらかな状態にする。
   ＊固いようであれば、シロップ・ヴァン・ルージュを加えて調整する。

組立て・仕上げ

1 粗熱をとったパート・シュクレ・ヴァニーユの縁を目の細かい網にすり付け、上にはみ出した生地を削って平らにする。
   ＊型から上にはみ出した生地を焼成前に切り落とさず、高さをもたせて焼いてから削り落としたほうが、均一に平らになる。

2 ①の内側の底と側面に、1対2の割合で混ぜて溶かしたダークチョコレートとチョコレート用植物性油脂を刷毛で薄く塗る。

3 絞り袋にコンフィチュール・カシスを入れて先端をハサミで切り、②に8gずつ絞り入れる。

4 コンポート・フィグ・ヴァン・ルージュ・エピスの汁けを軽く切り、③に25gずつ入れる。スプーンでざっとならす。
   ＊汁けは軽く切る程度でOK。汁けが残っているほうが、ジューシーさが出る。

5 ジュレ・ヴァン・ルージュをスプーンで少量ずつすくい、④の隙間に12gずつ入れる。パレットナイフでざっと平らにならす。
   ＊ジュレ・ヴァン・ルージュをランダムにちらし入れることで、場所によって風味や食感が異なり、味にメリハリがつく。

6 ガナッシュ・ショコラ・ノワールをパレットナイフで20gずつのせ、なだらかな山状にする。
   ＊少量ずつパレットナイフですくってのせるとなだらかな山状にしやすい。
   ＊⑦でのせるブラック・ショコラは、冷え固まると縮んで反るので、それを考慮してガナッシュ・ショコラ・ノワールを盛ることで、できるだけ隙間をつくらないようにする。

7 直径6cmの円形のブラック・ショコラをかぶせ、そっと押さえて密着させる。

8 パート・シュクレの側面に帯状に切ったオーブンシートを巻き、口径6cmのプリン型などを逆さにしてのせる。粉糖をパート・シュクレの縁にふる。プリン型とオーブンシートをはずし、パート・シュクレの側面に付いた粉糖は指ではらう。

9 ムース・ショコラ・ノワールを型からはずして竹串を刺し、約55℃に調整したグラサージュ・ショコラ・ヴァン・ルージュに浸して引き上げる。ボウルの側面で余分なグラサージュを落とす。

10 バットに置いた目の細かい網の上にのせ、竹串を抜く。

11 先端が細いパレットナイフで⑩を取り、竹串を使いながら⑧の上に7つずつのせる。

ル ニボー

Le Nid-Beau

アルタナティブ

Les Alternatives

トルコやギリシャの細麺、カダイフの繊細さに着目。こうばしく焼いたパリパリのカダイフを割ると、ねっとりとしたバナナのムースととろりと流れるマンゴーとオレンジのソースが現れ、見た目とは裏腹のフレッシュさとなめらかさで驚きを演出。ライムの皮の清涼感ある香りが濃厚な風味に軽さを加え、さわやかな黄緑色が見た目のアクセントに。奇抜な色や形は避けつつ、いびつさ×繊細さ、男性的×女性的、質感の対比、対照的なイメージの中間を狙うなどの表現で斬新さを加える古屋健太郎シェフ。違和感のない斬新さで個性を磨き、食べ手の好奇心を呼び起こす。

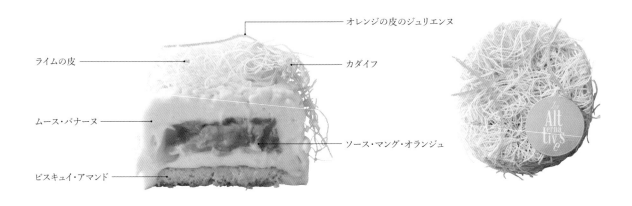

オレンジの皮のジュリエンヌ

ライムの皮

カダイフ

ムース・バナーヌ

ソース・マング・オランジュ

ビスキュイ・アマンド

材料

ビスキュイ・アマンド

《60×40cmの天板1枚分》
パート・ダマンド…175g
グラニュー糖…122g
全卵（室温にもどす）…315g
薄力粉…122g

ソース・マング・オランジュ

《約30個分》
マンゴーのピュレ…420g
オレンジのコンサントレ…24g
グラニュー糖*1…80g
ペクチン*1…5.8g
オレンジの果肉*2…250g（正味）
板ゼラチン*3…7.8g

*1 混ぜ合わせる。
*2 房から果肉を切り出す。
*3 冷水でもどす。

ムース・バナーヌ

《約30個分》
バナナのピュレ（ボワロン「バナナピューレ」）…408g
プードル・ア・フラン…30g
板ゼラチン*…3.4g
イタリアンメレンゲ
　グラニュー糖…167g
　水…100g
　卵白…89g
カカオバター…48.2g
ホワイトチョコレート（ヴァローナ「イボワール」）…51.9g
生クリーム（乳脂肪分35％）…579g
ラム酒…12.3g
バナナのリキュール…12.3g

*冷水でもどす。

アンビバージュ

《約30個分》
シロップ（ボーメ30度）…480g
ラム酒…480g

※すべての材料を混ぜ合わせる。

組立て・仕上げ

《1個分》
カダイフ…300g
オレンジの皮のジュリエンヌ*1…適量
ライムの皮*2…適量

*1 薄くむいたオレンジの皮を2回湯でこぼし、水と砂糖を1対1.2の割合で
合わせてつくるシロップに1晩漬けてから千切りにしたもの。
*2 すりおろす。

つくり方

ビスキュイ・アマンド

1　ミキサーボウルにパート・ダマンドとグラニュー糖を入れ、ざっと混ぜてからビーターを付けた低速のミキサーで撹拌する。
2　なじんできたら中速に切り替え、まとまって粗めの粒状になるまで撹拌する。
3　低速に切り替え、全卵の分量のうち少量を加えて撹拌する。
　＊　③〜⑥で全卵を5〜6回程度に分けて加え、そのつどしっかりと撹拌する。回を重ねるごとに全卵の量を増やしていくと、均一に混ざりやすい。
4　なじんだら、ふたたび全卵の分量のうち少量を加えて撹拌する。これをもう一度くり返す。
5　④の残りの全卵の3分の1量弱を加え、クリーム状になるまで混ぜる。
6　ホイッパーに付け替え、⑤の残りの全卵を2回に分けて加え、そのつどしっかりと撹拌して空気を含ませる。
　＊　全卵を加える時は低速にし、大体混ざってきたら中速に切り替えると空気を含みやすくなる。
　＊　空気を含みすぎると焼成時に乾燥しやすく、しっとりとした質感が失われてスカスカとした生地になってしまうので、泡立てすぎないように注意。
7　空気を含んでふんわりとしたら低速に切り替えて撹拌し、キメをととのえる。つやが出て、ホイッパーですくうとスーッと流れてリボン状に落ち、積み重なってすぐになじむ状態になればOK。
8　ボウルに移し入れ、薄力粉をふるいながら加え、ゴムベラで底からすくうようにして、粉けがなくなるまで混ぜる。
9　オーブンシートを敷いた60×40cmの天板に流し、L字パレットナイフで広げて平らにならす。
　＊　できるだけ気泡をつぶさずに、薄力粉を混ぜた直後の生地の状態を保つため、手数を減らしたい。天板の中央に生地を流し、天板を四方に傾けると重力で下にゆっくり流れるので、その流れを利用しながら端に向かってL字パレットナイフで押し出すように広げる。大体端まで広げたら作業台に置き、上面を平らにならす。
10　焼成後に天板をはずしやすくするため、四方の縁を指でぬぐう。
11　ダンパーを開けた170℃のコンベクションオーブンで6分焼成し、天板の手前と奥を入れ替えてさらに2分焼成する。焼き上がったら天板と生地の間にナイフをさし込んで天板から生地をはがし、オーブンシートごと網にのせて室温で冷ます。
12　直径4cmの丸型で抜く。

ソース・マング・オランジュ

1　鍋にマンゴーのピュレとオレンジのコンサントレを入れて強火にかけ、約50℃になるまで加熱する。
2　①に混ぜ合わせたグラニュー糖とペクチンを加え、ダマにならないよう泡立て器で手早く混ぜながらフツフツと沸くまで加熱する。
3　オレンジの果肉を加える。再沸騰したら中火にし、ゴムベラで軽く果肉をつぶしながら3分加熱する。

4 　板ゼラチンを加え、混ぜて溶かす。
5 　網で漉しながらボウルに移し入れ、オレンジの果肉と液体を
　　分ける。
　　＊⑥でオレンジの果肉を均等に型に入れるための作業なので、しっかりと果
　　　肉と液体を分ける必要はない。大体分けられればOK。
6 　⑤で液体と分けたオレンジの果肉を直径4×高さ2㎝の円形
　　の型にフォークで均等に入れる。
7 　⑤の液体を⑥に均等に流し入れる。急冷する。

ムース・バナーヌ

1 　鍋にバナナのピュレとプードル・ア・フランを入れて泡立て
　　器で混ぜる。
　　＊ねっとりとしたバナナのピュレを温めてからプードル・ア・フランを加えると
　　　ダマになりやすい。プードル・ア・フランは、加熱する前にバナナのピュレ
　　　に混ぜ込んでおく。
2 　①を中火にかけ、混ぜながらとろりとした状態になるまで炊く。
　　＊焦げやすいので注意。絶えず泡立て器で混ぜること。
3 　ブクブクと大きな泡が立ってきたら火を止め、板ゼラチンを加え、
　　混ぜて溶かす。ゴムベラに持ち替え、均一になるまで混ぜる。
4 　③を網で漉しながらボウルに移す。
　　＊「アルタナティブ」では、粘度が高いクリームなどを漉す際は、円柱形の粉
　　　ふるいを活用。粉ふるいを裏返してボウルにかぶせ、ヘラで漉している。
　　　粉ふるいは網目が細かいので、キメが細かくなり、水平にヘラで押し付け
　　　られるので、無駄が出ず、作業もはやい。料理の裏漉しと同じイメージ。
5 　イタリアンメレンゲをつくる。鍋にグラニュー糖と水を入れて
　　火にかけ、118℃になるまで加熱する。
6 　ミキサーボウルに卵白を入れ、⑤をボウルの側面に沿わせて
　　入れながらホイッパーを付けた高速のミキサーで泡立てる。
7 　空気を含んでボリュームが出てきたら、中低速に切り替えて
　　撹拌しながら冷まし、固さが出てきたら低速に切り替えて約
　　30℃になるまで撹拌する。
　　＊卵白がしっかり泡立っていない状態からシロップを加えて泡立てると、離
　　　水しにくく、目が詰まって気泡がつぶれにくい強いイタリアンメレンゲにな
　　　る。しっかりと泡立てたら、できるだけ気泡がつぶれないようにミキサーの
　　　速度を落として撹拌しながら冷ます。
8 　⑤と同時進行で、ボウルにカカオバターを入れ、湯煎にかけ
　　て溶かす。
9 　⑧を湯煎からはずし、ホワイトチョコレートを加えて泡立て器
　　で浸し、ホワイトチョコレートが軽く溶けるまでそのまま置く。
10　⑨に④を加え、手早くすり混ぜる。いったん分離した状態に
　　なるが、徐々に乳化し、白っぽくなってくる。
11　スティックミキサーで撹拌し、しっかりと乳化させる。ラップを
　　かけて室温に置く。
　　＊温かいうちにイタリアンメレンゲを混ぜたい。冷めきらないようにラップをか
　　　けて室温で保管する。
12　⑤と同時進行で、ボウルに生クリームを入れ、泡立て器で6
　　分立て程度になるまで泡立てる。
13　⑫にラム酒とバナナのリキュールを加え、8分立てになるまで
　　泡立てる。
14　⑬に⑦を加え、5回ほど底からすくうようにして混ぜる。
15　⑪に⑭を少量加えてよく混ぜる。これを⑭のボウルに戻し、
　　底からすくうようにしてザッと混ぜる。
16　ゴムベラに持ち替えて、全体が均一になるまで混ぜる。

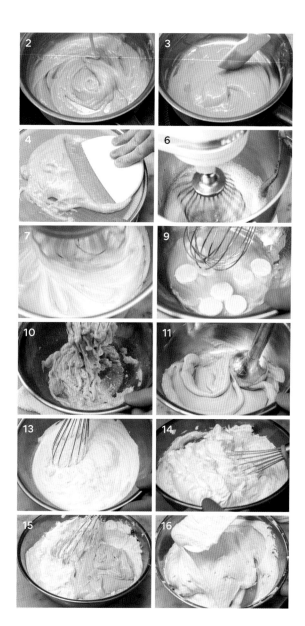

組立て1

1 口径12mmの丸口金を付けた絞り袋にムース・バナーヌを入れ、OPPフィルムを貼ったバットに並べた直径5.5×高さ4cmのセルクルに高さ6分目まで絞る。
2 スプーンの背でセルクルの側面にムース・バナーヌを添わせてすり鉢状にする。
3 ソース・マング・オランジュを型からはずし、②の中央に入れる。指でセルクルの中心まで押し込む。
4 ③に①の残りのムース・バナーヌをセルクルの高さいっぱいまで絞り入れる。
5 スプーンの背で浅いすり鉢状にする。
6 ビスキュイ・アマンドの焼き面を下にして手に持ち、刷毛でアンビバージュを打つ。
7 ⑤に⑥をのせ、指で軽く押さえて密着させる。
8 上からさらに⑥で残ったアンビバージュをすべて刷毛で打つ。
9 OPPフィルムをかぶせてからバットをのせて上から押さえ、上面を平らにする。バットをはずし、急冷する。

組立て2・焼成

1 天板にバール2本を7cmの間隔を空けて平行に置く。20×4.5cmに切ったオーブンシートを一方のバールに添わせる。
2 ①のバールの間に、カダイフ10gをほぐしながら20×7cmの長方形になるように広げる。
3 セルクルを横に倒し、オーブンシートを添わせたバールにセルクルの一方の縁を付けて②の手前に置く。セルクルの外側側面にカダイフをオーブンシートごと手前から巻き付けながら、奥に向かって転がす。
4 巻きはじめと巻き終わりのオーブンシートを重ね、はずれないようクリップで留める。
5 多くはみ出しているカダイフをセルクルの内側に向かって折り込みながら、折り込んだほうを下にして天板に置く。
6 セルクルの内側に折り込んだカダイフが底面に均等に広がるように、セルクルの内側から指でカダイフをととのえ、底が平らな容器などで上から軽く押さえてカダイフを平らにする。
7 クリップをはずし、巻き付けたオーブンシートが開かないように、オーブンシートの切れ目の横に磁石を置いて押さえる。
8 170℃のコンベクションオーブンで8分焼成し、天板の手前と奥を入れ替えてさらに6分焼成する。そのまま室温に置いて粗熱をとる。

仕上げ

1 組立て1の⑨の型をはずし、裏返して解凍する。ライムの皮をすりおろしてふる。
2 ①に焼成したカダイフを上からかぶせ、手のひらで軽く押さえて下まで移動させる。
3 シロップを切ったオレンジの皮のジュリエンヌをのせ、ライムの皮をすりおろしてふる。

レテ

L'été

パティスリー サヴール オン ドゥスール
Pâtisserie Saveurs en Douceur

可憐さと可愛らしさを融合させた立体感のあるデザインが目をひく。マンゴーとパッションフルーツ、ココナッツといった常夏の南国を思わせる素材の濃厚な味わいを随所にちりばめ、フロマージュ・ブランのおだやかな酸味とまろやかなコクで包み込む。色合いは黄色でまとめつつ、質感や色調の違いで各パーツの素材感を表現。ヒマワリを連想させるクリームの絞り方や半球型を逆さにしたコロンとした形状、テントウムシのアメ細工など「手仕事を感じさせる技法を加えてより魅力的に仕立てることで、見た目からもおいしさを感じてもらいたい」と森山 康さん。

ソース・パッション・マング

クレーム・マング

ジェノワーズ・ココ

ソテー・ド・マング

エディブルフラワー

パッションフルーツの種

テントウムシ形のアメ細工

クレーム・シャンティイ・パッション・マング

ムース・オ・フロマージュ・ブラン

トランペ・ショコラ

フォン・ド・ロシェ

材料

フォン・ド・ロシェ

《20個分》

シュトロイゼル・ココ…以下より145g
　バター…450g
　ブラウンシュガー…450g
　アーモンドパウダー…150g
　ココナッツミルクパウダー…300g
　薄力粉…450g
クロッカン・ココ…以下より75g
　ココナッツロング…90g
　シロップ(ボーメ30度)…60g
　粉糖…175g
フイヤンティーヌ…40g
ホワイトチョコレート(サンエイト貿易
「カボスドール ショコラブラン33％」)…130g
カカオバター…10g

ジェノワーズ・ココ

《60×40cmの天板1枚分》

全卵…217g
グラニュー糖…148g
アーモンドパウダー*1…36g
ココナッツミルクパウダー*1…22g
コーンスターチ*1…49g
薄力粉*1…66g
バター*2…20g
ココナッツファイン…適量

*1 それぞれふるって合わせる。
*2 湯煎にかけて溶かし、約40℃に調整する。

ソテー・ド・マング

《35個分》

パッションフルーツのピュレ…400g
マンゴーのピュレ…200g
グラニュー糖A…160g
マンゴーの果肉(完熟)*1…600g
グラニュー糖B*2…160g
ペクチンLM-SN-325*2…8g
ラム酒(バーディネー
「ネグリタ ラム ホワイト」)…20g

*1 1cm角に切る。*2 混ぜ合わせる。

ムース・オ・フロマージュ・ブラン

《24個分》

ホワイトチョコレート(サンエイト貿易
「カボスドール ショコラブラン33％」)…240g
フレーバーチョコレート(ヴァローナ
「インスピレーション・パッション」)…82g
板ゼラチン*1…7.2g
レモン果汁…9.6g
フロマージュ・ブラン…240g
サワークリーム…55g
生クリーム(乳脂肪分36％)*2…384g

*1 冷水でもどす。
*2 6分立てにする。

クレーム・マング

《35個分》

卵黄…120g
全卵…72g
グラニュー糖…90g
ココナッツミルクパウダー…12g
マンゴーのピュレ…216g
パッションフルーツのピュレ…24g
板ゼラチン*1…2.4g
バター*2…210g

*1 冷水でもどす。
*2 室温にもどす。

クレーム・シャンティイ・パッション・マング

《つくりやすい分量》

パッションフルーツのピュレ…95g
マンゴーのピュレ…95g
トリモリン…10g
板ゼラチン*…3g
ホワイトチョコレート(サンエイト貿易
「カボスドール ショコラブラン33％」)…210g
生クリーム(乳脂肪分45％)…390g

*冷水でもどす。

トランペ・ショコラ

《つくりやすい分量》

パータ・グラッセ(カカオバリー
「パータグラッセ イヴォワール」)…400g
フレーバーチョコレート(ヴァローナ
「インスピレーション・パッション」)…200g
グレープシードオイル…50g
ココナッツロング(ロースト)…40g
カカオバター(黄色)…適量

※すべての材料を混ぜ合わせ、湯煎にかけて約50℃に調整する。

ソース・パッション・マング

《つくりやすい分量》

パッションフルーツのピュレ*…30g
マンゴーのピュレ…20g
ナパージュ・ヌートル…75g

※すべての材料を混ぜ合わせる。
*パッションフルーツの種を取り除く。種は仕上げに使う。

組立て・仕上げ

《1個分》

パッションフルーツの種*1…4～5個
エディブルフラワー…適量
テントウムシのアメ細工*2…1個

*1 ソース・パッション・マングに使うパッションフルーツのピュレから取り分けたもの。
*2 パッションフルーツの種を頭部と胸部に、赤色に着色したアメを羽に見立ててつくったもの。

つくり方

フォン・ド・ロシェ

1 シュトロイゼル・ココをつくる。ミキサーボウルにすべての材料を入れ、粉けがなくなるまで撹拌する。ひとまとめにしてラップで包み冷蔵庫に1晩置く。

2 ①をシーターで厚さ3mmにのばし、シルパンを敷いた60×40cmの天板にのせて、ダンパーをあけた150℃のコンベクションオーブンで18分焼成する。室温で粗熱をとる。

3 ②をロボクープで粉砕する。

4 クロッカン・ココをつくる。ボウルにココナッツロングとボーメ30度のシロップを入れてゴムベラでからめる。粉糖を混ぜる。

5 天板に④を広げ、150℃のコンベクションオーブンで15分焼成する。

6 別のボウルに③と⑤とフイヤンティーヌを入れ、ゴムベラで均一になるまで混ぜる。

7 別のボウルにホワイトチョコレートとカカオバターを入れ、湯煎にかけて溶かす。

8 ⑥に⑦を加え混ぜる。

9 直径6×深さ1.5cmの丸型に20gずつスプーンで入れ、軽く押さえる。急冷する。

＊ 押さえすぎると隙間がなくなって固くなってしまうので、軽く平らにならす。

ジェノワーズ・ココ

1 ミキサーボウルに全卵とグラニュー糖を入れ、70～80℃の湯で湯煎しながら泡立て器でざっと混ぜる。

2 ホイッパーを付けた高速のミキサーで白っぽくふんわりとするまで撹拌する。低速に切り替えてキメをととのえる。

＊ ホイッパーですくうと、スーッとリボン状に落ちて跡が残る状態になればOK。

3 ボウルに移し、アーモンドパウダー、ココナッツミルクパウダー、コーンスターチ、薄力粉を少しずつ加えながら、ゴムベラで底からすくうようにして混ぜる。

4 ③に約40℃にしたバターを一度に加え混ぜる。

＊ 温めたバターで生地の温度を上げると、焼成時間を短くすることができる。

5 オーブンシートを敷いた天板に④を流し、L字パレットナイフで広げて平らにならす。

6 ココナッツファインを網で全体にまんべんなくふる。

7 180℃のコンベクションオーブンで10分焼成する。途中で天板の手前と奥を入れ替える。焼き上がったらすぐに急冷する。

＊ 焼きムラを防ぐための天板の入れ替えは、焼きはじめてから約7分経ったくらいに行っている。

8 直径5cmの丸型で抜く。

ソテー・ド・マング

1 ボウルにパッションフルーツのピュレとマンゴーのピュレを入れ、湯煎にかけて約40℃にする。

2 フライパンにグラニュー糖Aの3分の1量を入れて強火にかけ、ゴムベラで混ぜながら溶かす。

3 ②にグラニュー糖Aの分量の3分の1量を加えて混ぜ溶かす。残りのグラニュー糖Aを加え、焦げないように絶えず混ぜながら薄い茶色に色づくまで火を入れる。

＊ 苦味は出さずにコクを加えるため、薄く色づく程度に留める。

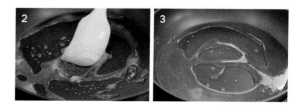

4 ③に1cm角に切った完熟のマンゴーの果肉を加え、フライパンをゆらしながらマンゴーにシロップをからめる。

5 ④に①の約40℃にした2種類のピュレを一度に加え、ゴムベラで混ぜる。

6 合わせたグラニュー糖Bとペクチンを少量ずつ加え混ぜ、ひと煮立ちさせる。
  ＊砂糖類は、ダマにならないように少量ずつ加え混ぜる。

7 ラム酒を加え混ぜ、ふたたびひと煮立ちさせる。バットに移し、そのまま室温で粗熱をとる。
  ＊すっきりとした香りを表現するため、ラム酒は「ネグリタ ラム」のホワイトをセレクト。

8 直径6×深さ5.5cmの半球形の型にスプーンで30gずつ入れる。急冷する。

組立て1

1 ソテー・ド・マングにジェノワーズ・ココを焼き面が下になるように入れ、指で軽く押さえて平らにする。急冷する。

ムース・オ・フロマージュ・ブラン

1 ボウルに2種類のチョコレートを入れ、湯煎にかけて溶かし、40～45℃に調整する。

2 別のボウルに板ゼラチンとレモン果汁を入れ、湯煎にかけて板ゼラチンを溶かす。

3 ②にフロマージュ・ブランとサワークリームを加え、泡立て器で混ぜる。

4 ①に③を2回に分けて加え、そのつどしっかりと混ぜる。

5 ④に6分立てにした生クリームを2回に分けて加え、そのつど泡立て器でできるだけ気泡をつぶさないように混ぜる。

組立て2

1 口径15mmの丸口金を付けた絞り袋にムース・オ・フロマージュ・ブランを入れ、直径7×高さ4cmの半球形の型の高さ半分くらいまで絞る。

2 スプーンで型の縁に向かってムース・オ・フロマージュ・ブランを広げ、空気を抜きながらくぼみをつくる。

3 ムース・オ・フロマージュ・ブランを少量絞る。

4 組立て1の①をジェノワーズ・ココが上になるように入れて、上から軽く押さえる。

5 ムース・オ・フロマージュ・ブランをジェノワーズ・ココが隠れるように絞り（1個あたり合計で約42gになる）、L字パレットナイフで平らにならしながらすり切る。急冷する。

クレーム・マング

1 ボウルに卵黄、全卵、グラニュー糖、ココナッツミルクパウダーを入れ、泡立て器ですり混ぜる。

2 鍋にマンゴーとパッションフルーツのピュレを入れて強火にかけ、ゴムベラで混ぜながら温める。
  ＊火が入る程度でOK。ふつふつとしてきたら火を止める。

3 ①に②を加え混ぜる。

4　③をシノワで漉して銅ボウルに移す。
　＊全体を均一にするためにシノワで漉す。卵の殻などの異物やカラザを取り
　　除く目的もある。

5　④を強火にかけ、銅ボウルを片手で回しながら泡立て器で
　ていねいに混ぜる。とろみがついたら火を止める。

6　⑤に板ゼラチンを加え混ぜる。

7　深さのある容器に移し、バターを加えてスティックミキサーで
　撹拌し、乳化させる。

8　温かいうちにデポジッターに入れ、直径4×深さ2cmの丸型に
　15gずつ入れる。急冷する。

クレーム・シャンティ・パッション・マング

1　鍋にパッションフルーツのピュレ、マンゴーのピュレ、トリモリン
　を入れて強火にかけ、ゴムベラで混ぜながらひと煮立ちさせる。

2　①に板ゼラチンを加え、混ぜ溶かす。

3　深さのある容器にホワイトチョコレートを入れ、湯煎にかけて
　溶かす。

4　③に②を加え、ゴムベラで混ぜる。

5　生クリームを加え混ぜ、スティックミキサーで撹拌して乳化させる。
　＊パッションフルーツとマンゴーの酸味にコクを出すため、乳脂肪分45％の
　　生クリームを使用。

6　ラップをかけて密着させてから、さらにラップをかけ、冷蔵庫
　に24時間置く。
　＊ラップを密着させるのは結露を防ぐため。24時間冷蔵して結晶化させる。

組立て3・仕上げ

1　組立て2の⑤を型からはずして中央にナイフを刺し、約50℃
　にしたトランペ・ショコラに縁ギリギリまで浸してゆっくりと引
　き上げる。
　＊トランペ・ショコラのつやは油分で表現。風味にクセのないグレープシー
　　ドオイルをセレクトした。

2　フォン・ド・ロシェを型からはずし、①をのせる。ナイフを抜
　いて指で軽く押さえて接着する。

3　クレーム・マングを型からはずし、②の中央にのせる。

4　ボウルにクレーム・シャンティイ・パッション・マングを移し、
　泡立て器でしっかりと泡立てる。

5　回転台に③をのせる。サントノーレ口金を付けた絞り袋に④
　を入れ、クレーム・マングの周りに花びらを描くように絞る。

6　クレーム・シャンティイ・パッション・マングの側面を小型の
　パレットナイフでならす。

7　クレーム・マングの上にスプーンでソース・パッション・マン
　グをのせる。

8　ソース・パッション・マングにピンセットでパッションフルーツ
　の種を4〜5個ずつのせる。
　＊ソースにパッションフルーツの種を混ぜ込むと、ソースの中に沈んで見えな
　　くなってしまうこともあるので、パッションフルーツの種を取り分けてあとか
　　ら上に飾る。

9　エディブルフラワーとテントウムシ形のアメ細工を飾る。

イルマ

ilma

ケークスカイウォーカー
Cake Sky Walker

フェンネルの黄色い花と真ん丸のナスタチウムがボタニカルな雰囲気を醸す。焦がしバターを溶かしバターに代えてピスタチオの味と色を生かしたフィナンシェに、乳味とコクのバランスをとったピスタチオのシャンティイを絞り、フェンネルの花の甘くスパイシーな香りをまとわせたアメリカンチェリーをリズミカルに盛った。ランダムに絞ったナパージュがシズル感を演出。ナスタチウムのピリッとした辛味が味を引き締める。シンプルを極める引き算の菓子づくりを実践する田中隆亮シェフ。自然な色や形を大切にしつつ、花やハーブも積極的に用いて独創性を発揮する。

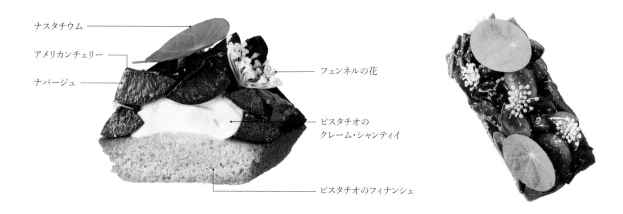

ナスタチウム

アメリカンチェリー

ナパージュ

フェンネルの花

ピスタチオの
クレーム・シャンティイ

ピスタチオのフィナンシェ

材料

ピスタチオのフィナンシェ

《100個分》
卵白*¹…660g
ピスタチオペースト(ロースト／バビ社)…180g
粉糖*²…630g
アーモンドパウダー*²…540g
薄力粉*²…120g
バター*³…570g

*¹ 室温にもどす。
*² 合わせてふるう。
*³ 溶かして約50℃に調整する。

ピスタチオのクレーム・シャンティイ

《10個分》
クレーム・シャンティイ…以下より450g
　生クリームA(乳脂肪分35%)…1000g
　生クリームB(乳脂肪分47%)…500g
　グラニュー糖…90g
　キルシュ…10g
ピスタチオペースト(ロースト／バビ社)…20g

仕上げ

《1個分》
アメリカンチェリー…7個
フェンネルの花…適量
ナパージュ(非加熱)…適量
ナスタチウム…2枚

つくり方

ピスタチオのフィナンシェ

1 ボウルに卵白を入れ、泡立て器で溶きほぐす。

2 別のボウルにピスタチオペーストを入れ、①の3分の1量を加えて、均一になるまで混ぜる。

  ＊ バターを加え混ぜるので、卵白は室温にもどすこと。冷たいままだとバターが冷えて固まり、食感が悪くなる。

3 ②に残りの卵白の半量を加え、均一になるまで混ぜる。

4 ③に残りの卵白を加え、均一になるまで混ぜる。

5 別のボウルに合わせてふるった粉糖、アーモンドパウダー、薄力粉を入れ、泡立て器でなだらかなすり鉢状にならす。

  ＊ ベーキングパウダーは不使用。生菓子の土台として使うため、焼成時に浮かない、目の詰まった生地に仕上げる。

6 粉類の中心に④を入れ、泡立て器で中心から外側に向かってゆっくりとすり混ぜる。

  ＊ 粉類が多いのでダマになりやすい。外側の粉を少しずつくずしながら、粉類に水分を吸収させるイメージでていねいに混ぜていくとダマになりにくい。

7 ⑥に約50℃にしたバターを半量加え、しっかりと混ぜる。

  ＊ バターは約50℃に調整。温度が高すぎると生地がダレる上に、香りが強く出すぎてしまい、逆に低すぎると生地が固くなりすぎてしまう。

  ＊ バターは2回に分けて加え、ピスタチオのペーストと粉類を混ぜた時と同様にして泡立て器ですり混ぜ、乳化させる。余分な気泡が入ると焼成時に浮き上がり、冷めると落ちてしまうので、できる限り空気は入れないこと。

8 ⑦に残りの溶かしたバターを加え、全体が均一になるまで混ぜてしっかりと乳化させる。

  ＊ 少しザラッとした質感で、ゴムベラですくうとスーッと落ちて積もり、跡がゆっくりとなじんでいく状態にする。

9 乳化したら室温に約30分おく。

  ＊ 室温に少しおくと多少分離するが、生地が落ち着いてしっとりとした食感に焼き上がる。分離しすぎると食感が悪くなるので注意。時間をおくと固くなり、ゴムベラですくうとゆっくりと落ちて積もり、跡が消えない状態になる。

10 口径10mmの丸口金を付けた絞り袋に⑨を入れ、離型油を少量吹き付けた8.5×4.5×高さ1.2cmのフィナンシェ型に高さ8分目くらいまで絞り入れる。

11 175℃のコンベクションオーブンで5分焼成する。天板の手前と奥を入れ替え、段も替えて5分焼成する。ふたたび天板の手前と奥を入れ替えて3分焼成する。

12 焼き上がったら、オーブンシートと板を重ねて型ごと裏返し、上から軽くたたいて型からはずす。

13 焼き上がった生地を裏返して焼き面を上にし、そのまま室温に置いて粗熱をとってから冷蔵庫で冷やす。

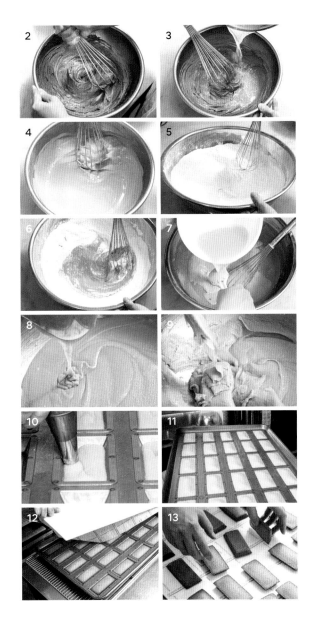

ピスタチオのクレーム・シャンティイ

1 クレーム・シャンティイをつくる。ミキサーボウルに生クリーム
   AとB、グラニュー糖を入れ、ホイッパーを付けた高速のミキ
   サーで5〜6分立てに泡立てる。

 ＊ 乳脂肪分の異なる生クリームをブレンドし、乳脂肪分を40％前半に調整。
   乳脂肪分40％前半の生クリーム1種類だけだと乳味が強くなるので、同
   35％の生クリームを多めに配合して軽さを出しながら、同47％の生クリー
   ムで適度な乳味とコクを出す。

2 ボウルに①を450g移し入れ、キルシュを加えて泡立て器で
   混ぜる。

3 ボウルにピスタチオペーストを入れ、②を2回程度に分けて
   加え、9分立てになるまで泡立てる。

組立て・仕上げ

1 アメリカンチェリーを種を避けるようにして両端を縦に切る。

2 ①を2等分ずつにして、ボウルに入れる。

3 ②にフェンネルの花の部分のみを加え、スプーンでザッと混
   ぜる。

 ＊ フェンネルの花は、茎が入ると口の中に茎が残って異物感が出やすいの
   で、ここでは花の部分だけを使う。また、アメリカンチェリーをのせてから
   上にちらすよりも、先にアメリカンチェリーにからませてから盛るほうがフェ
   ンネルの花がまんべんなく行き渡り、香りを打ち出せる。

4 口径10mmの丸口金を付けた絞り袋にピスタチオのクレーム・
   シャンティイを入れ、縦長になるように置いたピスタチオのフィ
   ナンシェに奥から手前に向かって左右に動かしながら45gず
   つ絞る。

5 ④に③を周りから中心に向かってのせる。

 ＊ 切り口を上に向けつつ、ランダムに盛ることで動きや立体感を演出する。

6 絞り袋にナパージュを入れて先端をハサミで切り、ピスタチオ
   のクレーム・シャンティイを絞った時と同じ要領で一定の間隔
   を空けながら⑤の上面に絞る。

 ＊ ナパージュで乾燥を防ぎながら、フレッシュさやシズル感を打ち出す。刷
   毛で上面全体に塗ると厚みが出やすく、味にも影響することから、細く絞っ
   て風味を主張させず、つやの見え方もランダムにすることで動きを出す。

7 ナスタチウムの葉を裏返し、直径3cmの型で抜く。

 ＊ ナスタチウムの葉は丸みがあるが、型で抜くことでシャープさを出し、デザ
   イン性をアップ。ただし、中心が「ど真ん中だと、ととのいすぎて違和感が
   ある」（田中シェフ）ことから、中心を少しずらして抜くことで、ナチュラルな
   雰囲気も残す。

8 ⑥に⑦を表にしてのせ、フェンネルの花をランダムに飾る。

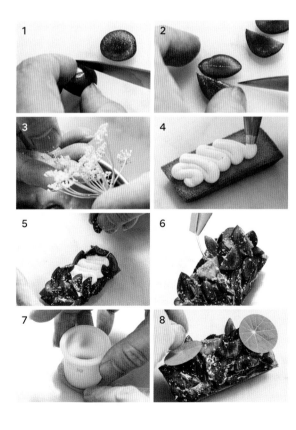

グランピスターシュ

Grains Pistache

パティスリー オー フィル ドゥ ジュール

Pâtisserie au fil du jour

食欲をかき立てる美しいデザインにもこだわる吉開雄資
シェフ。アメリカンチェリーとピスタチオが主役のプチガ
トーは見た目も構成もユニークだ。なめらかなクレーム・
レジェ・ピスターシュと、フレッシュとコンポートの2種類
のチェリーを詰めたエクレアを、ホワイトチョコレートを
加えたピスタチオ風味のシャンティイでおおい、黄緑色の
ピストレでムラを出してニュアンスを本物に近づけた。マッ
トな質感とは対照的に、飾りのアメリカンチェリーはナ
パージュでみずみずしさを打ち出し、手でつまみたくな
るような衝動も誘う。金粉や金箔がゴージャスな印象に。

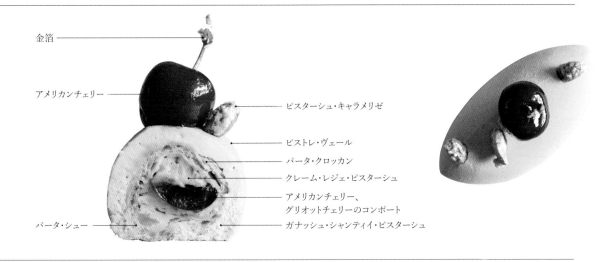

金箔

アメリカンチェリー

ピスターシュ・キャラメリゼ

ピストレ・ヴェール

パータ・クロッカン

クレーム・レジェ・ピスターシュ

アメリカンチェリー、
グリオットチェリーのコンポート

パータ・シュー

ガナッシュ・シャンティイ・ピスターシュ

材料

パータ・クロッカン

《つくりやすい分量》
アーモンドパウダー…825g
小麦粉(タイプ55)*¹…550g
小麦粉(タイプ45)*¹…550g
グラニュー糖…1230g
カソナード…1100g
バニラパウダー…5g
バター(冷やす)*²…1100g

*1 合わせてふるう。ともにフランス産で
タイプ55は中力粉、タイプ45は薄力粉
～中力粉に相当する。
*2 2cm角に切り、冷やす。

パータ・シュー

《20個分》
牛乳…68g
水…68g
バター…54g
塩…1g
グラニュー糖…1g
バニラリキッド…1g
小麦粉(タイプ65)*…42g
小麦粉(タイプ45)*…42g
全卵(溶きほぐす)…114g

*合わせてふるう。ともにフランス産でタイ
プ65は準強力粉、タイプ45は薄力粉～
中力粉に相当する。

クレーム・レジェ・ピスターシュ

《20個分》
**クレーム・パティシエール・
ピスターシュ**…でき上がりより300g
　牛乳…1000ml
　グラニュー糖A…80g
　バニラビーンズ(マダガスカル産)*¹…3本
　卵黄…300g
　グラニュー糖B…150g
　小麦粉(タイプ55)*²…35g
　小麦粉(タイプ45)*²…45g
　コーンスターチ*²…20g
　バター…60g
　バニラリキッド…5g
　ピスタチオペースト(イラン産)…170g
生クリーム(乳脂肪分45%)…120g

*1 サヤから種を出す。サヤも使う。
*2 合わせてふるう。

ガナッシュ・シャンティイ・ピスターシュ

《20個分》
生クリームA(乳脂肪分35%)…350g
ホワイトチョコレート
(ヴァローナ「イボワール」)…350g
ピスタチオペースト(イラン産)…122g
生クリームB(乳脂肪分35%／冷やす)…526g

ピストレ・ヴェール

《つくりやすい分量》
カカオバター…337g
カカオバター(緑色)…50g
カカオバター(黄色)…12.5g
ホワイトチョコレート
(ヴァローナ「イボワール」)…300g

ピスターシュ・キャラメリゼ

《つくりやすい分量》
グラニュー糖…400g
水…125g
ピスタチオ(シチリア産)*…1000g
バニラリキッド…15g

*空焼きする。

組立て・仕上げ

《1個分》
アメリカンチェリーA*¹…1個
グリオットチェリーのコンポート
(池伝・グランベル
「グリオットポーレ」(冷凍))*²…1個
金粉…適量
アメリカンチェリーB
(デコレーション用)*³…1個
アプリコット・ナパージュ*⁴…適量
ナパージュ・ヌートル…適量
金箔…適量

*1 種を抜き、4等分に切る。
*2 4等分に切る。
*3 軸を長さ1.5cmほどに切る。
*4 水200g(つくりやすい分量、以下同)、グラニュ
ー糖150g、水アメ74gを合わせて沸騰させて、アプリコ
ットジャム600gを加えて再沸騰させて冷やしたもの。

つくり方

パータ・クロッカン

1 ミキサーボウルにバター以外の材料を入れ、ビーターを付けた低速のミキサーで均一な状態になるまで撹拌する。
2 2cm角に切って冷やしたバターを少しずつ加え混ぜ、ひとかたまりになったら500gずつに分ける。
3 シーターで厚さ1mmにのばし、7×1.5cmに切る。冷凍庫に置く。

パータ・シュー

1 鍋に牛乳、水、バター、塩、グラニュー糖、バニラリキッドを入れ、ふたをして強火にかける。
  ＊水分をなるべく蒸発させず、かつ早く加熱できるようふたをする。
2 沸騰直前に火を止め、合わせてふるった2種類の小麦粉を一度に加えてヘラで鍋底をこするようにして混ぜる。
3 強火にかけ、絶えずヘラで混ぜながら一気に炊き上げる。
  ＊最初はゆっくり、次第に手早く混ぜる。
4 ミキサーボウルに③を入れ、ビーターを付けた低速のミキサーで撹拌しながら、全卵を少しずつ加える。
5 口径13mmの丸口金を付けた絞り袋に入れ、天板に16gずつ、長さ5.5cmの棒状に絞る。
6 パータ・クロッカンをのせる。
7 135℃のコンベクションオーブンで約35分焼成する。そのまま室温で冷ます。パータ・クロッカンがパータ・シューからはみでている場合は、指で折って取りのぞく。

クレーム・レジェ・ピスターシュ

1 クレーム・パティシエール・ピスターシュをつくる。鍋に牛乳、グラニュー糖A、バニラビーンズのサヤと種を入れて強火にかけ、沸騰直前まで加熱する。
2 ボウルに卵黄にグラニュー糖Bを入れ、泡立て器ですり混ぜる。
3 ②に粉類を加えてさっくりと混ぜる。
4 ③に①を少量加えて軽く混ぜる。これを①の鍋に戻し、強火にかけて炊き上げる。
  ＊沸騰してからさらに5分かけて炊き、濃度と粘度をしっかりと上げる。
5 バター、バニラリキッド、ピスタチオペーストを加え混ぜる。
6 ボウルに移し、冷蔵庫に1晩置く。
  ＊低温で1晩休ませると、しっかりとデンプンが糊化してコシが出る。
7 別のボウルに生クリームを入れ、泡立て器で9.5分立てにする。
8 ⑥を30メッシュの裏漉し器で漉し、ゴムベラで軽くほぐす。
9 ⑧に⑦を加え、泡立て器で切るように混ぜる。
  ＊混ざりきらない状態で止める。シュー生地に絞り入れる際に絞り袋の中で完全に混ざるイメージ。

ガナッシュ・シャンティイ・ピスターシュ

1 鍋に生クリームAを入れて火にかけ、沸騰直前まで加熱する。
2 ボウルにホワイトチョコレートを入れ、①を加えて泡立て器で混ぜる。
3 ②にピスタチオペーストを加え、よく混ぜる。

4 スティックミキサーでなめらかな状態になるまで撹拌する。
  * ピスタチオペーストはダマになりやすい。ダマをしっかりとつぶすこと。
5 ボウルの底を氷水にあて、15℃に調整する。
6 冷やした生クリームBを2回に分けて加え、そのつど混ぜる。シノワで漉し、冷蔵庫に1晩置く。使用する直前に泡立て器で8分立て程度に泡立てる。
  * 加える生クリームも冷やすこと。温度が高すぎると翌日分離してしまう。

ピストレ・ヴェール

1 鍋にカカオバター3種類を入れ、火にかけて溶かす。
2 ボウルにホワイトチョコレートを入れ、①を加え混ぜる。
3 スティックミキサーで撹拌し、乳化させる。使用時に45℃に調整する。

ピスターシュ・キャラメリゼ

1 銅ボウルにグラニュー糖と水を入れて強火にかけ、120℃になるまで加熱する。
2 空焼きしたピスタチオを一度に加え、ヘラで底からすくうようにして混ぜながら、全体が茶色に色づくまで加熱する。バニラリキッドを加え混ぜる。火から下ろし、室温で冷ます。
  * 湿気やすいので、保管する際は脱酸素剤と一緒に密閉容器に入れる。

組立て・仕上げ

1 パータ・シューを縦長に置き、波刃包丁を縦に入れて切る。
2 内側の生地をナイフなどでで軽くこそげて空洞にする。
3 口径12㎜の丸口金を付けた絞り袋にクレーム・レジェ・ピスターシュを入れ、②の両方の生地に縁まで絞り入れる。
4 ③の一方にアメリカンチェリーA、グリオットチェリーのコンポートを交互に4切れずつ並べ、③のもう一方をかぶせる。
5 回転台に④を切り口が横になるように置き、8分立て程度に泡立てて、片目口金を付けた絞り袋に入れたガナッシュ・シャンティイ・ピスターシュを表面全体に薄く絞る。
  * ガナッシュ・シャンティイ・ピスターシュは分離しやすく、分離するとなめらかな口あたりが損なわれてしまう。できるだけ少ない手数で作業するため、薄く絞ることが肝心。
6 小型のL字パレットナイフでピスタチオの形にととのえる。
  * フランスのエクレアのような、もっちりとしたパータ・シューをガナッシュでおおうことで、乾燥を防ぎ、食感もキープ。垂直に切った、切り口を水平にするのは、フォークを入れた時に生地が切れやすいため。
7 フィルムシートで余分なクリームをそぎながら表面をならす。
8 ⑦をオーブンシートを敷いた板に間隔をあけて並べ、小さいくり抜き器で上面中央のクリームを少しけずってくぼませる。冷蔵庫に入れ、表面を5℃くらいに冷やす。
  * ピストレを打つ前に表面を冷やす。表面を冷蔵庫の温度の約5℃に冷やし、そこに45℃にしたピストレを打つと、表面に噴霧された瞬間にピストレが24℃程度になる。この温度だとガナッシュ・シャンティイ・ピスターシュが溶けずにきれいにピストレでき、かつ固まったあとはがれにくい。
9 ピストレ容器にピストレ・ヴェールを入れ、⑧の表面全体にピストレする。
  * 「オー フィル ドゥ ジュール」の厨房の室温は20℃程度なので、ピストレ容器が冷たいと、せっかく45℃に調整したピストレ・ヴェールの温度が噴霧するまでに下がってしまい、きれいにピストレできない。そのため、噴霧する前に噴出口をガスバーナーで軽く温めている。
  * 手を止めずに絶えず吹き付けること。一瞬でも手を止めると、止めた時に吹き付けていた部分が厚くなってしまう。「温度管理と、手を動かしながら躊躇せずに吹き付けることが大切」(吉開シェフ)。
10 一部に金粉をチークブラシでまぶす。
11 温めたアプリコット・ナパージュにアメリカンチェリーBを浸し、バットに並べて余分を落とす。

  * ナパージュは刷毛で塗るよりも浸して全体をおおうほうが均一な厚さになり、フレッシュな印象を与えるつやもしっかりと表現できる。ナパージュのつやとピストレのマットな質感の対比で、それぞれの質感が際立つ。
12 上面のくぼみに⑪をのせる。
13 ピスターシュ・キャラメリゼにチークブラシで金粉をまぶし、上面に3個ずつ立ててのせる。
14 紙のコルネにナパージュ・ヌートルを入れ、アメリカンチェリーの軸の先端にごく少量絞り、ピンセットで金箔を貼る。

掲 載 店 リスト（五十音順）

パティスリー オー フィル
ドゥ ジュール
Pâtisserie au fil du jour
福岡市中央区桜坂1-14-9
℡092-707-0130
10時〜19時
水曜休、不定休
→掲載頁 P202

パティスリー カルチェ・ラタン
Pâtisserie Quartier Latin
愛知県名古屋市中川区十番町2-4
℡052-661-3496
10時〜19時、カフェ 〜18時30分 L.O.
火曜、第2・4水曜休
→掲載頁 P158

パティスリー サヴール オン
ドゥスール
Pâtisserie Saveurs en Douceur
愛知県名古屋市西区浄心1-8-36
℡052-908-1525
11時〜18時30分
火・水曜休
→掲載頁 P193

パティスリー ジュンウジタ
Pâtisserie JUN UJITA
東京都目黒区碑文谷4-6-6
℡03-5724-3588
10時30分〜18時、土・日曜・祝日 〜17時
月・火曜休（祝日の場合は営業、翌営
業日休）
→掲載頁 P128

パティスリー ショコラトリー
マ・プリエール
Pâtisserie Chocolaterie Ma Prière
東京都武蔵野市西久保2-1-11
バニオンフィールドビル 1F
℡0422-55-0505
11時〜18時
不定休
→掲載頁 P20

パティスリー ラ パージュ
pâtisserie la page
千葉県市川市八幡3-29-16
y's premiere 1F
℡047-706-7657
11時〜19時
火曜休（祝日の場合は営業）
→掲載頁 P183

パティスリー ユウササゲ
Pâtisserie Yu Sasage
東京都世田谷区南烏山6-28-13
℡03-5315-9090
10時〜18時
火・水曜休
→掲載頁 P80

パリ セヴェイユ
Paris S'éveille
東京都目黒区自由が丘2-14-5
℡03-5731-3230
11時〜19時
不定休
→掲載頁 P108、P168

ピエール・エルメ・パリ
PIERRE HERMÉ PARIS
［青山］
東京都渋谷区神宮前5-51-8
ラ・ポルト青山1F・2F
℡03-5485-7766
11時〜19時、1Fイートイン 〜18時30分
L.O.、2Fサロン 〜18時 L.O.
不定休
→掲載頁 P16

ブロンディール
BLONDIR
東京都練馬区石神井町4-28-12
℡03-6913-2749
10時〜12時、13時〜18時
火・水曜休
→掲載頁 P85

メゾン・ド・プティ・フール
Maison de petit four
［本店］
東京都大田区仲池上2-27-17
℡03-3755-7055
9時30分〜18時
火・水曜休、不定休
→掲載頁 P10

モンサンクレール
Mont St. Clair
東京都目黒区自由が丘2-22-4
℡03-3718-5200
11時〜18時、サロン 〜16時 L.O.
水曜休、不定休
→掲載頁 P119

リベルターブル
Libertable
東京都港区赤坂2-6-24 1F
℡03-3583-1139
11時〜20時
日曜休、不定休
→掲載頁 P44

リョウラ
Ryoura
東京都世田谷区用賀4-29-5
グリーンヒルズ用賀ST 1F
℡03-6447-9406
12時〜17時
火・水曜休、不定休
→掲載頁 P25

レス バイ ガブリエレ・リヴァ＆
カナコサカクラ
LESS by Gabriele Riva & Kanako Sakakura
東京都目黒区三田1-12-25
金子ビル 1F
℡03-6451-2717
11時〜17時
火・水曜休
→掲載頁 P148

お 菓 子 の 完 成 度 を 高 め る
香り・食感・デザイン
レシピから探るパティシエ36人の思考力と表現力

初版印刷　2023年7月1日
初版発行　2023年7月15日

編者ⓒ　　Pâtissier（パティシエ）編集部
発行人　　丸山兼一
発行所　　株式会社柴田書店
　　　　　〒113-8477
　　　　　東京都文京区湯島3-26-9 イヤサカビル
　　　　　営業部　　　03-5816-8282（注文・問合せ）
　　　　　書籍編集部　03-5816-8260
　　　　　https://www.shibatashoten.co.jp

印刷・製本　公和印刷株式会社

ISBN 978-4-388-06367-3
Printed in Japan ⓒShibatashoten 2023